立人天地

马基雅维里：
一个被误解的人

MACHIAVELLI :
A Man Misunderstood

【英】迈克尔·怀特 著

Michael White / 周春生 译

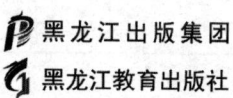

黑龙江出版集团

黑龙江教育出版社

版权登记号：08-2016-086

图书在版编目（CIP）数据

马基雅维里：一个被误解的人 /（英）迈克尔·怀特（Michael White）著；
周春生译. -- 哈尔滨：黑龙江教育出版社，2016. 10
ISBN 978-7-5316-8995-9

Ⅰ.①马… Ⅱ.①迈… ②周… Ⅲ.①马基雅维里（Machiavelli, Niccol 1469-1527）—
传记. Ⅳ.①K835.467=331

中国版本图书馆CIP数据核字(2016)第254890号

马基雅维里：一个被误解的人
MAJIYAWEILI：YIGE BEI WUJIE DE REN

丛书策划	宋舒白
作　　者	〔英〕迈克尔·怀特（Michael White）著
译　　者	周春生 译
选题策划	吴　迪
责任编辑	宋舒白　郝雅丽
装帧设计	冯军辉
责任校对	张爱华

出版发行	黑龙江教育出版社（哈尔滨市南岗区花园街158号）
印　　刷	三河市华东印刷有限公司
新浪微博	http://weibo.com/longjiaoshe
公众微信	heilongjiangjiaoyu
天猫店	https://hljjycbsts.tmall.com
E-mail	heilongjiangjiaoyu@126.com
电　　话	010—64187564

开　　本	700×1000　1/16
印　　张	18.5
字　　数	219千
版　　次	2021年1月第1版第2次印刷
书　　号	ISBN 978-7-5316-8995-9
定　　价	52.00元

为我们2003年9月26日出生的儿子芬里·阿尔伯特而作。

我们必须重视马基雅维里和相关人士，他们记录下人们做了些什么，而非应该做些什么。

——弗兰西斯·培根《知识的进步》

目录
Contents

前 言

Machiaüelli

一个被误解的人

我首先清楚自己所选择撰写的这位主人公的类型。我向来不喜欢写国干或王后、教皇或政客的生平，因为我感兴趣的不是领导者而是那些形成我们思想世界的人。对我来说，统治者和君主、主教和总统并非真正渗透在我们过去和现在之中的重要历史人物。一些无法抹去的大人物常常闪亮登场，其生平绚烂迷人，不过只有很少的例外，他们的生平充满有价值的信念和巨大的成就（这里我特别想到的是丘吉尔和乔治·华盛顿）。但是，所有此类生平中的果敢行为和耀眼光芒其真正的造就者，真正的划时代策划者，不是那些发动战争或通过法律的人，而是那些发现、描绘和发明的众生相。

几乎所有这些真正重要的人都来自相当普通的境地，他们中的许多人在其一生中未得到赏识。莫扎特和列奥那多·达·芬奇、伊萨克·牛顿和伽利略，他们都来自不起眼的家庭。狄更斯、法拉第、道尔顿均出身极端贫寒。一边是这些最受尊敬的创造者因其智慧为人所知，一边是他们生前被人忽视，死后相当长时间也被人忽视，我们只需注意一下莫扎特、凡·高、哥白尼、门道尔即可，当然还有许许多多的巨人。

进而言之，真正的历史大人物经常是他们时代实权掌握者的下层服务人士。他们的声音微乎其微，受到上司的赞誉不足称道。马基雅维里就是这样一位虽然伟大但毫无权势的人。他来自平常人家，但取得了出众的成就。与历史上大多数有创造力的人相比，马基雅维里更多地与领导者打交道，但从那些天生的和豢养的权威人士处招来的苦楚也多得多。

在《李维史论》中，马基雅维里这样观察道："在所有受赞扬的人中，那些最受赞扬者当数宗教的首脑和崇信者。紧挨其后的便是那些共和国和王国的开创者。再往后值得提及的就是那些行伍人士，他们或者扩大了自己的王国或自己的祖国。最后就是操弄笔墨的人。"这就清楚了，他也意识到文人和有创造性的个体很少能得到什么权力或产生影响，在他写于1513或1514年的喜剧《曼陀罗花》中评论道："对于那些无权无势的人来说，即使是一条狗也懒得来理睬。"

有几幅保存下来的马基雅维里塑像和画像，其中大多作于1498年马基雅维里担任佛罗伦萨第二国务秘书之后的10年间。也许最著名的一幅画像由桑第·迪·提托所作，现在悬挂在佛罗伦萨维奇奥宫殿，它紧挨着马基雅维里工作多年的地方。此画大概作于1505年，画面上的马基雅维里身着正式的办公服，黑色的背心套在红色羽绒袍子外面，左手握着山羊皮手套，右手则模仿政治家的样子按在桌面的一本书籍上。衣服的尺寸看上去大了些，越发显得衣服里面是一个瘦弱的身子。他的脸像是一个小的野生动物，如一只狐狸或山猫，瘦骨嶙峋。他的头发向后梳理，两边额头显露，眼睛又小又黑。他的嘴很有趣：薄薄的嘴唇，微笑时几乎抿住了，这时脸部肌肉收缩，嘴唇收起，一种十足的玩世不恭的笑。很遗憾，尼科洛的朋友达·芬奇（作那幅画时正当达·芬奇第一次与马基雅维里相见）未能花点时间为马基雅维里作画，因为马基雅维里脸的每一部分都值得揣摩，就像《蒙娜丽莎》那样有迷人的地方。

马基雅维里看上去的那种相貌是，其脸容易与恶棍卡通叠加在一起，额头所显示的一对兽角使其转眼变成恶魔。但是这种怪诞与生活本身毫不相干。今天，马基雅维里的名字难免与"马基雅维里主义者"和"马基雅维里主义"联系在一起，这些名称通常是"恶""暴君""专权者""奸诈"的同义词。确实，马基雅维里的思想已经如此出名，以致于人们在形容、描写这些思想史时多半感觉到是有人在干那些勾当。

然而真理之外不可能有别的东西。尼科洛·马基雅维里在许多方面完完全全是一个正常的人。他喜欢与朋友做伴并与他们一起在佛罗伦萨的酒吧酌饮。他与女人调情、赌博；他结婚、为人父。有15年的光景，他清晨起来，然后处理外交和内政事务。他为之服务的政府被美狄奇王朝推翻后，旋即一贫如洗；他失去了工作，又被短暂监禁，遭受拷打，很多年都无法通过正规途径得到工作。在放逐期间，他转而从事写作并创作出好些跨历史、政治和军事分析的重要著作，同时还创作出两部喜剧和商籁体诗歌、歌曲、散文等。他最著名的著作当数《君主论》，该书近五百年来广为阅读，现在还每年成千上万本地售出。

与流行的看法相反，马基雅维里没有杀过一个人，他既不像一个觊觎众人之上权力的政客，也不像一个贪财的居心叵测者、诡计多端的军阀。不过就其作为一名佛罗伦萨外交官的地位而言，他接触过专权者和盲信者、病狂军阀和刻毒教皇。作为一名大观察家和分析家，他又充溢着诗人的情怀，当1513年美狄奇政权断送了他的生活前程，马基雅维里决定将他的经历和学识融入他曾经写过的最重要的著述之一。

在《君主论》成稿的年代，该书被视为偏激的论著，今天人们还是这么认为。《君主论》也是出版物中最受误解的书籍之一，那些误解它意思的人同时也误解了作者本人，不时用作者书中阐发的哲学来损毁作者的名声。我敢说在文学、哲学和政治学中还找不出比这更极端地遭受误解地事例来。

问题部分出在马基雅维里的性格特征上。正如上文所言，他在许多方面是一个普通人，但他的身上也有离经叛道、非正统的锋芒。他认为宗教是人的指导，同时他自己并没有信仰或精神教条。他是一个放荡不羁者：经常出入青楼柳巷、赌窟魔室；经常放怀饮酒、混迹浪徒。他把戏子、下流之徒与国王、教皇等混杂在一起，而且公开表达倾慕前者之意。他的写作也是这样直率诚实。

马基雅维里的语词刺耳又强烈，他的观念就像鱼叉、金属片，一点都没有温馨柔软的意蕴。自然，大多数人不喜欢这样。五百年前大多数读过《君主论》的人都不认同它，今天许多读《君主论》的人也不认同它。但是所有这些都无损于马基雅维里所阐述的真理。道理很简单，在更多的情况下，人们不喜欢去直面真理。

今天读《君主论》的时候应当冷静地思考一下这曾经是半个世纪来被一代代人广泛阅读过的作品。这里还得提一下，对此书有很多讥讽，其实马基雅维里的生平也充满了嘲弄，要知道西方世界长久以来被许多人读过的唯一书籍是《圣经》，它提供的看法与《君主论》所表达的观点正好背道而驰。不难想见，许多人对于自己所读的书，不一定读的时间长就能领会书名背后所包含的意思。开列一个书单的话，我们可以举出乔叟的《坎特伯雷故事集》、柏拉图的《理想国》和莎士比亚的剧作（尽管它们未必真的被批阅过）。但这些都无法与《君主论》相提并论。我还得提醒一下，《古兰经》、佛经、孔学这些古代书籍都在给人以教诲，西方世界也要面对《圣经》普世力量的挑战。

马基雅维里从政治关系的角度来考虑基督教。他将有组织的宗教当作一种社会控制的设置和工具，但他也确信宗教有害于社会的演变，因为它引导群众关心虚幻的身后世界而非实在的当下世界。对马基雅维里而言，《圣经》就像许多古典作品一样，它用玫瑰色的眼镜来透视世界。柏拉图在《理想国》中表达的观念就是马基雅维里认为的那种不根据真实的人性来定义现实世界、实践现实世界的思想典型，希腊的哲人用不可能企及的理想来构建他们的观念。马基雅维里也用评价柏拉图理想系统的方法来评价基督教的道德。对于马基雅维里而言，基督教营造的教义结构是不现实的和不自然的，因而无真实价值可言。

如此之类的意见并没有使马基雅维里名噪一时，事实上，马基雅维里的名字遭到诅咒是因为他1527年逝世前几年有人盗版印制、抄袭、传播了《君主论》。不过那时的马基雅维里也习惯了被人不屑一顾。那些曾经想对他表示尊敬的人，尤其是那些其行为被他鲜明剖析过的君主，都会在马基雅维里所阐述的真理世界面前感到难有其立足之地。而那种不屑一顾完全是马基雅维里主义的写照，它意味着大多数统治者和君主对一本揭示他们手段的书本身豪无兴趣可言。

今天，不会再有恶意中伤马基雅维里名声的情况了，也是为马基雅维里恢复名声的最佳时机。无知和隐匿的动机致使马基雅维里的形象被遮蔽好几个世纪。今天我们应该认识得更好些，因为我们已经证明了马基雅维里冷酷语词的正当性，我们都明白了人的真正本性。

第一章
享受爱而非金钱

1521年5月，就在尼科洛·马基雅维里52岁生日过后没几天，这位前佛罗伦萨国务秘书受当时国务机构之一的八人委员会奥托·迪·帕拉蒂卡的委任，到距佛罗伦萨以北60英里的一个小镇——卡皮作一次旅行。此次旅行的目的是与当时总部设置在卡皮的圣芳济会讨论一件事情，即关于围绕佛罗伦萨地区的神职人员权限问题。

对于马基雅维里来说，这是一次不寻常的出访。因为马基雅维里在皮耶罗·索德里尼当政时期的佛罗伦萨政府中供职有15年之久，但到了1513年，美狄奇家族卷土重来，推翻了共和国，马基雅维里遭到贬谪，陷入困境。从此，马基雅维里就来到他佛罗伦萨乡野住所打发时光，偶尔也受商人的委派到附近城市去处理一些商业纠纷。到了1521年，他从放逐中再度浮现。他因为系列的写作而赢得名声，他的著作《兵法七论》和印制者一起在尚未问世前的几个月就受到美狄奇家族教皇克莱门特七世的嘉奖，并得到写作佛罗伦萨历史的特许权。但是这一权利也遇到了问题，因为圣芳济会提出疑问，说马基雅维里与天主教之间没有实质性的关系，而且大家都知道他对教士的评价很低。

不过，那时的马基雅维里已经没有什么资本去拒绝这样的公差了，于是，5月11日他就动身出发，先在莫登纳停留了一个晚上，会会他的朋友弗兰西斯科·奎恰迪尼，那时正是教皇在这个地区的总督。马基雅维里一到卡皮，他与圣芳济会委员会的主管西吉斯蒙多·桑第的关系就显得很紧张。或许，圣芳济会对马基雅维里的为人处世和信仰已有所闻，但他看上去受到激怒的是这样一件事情，奥托·迪·帕拉蒂卡在派遣马基雅维里时只给了一个低级别的官职去处置相关议题。

所谓马基雅维里是不得已去参加一些日常活动（如每天黎明时分前往举行教会会议的修道院前进行晨颂），这些说法都难以得到确认。此外，桑第为了死要面子，似乎他还在掌控局面，于是表现出不合作和有意延宕会谈进程的姿态。

对于马基雅维里来讲，最大的宽慰来源之一是那时住在莫登纳他最亲近的朋友奎恰迪尼。奎恰迪尼是马基雅维里可以对其倾吐心声、互通信函的人，在信中，马基雅维里要对僧侣们说上几句，对桑第也嘲讽一下。奎恰迪尼是一个非常有魄力的人物，一个做事干练的官吏，同时又是一位有眼力、有智慧的统治者，他对朋友马基雅维里鼎力相助。

奎恰迪尼支付往来卡皮25英里路程的送递信函的费用，有时一天要三次。这样不多久，马基雅维里开始注意到，那些僧侣们在嘀嘀咕咕了，甚至桑第也在想，这个看上去无足轻重的佛罗伦萨公务员正在接受奎恰迪尼这样的权势者的胡言乱语。于是，他打起了嘲弄那些僧侣的注意。

在给他朋友的一封信中，马基雅维里要求他在回函时让一个着一身制服的弩手充当信使，还要求那个骑手整路快跑，这样当他到达时，他和他的马会汗流满面。不久的一天，马基雅维里正在与圣芳济会修士讨论问题，一个制服打扮、骑着汗淋淋的黑圆斑点马匹的官员将一封信递呈马基雅维里。

事情干得很顺手。僧侣们惊讶地看着马基雅维里受到如此礼遇，他们的好奇心真的被激起了。桑第可不是那么容易上当，从一开始他就很有疑心，问马基雅维里为什么他和所有的人都要以如此非常规的形式来接受紧急信件。马基雅维里不假思索地回应道，这些信件是十分重要的公函，牵涉到神圣罗马帝国皇帝与法王之间的关系。对此，桑第也只好默认。

但马基雅维里还是不满足于这次骗术，他要求奎恰迪尼第二天重复一次计谋。他的朋友就按指示行事，甚至还加了一打过境称重后贴上瑞士邮票的信件。次日，奎恰迪尼就送出另一打公函和文件，还附上一只喜鹊，送差解释道，此鸟曾作为特殊的礼物给过聪颖的马基雅维里。

真是逗得很。尽管马基雅维里和奎恰迪尼相信他们愚弄了一下修士们，但他们打心眼里明白桑第不会受此愚弄。有一封信，马基雅维里写时周边围着修士，其内容使人相信他正在给国家的重大政策出谋划策，马基雅维里宣布："那个家伙！我们要提防着他点，因为他手段毒辣无比。"

确实，桑第这个马基雅维里认为是恶毒、天生疑窦的人看上去没有缓解对马基雅维里业已存在的不满。但那个计谋取得了另一个效果。第三天信件的到来，修士们有点惧怕马基雅维里了，桑第也开始感到他的权威正在受到这位佛罗伦萨使者的挟制，于是桑第想尽可能快地了断事务，早点让这位造访者离开。

这个滑稽故事道出了马基雅维里爱开玩笑的天性、健全的幽默感和玩世不恭的态度，这些也给他贴上信奉自我至上的标签，就像桑第能够在当时腐败的体制里得得势一样。但这也是一个悲哀的故事，马基雅维里一生被委以重任，成绩斐然，但到头来却去处理与修士们相关的婆婆妈妈事情，即使是这种活儿还遭到像桑第这样目空无人之辈的蔑视。

马基雅维里意识到这种嘲弄，但他要用出色的工作去埋藏这种羞辱的痛苦。他用幽默来为自己开脱，他嘲笑世界的不公正和自己忍受的厄运。在与奎恰迪尼互通的信函里充溢着自责的内容，还带着尖刻的语句直指桑第及其同伙。"你信件寄来时我正在厕所，"他到达卡皮的那天写道，"这当口我正琢磨着世界的荒唐。"

但所有的讽喻莫过于这样一件事：当弗兰西斯科·奎恰迪尼开玩笑地派一位着制服的邮差给马基雅维里送信，结果信封内装的不是戏弄圣芳济会修士的信函，而是由衷地评论他们玩游戏（应该指政治上的争斗——译者注）中的莫大苦楚，因为奎恰迪尼比谁都了解马基雅维里的痛苦。其中的一封信这样写道："我亲爱的朋友马基雅维里，当我琢磨起你作为共和国和修士间的使者身份时，我就会思忖好些你过去与之打交道的国王、公爵和君主们，现在我要提及一下古代斯巴达的将军吕桑德尔，他取得了如此多的胜利和战果，到头来还不是去做些分配肉食给那些唯命是从的光荣战士的事情。我要说的是，你明白，万物循环往复，自有其道理，我们把握不住其中的奥秘，就随缘相安吧。"

这些话语像是鼓励，或许就是鼓励吧，但在这些简单的观感中，奎恰迪尼已经总结了马基雅维里的一生：充满荣耀、魅力和苦楚。

在1513年给朋友的一封信中，已届中年的马基雅维里宣称："我出身贫寒，很早就懂得如何更多地去忍受艰辛而非夸耀。"对这种说法我们不必太当真。马基雅维里在写这些文字的时候，早已跻身于同那个时代富豪打交道的行列，即使他从未钱囊阔绰，多多少少也涉足过奢华和富裕的世界。这么紧密地结交那些相当于文艺复兴时代比尔·盖茨、文莱·苏丹的人群，再想想自己的门第，总不免有些惆怅感慨。

事实上，马基雅维里生长在托斯卡纳一个相当殷实的家庭。他的家族有贵族血统，略相当于今天中产阶级门第。尽管马基雅维里自己所在的家系标有旧时受尊崇的族徽，但到了马基雅维里出生前已经家道中落。

马基雅维里的祖上曾经是重要的奎尔夫党派系之一，此派在中世纪的大多数时间内曾卷入与意大利另一强大党派系即吉伯林派的激烈争斗之中。1260年蒙塔佩尔蒂战役之后，侥幸逃生的奎尔夫派被放逐，6年后只是因梵蒂冈的调停才得以返回故里。马基雅维里家族在奎尔夫党中最受尊崇，据说与佛罗伦萨南面的瓦尔·迪·佩萨地区蒙特斯坡托里城的统治者关系密切。这种说法得到下面一些事实的支持，即15世纪时他们家族在那个地区拥有大片地产。尽管尼科洛·马基雅维里的堂兄弟曾经是该地区名胜显赫的地主，但马基雅维里父亲贝尔纳多的唯一遗产只是在靠近圣·卡西阿诺地区的圣安德里亚有一既窄小又破旧的农屋，它经过寒碜的至少还是成功的家族的营略，总算移到了马基雅维里的手里（现在圣·卡西亚诺的主街被命名为"马基雅维里街"）。

马基雅维里的乡村住宅今天还矗立着，那里有一排排石子、瓦顶模样的房子，还有一条乡间小路穿过。在佛罗伦萨的主要居处也是一个狭小的屋子，它位于叫作罗马纳长街的西侧，该长街从庞特·维切奥一直延伸到圣皮耶罗·伽托里诺教堂之门（今天称"罗马纳门"）。那个街道的样子自马基雅维里孩提时代就发生了变化，现在的罗马纳街挨着奎恰迪尼街，马基雅维里幼年的家紧靠第16号门牌。此街位于佛罗伦萨城的中心，从庞特·维切奥算起也就不到一百码，离佩帝宫很近，该宫邸在马基雅维里出生时是最早的标志性建筑。

很了不起，马基雅维里的住所一直保存到第二次世界大战，后被盟军炸弹摧毁。但1469年马基雅维里出生时，此住所包括一组设备齐全的套房，被称作"卡萨"（意大利语casa即居室——译者注），四周庭院环抱。大致上是一个大的套房，每一居室的底层都有一个圆顶大厅，上面有两层。底层通常用作店铺或工作区。中间一层则用木质材料分隔，提供起居、寝卧空间，最上一层则是厨房，以便炉灶的烟气可以很近地排出屋顶。

年轻的马基雅维里的身边到处有亲戚。大院的一边住着堂兄弟尼科洛·德·亚里桑德罗、他的妻子、他们的三个孩子和他的三个兄弟姐妹。大院另一边的套房由另一个堂兄弟住着，他是刚去世的叔叔的后代，名叫尼科洛·德·安德里亚·邦第。与他们住在一起的还有皮耶罗，他是另一堂兄弟弗兰西斯科·马基雅维里的儿子，皮耶罗除妻子外还有九个孩子。

佛罗伦萨是一座嘈杂、拥挤的迷宫，到处是狭窄的弄堂和高高的石头建筑。城市被分隔成四个街区（quartiere）：圣·克罗奇、圣·齐奥万尼、圣·玛丽亚·诺维拉和桑托·斯比里托，马基雅维里的家就坐落在最后一个街区。每一个街区多半是独立的单元，有自己的商店、教堂、手工工匠和帮会。每一个街区的税收统一由特别任命的人征收，尼科洛堂兄弟中就有一个受聘为税务征收员，他叫杰拉多·迪·齐奥万尼，住在罗马纳街一处格调差不多的建筑内。每个街区用税收的资金支撑一套机构，它的义务是用政府行为来批准各个层次的政治和社会自治。

马基雅维里1469年5月3日降生的时候，其家庭的小套间想必是拥挤不堪。我们从1470年的佛罗伦萨城市记录中得知，那时住着贝尔纳多和他的妻子巴托罗米娅·迪·斯蒂芳诺·内利，另有两个女儿，即比马基雅维里大5岁的姐姐普里玛维拉和大2岁的玛格丽塔。1480年的记录表明，由于1474年另一个儿子托托的来到人世，家境继续黯淡。

那年的9月，贝尔纳多·马基雅维里开始写日记（libro di ricordi）。这本日记在1930年被发现，这部珍贵的文件在1954年出版前由一个叫恺撒·奥什基的学者加以复原和转写。从1474年到1487年的逐年记载中，贝尔纳多记述了许多他生活和家庭的琐屑事情，从出售驴子到他不停地为还债而奔命，样样都有。

这部日记有助于我们对马基雅维里的童年以及他与父亲之间亲情关系有一点感性认识。例如，我们从中了解到贝尔纳多约出生在1426年至1429年之间，他曾经是法学博士，但看上去好几年都没有从事本行。日记中也有一些暗示，贝尔纳多是非婚所生，但他对此隐匿得很好，没有留下什么证据能够支撑上述暗示。他还煞费口舌去强调其所有的孩子包括尼科洛在内都有合法身份。这一点对于生活在那个时代的佛罗伦萨中产阶级来说是绝顶重要的，但那时的档案保存还不正规，时常有这种情况，即一个人的遗产会被其他人滥用。如果谁的非婚情况被证实，那么就会被禁止作为一个公民去参加行会，也会被排除在进入城市大学就学之外，他们就没有资格从事任何政府工作。

从贝尔纳多《日记》中收集到的最明显事实之一就是他是一个税款债务人（pecchio）。这一点非常重要，即税款上有何闪失会对个人和家庭的信誉造成重要影响。一个有问题的pecchio的子女就不可能在官场上任职；如果在财务上对所在社区有任何借债不清，也不可能再去从事开业律师的专职。后来尼科洛供职政府的事实从某种程度上表明，贝尔纳多的债务问题是完全清白的。

那时马基雅维里家庭最费解的事情之一当数贝尔纳多的所作所为。他是一位训练有素的律师，他的头衔"弥塞亚"（Messere）表明他是一位法学博士（15世纪时这种头衔有严格的适用对象），然而没有开业的记录。他没有在法官和公证人行会的登记册中被提及，留下的文件也没有任何案例涉及他从事的职业和为此挣钱的情况。确实，看上去贝尔纳多唯一的经济来源得自其家庭农场的相对微薄的收入。

不清楚他是如何结束这种窘境的。很难想象贝尔纳多日记中的这个人，一个对孩子非常关爱、对自己社会状况很在意的人，会心甘情愿地掉入贫困之地。对于他的期望形成严重阻碍的必定是社会的习见或政治上的分歧。看来最好的解释是贝尔纳多年轻时从事律师职业，但卷入了与税务机构的债务纠纷。

对于年轻的尼科洛来讲，其在佛罗伦萨的生活从不乏味。他在街上与朋友一起玩足球和其他游戏，见识佛罗伦萨人通常沉溺其中的许多庆典和狂欢活动。这些活动将基督教的和异教的成分天衣无缝地融合起来，其宗旨就是让在生活中挣扎的人群感受到一种欢愉。最生动的节庆之一是6月24日开始的佛罗伦萨保护神圣·齐奥万尼·巴提斯塔节。这是一个喧哗、兴奋的市集，街上用彩带、五颜六色的旗子和鲜花装点着，嘈杂的集会至少要持续两天。

在节庆日，剧团会在街头、广场演出戏剧和音乐。这些想必对马基雅维里有持久的影响，他早年就特别对戏剧的观赏性和动感有乐趣。他孩提时代在佛罗伦萨街上看到的这一切一直伴随着他，并植下了喜剧的种子，大约半个世纪后这种子使他出了名。

文艺复兴时期佛罗伦萨生活的另一边是死亡和疾病、灾荒和战争的黑暗世界。就像所有同时代的人一样，马基雅维里也被引入死一般的青春。1479年的一场可怕瘟疫要去了邻居和家庭好友的生命。他自己的父亲也病情严重，自觉死亡临近了。在瘟疫流行最猖獗的前一刻，马基雅维里举家匆匆来到其母亲家族在莫吉罗的一处乡郊居所，离佛罗伦萨大约几英里地。贝尔纳多死里逃生，又与大家在一起了，几个星期后康复。

那年岁末，当马基雅维里待在他们自己的乡村小屋时，一支近来在波吉奥战役中打败过帝国军队的佛罗伦萨雇佣军驻扎在附近的镇上，此时正值与那不勒斯交战的间隙，这场战斗曾使共和国付出了很大的生命代价和巨额钱款。一些士兵就临时住在马基雅维里的家里，这时才10岁的尼科洛很新奇地与他们在一起并听着他们的故事。这次经历对长大后的马基雅维里影响重大，正是他组建了佛罗伦萨的公民兵，并在撰写《兵法七论》前花费相当时间置身欧洲战场。

就我们所知道的那一点点有关马基雅维里家庭生活情况而言，看上去他们是一个幸福的家庭。巴托罗米娅在1458年嫁给贝尔纳多之前曾有过一次婚姻。她的第一任丈夫尼科洛·迪·吉罗拉莫·本尼齐曾是一名药剂师，死于1457年，他们有过一个女儿叫列奥那多。本尼齐的居处与贝尔纳多及其双亲的居处只有几个屋的距离，这就不难解释何以尼科洛·本尼齐去世不久贝尔纳多就和巴托罗米娅好上了。可以肯定，列奥那多由其父亲的家族抚养长大，因为在马基雅维里家庭的税务记录或其他官方文件上没有任何关于她的记载。

巴托罗米娅据说是一个非常虔诚的妇女，她爱好诗歌与音乐。有迹象表明，当她的长子还很年轻的时候，她就执笔撰写赞美诗或宗教诗。这些诗歌中的一篇给尼科洛的正式抄本曾被收入后代乔万·巴提斯塔·内利的一本著作之中。

尼科洛自己的文学才能看上去来自其母亲的遗传。不过，贝尔纳多也是受过很高教育的知识人，在许多方面体现出那个时代的精神。虽然他对艺术、工程学或哲学没有特别的才气，但他还是有很强的求知欲，欣赏上述学科并细心专研。或许更重要的是他爱书籍并且花费每个铜钱去做收集的事宜，去得到最新的古典学的拉丁文译本或本国语译本。

印刷品在1471年被引入佛罗伦萨，这时马基雅维里正好2岁，尽管贝尔纳多的书源并不算多，但称得上是最早的和最热情的佛罗伦萨制版业的顾客之一。从贝尔纳多的《日记》中可以发现他私人藏书的书目，向人们展示出他的良好教养和判断力的品位。在他大量收藏法律图书的同时，还拥有李维、马可罗比乌斯和普列善的著作，还有一本当时的人文主义者和洛伦佐·德·美狄奇的朋友唐那托·阿奇爱乌利评论亚里士多德的著作，他还借一些书籍，如托勒密的《宇宙学》、亚里士多德的《伦理学》，尤斯第努斯和普林尼的作品。

贝尔纳多买过一些封皮都脱落的书籍，这时只要经济允许，他会用最好的材料将这些书籍重新包装一过。为了得到一本古籍来补充收集，他不惜从乡村寒室中取出几瓶酒、一块奶酪去进行交换。贝尔纳多最有价值的书籍就是李维的《罗马史》，这是一套装帧极其考究因此也十分昂贵的书卷，他对其爱不释手。他为了得到它，作为交换还花了近九个月的时间为佛罗伦萨的出版商编制地名索引。

成年后，尼科洛讲到了他如何去书商那里为其父亲收集那套绝顶漂亮的李维著作的事情，该书用最考究的小牛皮和上乘的纸张包装、印制。它成了贝尔纳多收藏中的珍品，也是家庭的宝物。从这本书中，尼科洛知道了大量的历史知识，其重要的意义在于它为马基雅维里思想发展提供了一个摹本，他早期的著述就是根据李维的思想撰写的。

与那些相同阶层和接受过相同教育的人群一样，尼科洛的父亲是一个协会的成员。贝尔纳多所在的那个协会叫圣·吉罗拉莫·苏拉·科斯塔会，是一个宗教性的社团，在更多的场合关联到"比耶塔"（La Pietà）组织。贝尔纳多对宗教一点都没有兴趣，只不过为了应付当时的传统并花费一些时间去参加传统的仪式。"比耶塔"包括了大约140名当地的商人和专业人员，其组织性超过了宗教性质，因为它还有政治性的议程，并像宗教慈善一样也为政治目的筹款。它是桑托·斯比里托会基层社会组织的重要组成部分，只有那些加入协会的人才有资格在地区事务中有发言权。对马基雅维里来说，幸运的是，该组织不排斥年少者加入，这直接影响到尼科洛，使他在11岁时加入叫作圣·安东尼奥·达·帕多瓦的青年分会。到了24岁那年，他就转入了成年的协会，这使他有机会混迹于其所在社区的许多重要人物之中。

尼科洛与其父亲关系非常密切，贝尔纳多将这位长子视为马基雅维里家族未来最大的希望所在。马基雅维里的两个姐姐普里玛维拉和玛格丽塔过着非常传统的生活。普里玛维拉嫁给了弗兰西斯科·维那奇亚，他的商业基地在君士坦丁堡。二姐玛格丽塔与一个叫贝尔纳多·米奈尔贝蒂的人结婚。这两位妇女赡养着家庭，做她们所希望做的一切，然后就消失在历史之中。尼科洛的兄弟托托除了是一位长期居住在佛罗伦萨外的神父，其他所知甚少。从保存下来的马基雅维里书信中得知，兄弟俩相处很好，当马基雅维里成为一名重要的公务员时，他尽力帮助托托在教会的事务。

有许多原因使尼科洛和其父亲相互吸引。他们都带有一种大不敬的幽默感，一种健康的犬儒主义，以此来面对许多社会传统，对教会则有说不出的不信任感。这后一点想必是刺激了虔诚的、对上帝敬畏的巴托罗米娅，她一个星期中要花费好几个夜晚在圣三一教堂的女唱诗班吟唱，并利用相当的时间来作宗教诗文。与此同时，贝尔纳多则研究人文主义的读物，至少在私下里很从容地表达对天主教信仰的怀疑主义态度，并对教会制度维持一种玩世不恭的非礼姿态。

这种看法可以从下述事实中得到印证，当其亲戚因瘟疫去世后，贝尔纳多写了些信函来报告这些事件，但从未使用虔诚的语言或深沉的叹息句或宗教的套语，如上帝引导着死去的灵魂进入天堂或消除了他们的原罪之类。他仅仅报告了事实，似乎宗教在他的想法中根本就没有踪影。当1479年夏天他差点丧命之际也没有任何迹象表明他要召唤神父来服侍。

奇怪的是，尽管贝尔纳多这样的人对物质东西、世俗事务如此看重又很少顾及宗教，却非常乐于结交当地圣克罗奇教堂芳济各会的修士群体。他经常花费时间与他们交谈、论辩；而且在他的遗嘱中馈赠给修士们很多钱款，远远超过社会通常设想的标准。

从保存下来的信件看，尼科洛和他的父亲之间有着兄弟般的情谊。有一次，贝尔纳多待在家庭农场，他送给儿子一只奖品鹅。作为回应，尼科洛写了一封幽默的十四行诗，其中有这样几行："亲爱的贝尔纳多、鸭和鹅/你们可以去购买/但你们不能被煮吃。"

当尼科洛还是一个青年时，父子俩就交流一些色情故事和黑色幽默，喜爱另类人士、喜爱酒吧谈吐、喜爱无伤大雅的狂欢。其中每个情节都涉及小镇上和历险中那些学者和普通人的奇谈趣闻。

贝尔纳多尽其所能使尼科洛和托托接受最好的教育，我们了解到他付给他们语言、数学和历史基础教育的学费。关于尼科洛在孩提时期学希腊语的情况，还存在着一些不同看法。一些学者认为，他大约在10岁或11岁时开始学希腊语；而另有学者设想，他是成年后自学的。棘手的是，除了他22岁时用拉丁文写了一些诗之外，没有留下马基雅维里在1497年之前写的任何东西。然而清楚不过的是，他是其生活的那个时代中阅读丰富的人，他非常熟悉当时佛罗伦萨最重要的两位作者即但丁和彼特拉克的作品。可以确定，他在城市大学前身的佛罗伦萨学校品尝到传统的人文主义教育，研习过修辞学、逻辑学和文学。

年轻的马基雅维里证明其有绘画的才能，但充其量是业余爱好者而已。不过他在修辞学方面则显示出高度的逻辑性、论辩性和机智性才能。出于政治动物的本能，他是一位天生的战略家，一位权术为其而设的人，太像列奥那多创作风景画或莎士比亚写作十四行诗一般了。在中年时，马基雅维里总结出一套自己的想法，他这样坦率地对其朋友弗兰西斯科·维托利说，命运已经安置好了他，他不要去懂得丝织或毛织，也不会对信贷、贸易及任何利润得失感兴趣，可见其独特的心计超脱了正统的想法。他在各种场合表现出的才能也与传统手工艺人或银行家的天才有别。

尼科洛的第一个家庭教师是一位叫马太奥的人，他教孩子最基本的拉丁文。在日记中，贝尔纳多记载着学费付款是在1476年的5月6日，正好在尼科洛7岁生日过后。同一部日记告诉我们，一年之后，尼科洛有了第二个家庭教师，叫巴提斯塔·达·波比，来自圣·本尼狄托教堂。他继续执教拉丁文，数月后介绍给孩子基础数学。这位家庭教师待的时间不长，1480年就换了新的教师，叫保罗·达·朗奇格列奥内，负责尼科洛和其弟弟的教育。

　　1481年至1482年的大部分时间是在佛罗伦萨郊外的莫吉罗乡村居所度过的。这里，尼科洛和托托接受一连串住在附近的神父、医学学生和退职教师的教诲。没有课的时候，孩子们就在当地的树林或附近蒙特比亚诺城堡的废墟处玩耍。1482年的冬天他回到了佛罗伦萨，普里玛维拉已经结婚，还年纪轻轻的玛格丽塔也在准备自己的婚事。随着姑娘们的离去，在罗马纳街的房子也开始显得宽松了。

　　马基雅维里由此至1498年这15年光景的生活人们所知甚少，1498年他通过选举获得佛罗伦萨共和国第二国务秘书的职位。他曾在佛罗伦萨学校学习过，并花费了一些时间在美狄奇学园，他在那里接触到不同职业和不同阶层的人。我们还得知，他被视为地道的诗人，并至少写过一首十四行体诗歌，该诗大约在1492年发表在美狄奇集刊本中。除此之外，便一无所知。

　　1496年，尼科洛的母亲巴托罗米娅在其55岁时去世。加上他的姐姐结婚和离家已久，马基雅维里的家其实只剩三个男人。贝尔纳多已年届七旬，不堪悲痛；托托19岁，正为教士的工作做准备；还有就是尼科洛，确切地说是在佛罗伦萨公共事务机构比较低的职位上工作着。

　　至此，没有任何迹象表明尼科洛·马基雅维里的生涯有何特别的地方。但15世纪的佛罗伦萨是许多标新立异者绽放自己的丰厚土壤，是孕育天才并让其扎下根系的时空。

　　马基雅维里是佛罗伦萨真正的儿子，他属于时代，又具备宽广的、超脱时限的眼力。在15和16世纪，佛罗伦萨是世界的思想和政治生活中心，没有比这样一座城市更能成为孕育他知识和想象的摇篮。

第二章
马基雅维里时代的欧洲

佛罗伦萨约建于公元1 000年。由那些曾落入神圣罗马帝国军队之手的定居者所建，之后的一个世纪或多一点，它还是一个小城，其中心是圣·莱帕拉塔大教堂和圣·洛伦佐教堂。不过大约从1120年起，佛罗伦萨开始迅速发展，不久就成为贸易中心和文化交汇点，吸引着艺术家和哲学家、商人和银行家等人士。

13世纪中叶，该城是一个有人口三万的独立国家。它有自己的货币，有自己独特的政治体制和作为欧洲最有创造力中心之一的日益增长的声誉。1265年，也就是文艺复兴的前夕，但丁出生在佛罗伦萨。不过，他的时代由于城市中的相互争斗并伴随瘟疫、与邻邦的小规模冲突而受到削弱，一时间城市人口锐减，城市发展受阻。但渐渐地，佛罗伦萨从这种僵死的、黑暗的阴霾中露出了脸，进入了一个成就巨大的时代，在这一时代，它变得既富庶又有名望。正是赶上了一个好光景，整个欧洲都已苏醒，跨入进步的年代，其进步之快，在所有方面都胜过千年前罗马帝国建立以来的任何时期。

历史学家所说的文艺复兴其确切的起止日期还没有普遍一致的看法。那些看重艺术和文学的人，根据传统用创作方式来划分时期，这种时期与那些关注政治学、社会学、科学或哲学的人所认定的时期是不一致的。传记作者、文艺复兴时期艺术巨匠乔齐奥·瓦萨利也许是第一个为其所生活的那个时期制造了概念，所使用的合适词汇是"rinascita"，或"再生"，在我们的理解中，那个时期使欧洲从特别暗淡、压抑的历史阶段中苏醒过来，焕发出一种新的、有震撼力的生命力。

14世纪的欧洲曾是一个难以叫人称心的居住地。瘟疫肆虐，最大的一场灾荒在该世纪前25年中爆发。这场灾难使7 500万人死亡，约等于欧洲大陆三分之一的人口，并恰当地冠以"黑死病"的名称。那个世纪战事频发。意大利半岛看上去也是城邦间对峙、冲突不断，它拖累了经济，消耗着从瘟疫中幸存下来的年轻人的精力。与此同时，意大利内部充溢着政治阴谋和政治上的刀光剑影，堪比北方的法国和英国之争，那场被称作百年战争的冲突断断续续持续了近一个世纪，从1337年开始到1453年结束。比较而言，从马基雅维里诞生的1469年到15世纪的最后10年是欧洲相对和平的时期，尽管1490年代曾被法国再次兴起的扩张主义所打断。

15世纪末，虽然没有大的战争再劫掠欧洲，但一个妇女每天所期盼的生活无非就是24小时而已，只有很小一部分人能够阅读或写作。农民们在膨胀了的家族群中生活，经常是二十几个人挤在一个屋里，与稻草隔层外的猪羊合住。他们的食物很简单，而且四年中有一年要遭遇饥荒，其间说不准要发生相互间的杀戮行为。贵族则在民间私下里遭人侮辱，当然不是全部，他们也死于瘟疫，他们的妻室则死于孩子降生。有钱人在享用一点点佳肴的同时，也在忍受着流行病、痛风、肝炎、肥胖症、梅毒（在那个阶层广为传播）带来的痛苦，凯瑟琳·德·美狄奇（后嫁给法国的弗兰西斯一世）在其刚刚三个星期大的时候就失去了双亲。

在恐慌不安的14世纪，唯一还感觉舒适的是，人们发现了自己的创造力，并在进步的文化中扮演着自己的角色。从罗马的最后苟延残喘到14世纪的1 000年间，死水一潭。世界上只有很少一部分人群在其生活的年月里还有些想法。在修道院围墙的外面，发明根本就谈不上，经常的情况是，任何人提出一些改善生活的建议哪怕是非常简单的方法都会遭到质疑。许多人被当作女巫和男巫从社区中驱逐出去，其中一些会招致厄运。

下述情况还称不上同步，即当生活逐步改善、欧洲从黑暗时代的泥潭脱身之际，绘画、文学和思想进步变得很重要。有100年的光景，变化的浪潮席卷欧洲，在那些还忍受着近来严酷历史还脱不去这些梦魇的人群的另一边，思想的景观正在发生变化。所有这种变化活动的聚焦点就是佛罗伦萨，可以从下面的事实得到提示，人文主义者列奥那多·布鲁尼在14世纪的初始写道："佛罗伦萨停泊着最伟大的心灵，他们要做每一件事都会超过其他人，无论是用在军事或政治事务，用在研究或哲学，或用在经商。"确实，这座城市被马基雅维里的同时代人认作或许是地球上最美丽的，其中一位有感而发："佛罗伦萨是世界上独一无二的……在这座城里，眼到之处无陋相，鼻嗅之觉无腻味，足踩之地无脏物。"虽然这种描述和判断可以接受，人们只能做一种假设，即15世纪的感觉要比我们更真切些，这位评论家如此欣赏地描述佛罗伦萨，因为另一些城市更脏乱、更有气味。

在这一时期几乎所有的文化局面都在戏剧性地发生改变。例如，令人吃惊地发现，在1471年也就是第一部印刷品在法国问世的时候，至多存在着大约三万本图书，但到了马基雅维里担任第二国务秘书即1500年的时候，估计有800万册印制图书在流通。

马基雅维里的青年时期正是知识萌生的阶段，这时，人的创造性和进取性在勃发，开始影响到生活的所有领域。当马基雅维里还是一个孩子的时候，列奥那多·达·芬奇就在几百码远的艺术家维罗切奥的工作室当学徒，在同一座城池内，波提切利早已是一位成功的画家。到了马基雅维里23岁那年即1492年，哥伦布到达了新世界；正值19岁的近代天文学之父尼柯洛斯·哥白尼，此时作为一名数学和光学的学生正在探索初步的课题。

这种学问的革命和文化的传播由两件互相关联的事实引起。第一件是活字印刷术的发明，它引领着印刷出版业的发展。另一件就是探研它如同广博的知识载体被锁定在希腊罗马最伟大的古典作品中。这一发明促进了还相对狭小的富有知识分子群体去钻研、翻译这些作品。这种努力的最重要贡献来自佛罗伦萨，其基本的理由就是这座城市成为文艺复兴时期文化、科学和艺术发展的灵魂。

探求保存下来的古典作品手稿实际上由人文主义学者弗兰西斯科·彼特拉克在进行鼓动。他1304年出生在阿雷佐的一个小镇上，距佛罗伦萨约55英里远。作为那一时代的最有名望的知识分子，彼特拉克在其周围团结了一批有共同思想情感的人，他们与大师一起分享着对古典传统的热爱。他们相信，或许还有成千上百的拉丁文、希腊文手稿和文件还密藏在私人收藏家的手里，或藏在欧洲的修道院里。他们中的许多人将探求这些文稿、文件当作毕生的工作。

彼特拉克最亲近的朋友之一是乔万尼·薄伽丘，他被认为发现了塔西佗的《历史》和部分《编年史》。他自己也写过几部令人称道的作品，包括《论神谱》、编写的两部传记词典、《论伟人的幸运》和《名女》。

接着的一代代学者坚持彼特拉克和薄伽丘开创的风格，积极挖掘罗马时代有价值的文本。这些学者有：柯鲁奇奥·萨鲁塔第、乔万尼·康维尔西尼、尼柯洛·尼柯利、波吉奥·巴拉奇奥里尼，他们带给学术界一长串最重要古代科学和文学方面的作品，包括罗马作家马尼里乌斯《星象学》、卢克莱修的《论自然》和一些有关矿藏、农业的作品如斯达提乌斯《树木》、克伦美拉《耕种》，这些影响了像列奥那多、布鲁奈莱斯奇、阿尔贝蒂这样的大学问家。

这些发现的意义在于，所发现的作品都是拉丁文原作，因此对于14世纪晚期和15世纪早期的佛罗伦萨精英来讲首次能够读到古典时代大思想家的原作，而不再是那些一知半解的修士粗略地翻译的片段。

就发现自身来讲就是一个巨大的进步，但或许更重要的是，人们在翻译和解释这些作品时不久就会意识到罗马学者的作品在相当程度上来自更久远的源头，那就是公元前500年到250年之间希腊学术的黄金年代。自然的结果就是一轮新的、强烈的对知识原初的希腊源头的探求。意识到古代学术上的才气，佛罗伦萨的许多有钱人开始向国外派遣使者，让他们住在当地，放手让其购买能够发现的原本希腊作品。

直到这时，西欧人手里仅有的希腊文手稿原本也只是几本亚里士多德的断篇和柏拉图的残章，再加上些确属优基里德所作的小册子，所有这些著作要么被修士们嫉妒性地粉饰过，要么还在几个捐献者的手里。彼特拉克自称拥有荷马的原始手稿，但没有能力阅读它。在承认他所涉及的一些罗马作家的权威时，他将荷马当作一位伟大的诗人，每晚就寝前都要亲吻该书。

在15世纪的最初30年，几百本原初手稿被设法弄到了佛罗伦萨，其中绝大部分来自东方，那里是十字军为基督教王国而战斗的地方，西方的使者现在用交换和购买的方式从土耳其人手里得到思想的资本。一个叫乔万尼·奥里斯巴的佛罗伦萨专门机构在1423年的那次硕果累累的航行后，转手出不少于238本完整的手稿。

佛罗伦萨的知识社团用这种方法得到了亚里士多德《政治学》的完整版本、希罗多德的历史著作、柏拉图的对话录、荷马的《伊利亚德》和《奥德赛》、索福克拉底的剧作、希波克拉底和加仑的医学作品，还有一些一世纪以来的希腊化罗马时代流传下来的最重要的作品，这些作品曾设法从亚历山大里亚图书馆转到了亚洲的富裕收集者手里。同时，这一连串的著作对形成文艺复兴时期欧洲早期自然哲学的科学观产生了巨大的影响。其中有托勒密的《天文学》和《地理学》，它们由佛罗伦萨商人帕拉·斯特罗奇在1406年带到了意大利。《地理学》描述了对地球表面距离测量的绘制法等，这种方法在西方的黑暗世纪的迷雾中早就被遗忘了。

现在，佛罗伦萨拥有原初语言写成的人类最伟大的著作，但剩下的一个问题是：没有一个人能够说或读古希腊语。1360年初，彼特拉克和薄伽丘试着将该语种引进佛罗伦萨的知识圈，尽管他们两人自己也不懂希腊文，他们想在佛罗伦萨学园举办一个希腊文的讲座。他们失败了，但两代人之后，并在极富盛名的原初文本收集者的鼓励和建议下，那些原初文本收集资助者的后裔终于批准了这样一个讲座。不久，一位从君士坦丁堡过来的著名学者伊曼努尔·克里索罗勒斯成为讲座的主讲。

于是，上述巨大变化的事实首先在这个讲座上开始了。随着不断增加的希腊文本的准确翻译，令人惊异的现实也摆在了大家的面前，佛罗伦萨人至今所取得的文化成绩早就被两千年前的希腊人超过了。但与垂头丧气相反，这种发现启示佛罗伦萨人去模仿、甚至试着去完善古代人的成就。

1428年，有一个委员会被组织起来，去从事改变佛罗伦萨教育体制的一系列活动。在原有的课程设置如医学、天文学、逻辑学、语法学和法学的基础上再增加道德哲学和修辞学、诗学的教职。这就为佛罗伦萨的每一个学生提供了新的课程大纲，也打下了体制的基础，这种体制在欧洲范围内被采纳，并在意大利、法国和英国的大学中实行，一直到18世纪为止。

在取得这种神速进步的同时，许多有前途的年轻学者从意大利各处甚至远从英国、德国迁移到佛罗伦萨来学习、听讲；最急需的是出色的讲希腊语的教授。反过来，思想的变化也使城市中最富有的、最有政治权势的公民对佛罗伦萨的社会结构产生了耳目一新的影响。

就像被文艺复兴触动的欧洲所有地方一样，在意大利那种可以有所作为的意识和人类可以做得比以前更好的信念成了一种巨大的刺激。这是一个行动和参与的时代。这种乐观精神引导着发现的岁月和近代科学思想的起步，也为艺术家的创作提供了丰腴的土壤，这些创作在今天看来是时代的标志。

这种感觉变化的重要性不能被夸大。除了几个人是明显的例外如13世纪的科学家、哲学家罗吉·培根等，人们从罗马帝国衰落以来就被深深的无价值感觉麻痹了。作为基督教信条影响的结果，大多数人都认为人只是上帝创造的存在，她被捆在世上，四处是自然的力量和神圣意志的力量。在那样一个世界里，个人根本不足挂齿。此等思维只能将人带入一种凝固的社会。尽管那种认为上帝控制着宇宙、直接干预人类存在的所有事务的信念一直持续到达尔文的革命，其中有一部分人在文艺复兴思想的影响下，已经大大不同于仅比他们早两三代的先辈。

与那种感觉无意义、柔弱无力大相径庭的是，文艺复兴时期的思想家们从心底里确信人类知识是一笔宝贵的财富和促进成长的力量。在这种观念变化中我们可以看到柏拉图哲学的影响，此哲学体现在"人文才气"这一积极人文主义的中心原理上。柏拉图哲学的核心就在于这样一个概念，即人类可以通过揭示自然的奥秘来发现上帝。对柏拉图来讲，这是"灵感"的基础，它成为认识文艺复兴时期许多出众思想的关键因素。马基雅维里虽然在宗教观念上是非正统的，他知道并接受了这种柏拉图的理想，当然他对柏拉图哲学的许多方面并不赞成。虽然许多知识分子对"才气"概念存有疑问，并将其与正统的基督教教义相融合，但此概念的本义纯粹是古典的。

在皮柯·德拉·米兰多拉这位时代最重要的人文主义者的著作《关于人的尊严的演讲》中，他鲜明地阐述了人文主义的哲学，他让上帝对亚当如此说："你可以得到和享用你所意愿的居处、形状和功能。其他存在物的性质被我们所制定的法度限制住和强迫住。但你们不受任何强迫，你们所对应的是你们自己的自由意志，我们已经将其赋予了你们，你们就根据自己的本性去规范自己。"

这种从探寻古代知识到发展人类需求的智慧之路径，我们可以将其描绘为纯粹思想的道路，但就深层而言，它对佛罗伦萨文化的影响至关重要。人类价值的这种再发现导致对世界感觉的新方法，在影响马基雅维里的认识世界方面也发挥了重要的作用，它帮助马基雅维里在著作中渗透非常近代的、相当革命性的气质。

在马基雅维里的孩提时代，思想界有三个最重要的人物，他们是乔万尼·皮柯·德拉·米兰多拉、安吉罗·波里齐亚诺和马西里奥·费奇诺。皮柯·德拉·米兰多拉是知名作家和人文主义哲学家，波里齐亚诺和费奇诺则因为翻译希腊文、拉丁文作品而闻名，这三人都是洛伦佐·德·美狄奇的亲密朋友，美狄奇由衷赞同这些大思想家的观点，美狄奇也被称为思想全才。

　　所有这三位思想家（还可以算上洛伦佐）都迷恋神秘主义和形而上学，稍后马基雅维里也有过这种兴趣。在这一时代，星象学极端流行，炼金术也很时兴。与此同时，受人尊敬的学院院士如费奇诺（其父亲曾是柯斯莫·德·美狄奇的医生）就写了一本关于神秘主题的书，这类主题被视为与高贵的哲学论说有同等的启示。确实，那个时代的大多数人，不仅是知识分子还包括大批没有受过教育的人都公开赞许精致的天主教圣物、异教徒的遗物和传统迷信的杂物。

　　如此丰富的思想都是马基雅维里生活的背景。但对他也是对整个佛罗伦萨的发展同样重要的事情是城市的政治演变，一种复杂含混的权力游戏，一种商贸和军事的渴求，而这些都联系着一个关键的家族——美狄奇家族。

　　一些人曾把美狄奇家族中最显赫的成员认作独裁者，指出其腐败和自我利益唯上。但毋庸置疑，他们是佛罗伦萨的家族，是三个世纪左右佛罗伦萨最重要和最有影响力的公民。他们按照自己的目标，叱咤风云，融入变化之中的欧洲历史；如果没有他们，佛罗伦萨将苍白无力地面对自己的现实。

　　率先在公众中名声鹊起的是乔万尼·迪·比奇·德·美狄奇，他在14世纪初建立了银行，专为天主教教会搞信贷业务。正是这位乔万尼将美狄奇家族从中等的名望提升到城市中最富有阶层之一。当他去世时，他给后代留下了一笔估计为十万佛罗令的资产。（要将古代的货币转换成近代的币值也只能近似地估算，但这笔数字肯定不会少于今天的五千万英镑。）

　　乔万尼的长子柯斯莫·德·美狄奇生于1389年。尽管很快就证明他有敏锐的商业嗅觉和在数字、账目方面的才干，但他更感兴趣的是书籍和新的学术。在14岁至17岁之间，柯斯莫接受希腊语学者罗伯特·德·罗西的教育，他很欣赏学生对古代思想财富的感觉，而同时乔万尼正准备让他操银行业的行当。在罗西的指使下，柯斯莫向其父亲表达了一个建议：他想与朋友尼柯洛·尼柯利一起启程去东方旅行，目的是搜寻他们所听到的古代手稿的全集。不必说，乔万尼对此请求充耳不闻。乔万尼手头有三本书籍即《福音书》《圣玛格丽特传记》和一本模糊不清的意大利文布道书，他认为儿子的激情毫无价值。在柯斯莫过完18岁生日后的几周，便勉强成为家族公司中的成员。

柯斯莫成了一名称职的银行家。事实上他几乎在所有方面都超过了其父亲。他领导着家族的商业，使家族的财产有巨大的增长，并成为佛罗伦萨最受尊崇的人物，但他仍保持着对艺术的热爱。在柯斯莫的生平中，他庇护艺术家、作家和音乐家。他主办学术讲座并在提供资金翻译、复制那些古代手稿前先期资助他的雇员去周游欧洲和东方。这位初看上去只关心账目、利息率的金融家，用自己的方式为文艺复兴时期的提香、列奥那多和布鲁奈莱斯奇做了许多的事情。

马基雅维里清楚地说明了柯斯莫·德·美狄奇对佛罗伦萨事实上还有欧洲的文化发展之何等重要性，他写道："柯斯莫也是一位对文学之士关爱、扶持者，他把阿吉罗波洛斯——一位在希腊出生、学问精湛的人士请到了佛罗伦萨。这样，佛罗伦萨的年轻人就可以跟着他学希腊语和其他学问。他把马西里奥·费奇诺请到自己的家里，他极其爱戴这位被称为柏拉图哲学第二父亲的哲学家。费奇诺也因此能相当惬意地去研究那些文字，并相当方便地使用那些作品，柯斯莫还在自己居处旁的卡里吉给了费奇诺一块地产。"

尽管柯斯莫从未成为佛罗伦萨城邦国家的官方领导，但除了名称外他事实上就是国家首脑。他任职于许多委员会，这些委员会承担当时政府的职能，他是对佛罗伦萨最有影响的人物。此外，他为改善佛罗伦萨的政治结构、检查城邦财政做了很多事情。

由于不健全的税制和核算、税收手段的低效，到柯斯莫接管美狄奇银行时佛罗伦萨已面临严重的经济下滑。到了1450年代的中期，情况更是严重到有82%的佛罗伦萨人不纳税。柯斯莫认为富有者应负起责任为国家所有公民建立准则，于是他推动建立新的税制，它对佛罗伦萨富庶银行家和商人家族的影响远甚于一般人。在他管事的年份即1450年代到1480年代，美狄奇家族支付了不断增长的大笔税款。仅1457年一年，柯斯莫个人的上缴税款就达575佛罗令，同一年，整个佛罗伦萨家族中的另外三个合起来也就缴税100佛罗令或少许多一点。他该年的年度财政贡献要比他的最直接的商业竞争对手多出四倍以上。

在柯斯莫·德·美狄奇作为家族首领的时代，他也为促进佛罗伦萨政治和社会稳定做出了巨大贡献。他与邻国特别是与米兰、还与另两个强国罗马和威尼斯建立起强固的政治联盟。他进而与其他国家的金融机构建立稳固的联系，在其生前，美狄奇银行在法国、德国和英国设立分行，这些分行为他关爱的佛罗伦萨公民带来了滚滚财源。

作为回报，柯斯莫也为他的人民所爱戴。当他1464年去世时，许多悲伤的人和"自由十人团"司法机构起草法令决定授予其"Pater Patriae"（国家之父）的荣誉称号。这个称号镌刻在圣·洛伦佐教堂地下墓穴那有点令人惊异的普通棺椁上。

柯斯莫的儿子皮耶罗接着成为家族的首领，并但当其父留下的政治角色，但无论从哪个方面讲，皮耶罗与国父都不能相提并论。他在体质和智力两方面都显得羸弱，缺乏感召力和冒险精神，并在柯斯莫死后五年便英年早逝。这就使美狄奇家族和佛罗伦萨城的舵盘留在了刚满20岁的皮耶罗之子洛伦佐的手里。

那双掌控的手不同寻常。洛伦佐·德·美狄奇于1469年12月坐上家族领袖的交椅，尽管从遗传和血缘的角度来讲他是皮耶罗的直接后代，但实际上归结到强有力地推动其祖父的王朝事业这一点，他真正是祖父的继承人。他甚至雷同于柯斯莫，很不情愿地去干银行和政治的行当，他不期望也很不屑于被抬举到"第一公民"和世界最重要、最富有银行首领的位置。

从洛伦佐的画像和雕像来看，他是一位十足丑陋之人：长长的鼻子、突出的嘴唇和下垂的眼皮，但这只是长相上的缺憾，他更多的造化是智力和创造力。他是一位天才作家，堪与其最亲密的朋友、非凡的三巨擘皮柯·德拉·米兰多拉、马西里奥·费奇诺和安吉罗·波里齐亚诺相提并论。他是文艺复兴时期泛爱论和折中主义的真正榜样，洛伦佐不仅成为家族史上高超的成功银行家和佛罗伦萨的领袖，而且创作了41首商籁体情诗；写了多部为人称道的剧本；是一位多才多艺的建筑师；会弹奏七弦琴并组织了一个自己的乐队；也是欧洲最受尊敬的艺术庇护人和知名的慈善事业家。

马基雅维里对这位经常被称为"大洛伦佐"（Lorenzo the Magnificent）的佛罗伦萨领导人如此描述道："他全身心地爱着每一位卓绝的艺术家，他赞赏文学家，……因此算上乔万尼·德拉·米兰多拉这样一位完美无缺的人，这位在欧洲所有的地方都旅行过的人，也被洛伦佐的宽宏大量吸引住了，并将佛罗伦萨当作自己的家。洛伦佐十分喜欢建筑、音乐和诗歌，许多不仅是他创作而且是他评点的诗歌作品都还保存着。因此，佛罗伦萨的年轻人能够受到文学研究方面的训练。他在比萨城还开办了一所学校，意大利的才华出众者都通过这所学校脱颖而出。"

比洛伦佐·德·美狄奇小20岁的马基雅维里在佛罗伦萨这个完全由男人掌控的社会中长大。作为这个城市的伟大领导者和最富有的公民，洛伦佐以祖父为榜样尽其所能做那些有利于维持和平和繁荣的事情，不过除了这些努力外，看来他也有目的地卷入了政治阴谋之中。

此事始于1471年，洛伦佐正好22岁。那年有一个叫弗兰西斯科·德拉·罗伏尔的圣·方济会修士从一贫寒的农家成为教皇西克图斯四世。他履行教职还不过数月光景，就与洛伦佐发生了冲突。洛伦佐这位年轻的银行家有大量的欧洲资金周转，已经有足够的力量去剪断国王和教皇的羽翼。

西克图斯认为，他应当取得比宗教领袖和道德卫士更大的权力。他觉得自己像是一个世俗国家的首脑，既是教士又是武士。他又是一个十分贪婪的人，毫无道德顾忌，一心念叨的是教皇国的扩张。刚擢升教皇数月，西克图斯就开始打量是用购买还是动用武力去攫取意大利东北部叫作罗马纳的大片土地，他打算将此领土给其侄子吉罗拉莫·雷亚里奥，并把他当作一个傀儡首领。（罗马纳的领土从未正式地划定过，但它几乎包括北达波河、南延伸到雷米尼、西至亚平宁山脉的大片地区。）不过，这样一个计划是要花费钱财的，尽管近几十年来教廷是前所未有的富足（这在很大程度上要感谢美狄奇银行的资助），西克图斯还是迫不得已到洛伦佐那里去借贷四万杜卡斯（约合今天六百万英镑）。

在洛伦佐和佛罗伦萨人的想法中，西克图斯的计划是居心叵测

的，它不仅危及他们几个世纪从事的罗曼亚到威尼斯的商业路线，
而且会威胁到意大利多少年来由详备的民主势力和政治才干所捍卫
的地区和平。很快所有的人都清楚了，这个新的教皇在拟订自己的
计划时其唯一的动机就是自己的利益，很少顾及意大利实际的权力
平衡。基于这种情况，洛伦佐感到完全有理由去推翻西克图斯的统
治。

　　作为回应，西克图斯同样感到要对他的银行家动手，事实上也
立即这么做了。但他只是做了些鼓动的事情，根本达不到效果，他
知道第一仗失手了。挫折伴随着狂怒，他又无力搞到钱款去实现自
己的计划，去抑制一下心中的创伤。他郁积起对洛伦佐的怨恨，说
他像"一个恶魔，一个无法无天的死对头"。这些促使他公开宣布，
他的愿望就是改变佛罗伦萨政局，推翻美狄奇的统治。

　　六年来罗马和佛罗伦萨之间的摩擦也擦热了外交和意大利政治的
日常事项。于是，1478年的4月26日，一个异常温暖、晴空万里的星期
日，也是马基雅维里9岁生日的前一个礼拜，他与佛罗伦萨其他六万个
居民一起被一条新闻震惊了：洛伦佐在一次暗杀图谋中几乎丧命，而那
次图谋如果不是西克图斯谋划，也应当算在教廷决策层头上。

　　有四个暗杀者受雇于西克图斯的侄子吉罗拉莫·雷亚里奥，而
此计划则由两名资深教会人士酝酿。其中一位是教皇最忠诚的跟随者
红衣主教拉费罗，另一位则是比萨主教弗兰西斯科·萨尔维亚蒂。不
过，尽管有这样一些涉案的强势人物在，就图谋洛伦佐·德·美狄
奇生命本身而言则绝对是业余的行动，因此其尚未发生就注定会失
败。马基雅维里在他的《李维史论》的第一部中对此做了非常清晰的
描述，其中这样描述糟糕的阴谋开局："这次帕齐（帕齐是佛罗伦萨另
一大家族的首领——译者注）反对洛伦佐和朱利亚诺·德·美狄奇的

阴谋与同类事件很相像。具体策划是这样的：他们为圣·乔齐奥主教安排一顿早餐，然后在早餐上杀死洛伦佐他们，在计划中还安排了谁去谋杀、谁去宫殿抓捕、谁到城里去向居民呼喊自由。事件开始发生时，帕齐、美狄奇和主教都在佛罗伦萨大教堂这个庄重的场所，又得知朱利亚诺那天早晨不准备前去用早餐了。这使阴谋分子聚集在一起，那些要在美狄奇家动手的事情就决定在教堂中干了。整个计划也被搅乱了，因为乔万巴提斯塔·达·蒙特塞柯不希望成为谋杀者，说不愿意在教堂干那些事情。于是，他们不得不在每个行动环节中更换新的主将，这些人根本来不及稳定自己的情绪，并铸成大错，在行动中反给人家碾平了。"（关于帕齐的阴谋，马基雅维里在《佛罗伦萨史》中有详细描述，参见马基雅维里《佛罗伦萨史》，商务印书馆1982年版，第8卷，第1章和第2章——译者注。）

他们的计划落空了，不久洛伦佐和他的兄弟朱利亚诺前来出席弥撒，杀手们随即拿着短剑在大教堂厮杀起来。朱利亚诺被刺伤后死在了大教堂的地板上，但刺向洛伦佐喉咙的短剑则稍稍偏了点，刺过了他的颈部。担心短剑锋口有毒素，曾和美狄奇兄弟一起出席弥撒的洛伦佐朋友安东尼·雷多费将伤口檫抹干净，并用布带拖着朱利亚诺从一处大教堂直通美狄奇官邸的暗道逃脱。

佛罗伦萨顿时一片混乱。几个小时内，每个人都听到可怕的消息，追捕凶手的行动在持续着。在《佛罗伦萨史》中，马基雅维里告诉我们："没有一个带武装的或不带武装的公民不是听到召唤就跑到洛伦佐的府邸，大家对洛伦佐有钱出钱、有力出力。"尽管这种描述有些夸大（《佛罗伦萨史》是那次事件40年后受当时美狄奇教皇委托而作，因此有理由认为在迎合美狄奇教皇的口味），那些杀手确实无路可走，不久便一个个就范。

那天暴乱袭击发生后，又经过大约一个星期，佛罗伦萨在内战的边缘风雨飘摇。但美狄奇对那些严酷的威胁早就习以为常，当暴乱迅速平息后，那些原本跟着有气势的帕齐家族的阴谋分子倒向了美狄奇家族。洛伦佐的交椅也就坐得更稳定了。帕齐这个钱权势重的家族因卷入谋杀朱利亚诺和企图夺取洛伦佐生命而遭放逐。其家族名字从注册中划掉，族徽也被销毁。一些幸存下来的家族成员只能隐姓埋名，直到20年后其家族复苏时才被佛罗伦萨社会所接纳。

阴谋挫败的部分原因是，美狄奇是这座城市最有公众影响力的核心家族，还因为洛伦佐的顾问和护卫者用迅捷的反应和果断的措施去帮助他应对歹徒们。除了拉费罗主教，所有阴谋者都受到了处置。拉费罗主教后来被发现在整个事件中是一个不知情的被利用者，他受到了洛伦佐的宽恕。策动叛乱的真正元凶是大主教萨尔维亚蒂。他在企图从城中逃脱的途中被抓获，匆忙审讯后被处以绞刑，同时受刑的还有其随从们，他被挂在执政团官邸（作为佛罗伦萨统治机构部长议事会的所在地）窗台上。他被挂在那里有数日之久，直到尸体发臭，那些善食腐肉的乌鸦把眼珠也劫掠一空。

在15世纪，儿童并不被禁止去接触可怖的生活事实，所以马基雅维里肯定也与在执政团官邸周围街上的孩子一起看到了那个吊着的人，他想必还嘲笑过那个可恨的人物。确实，在佛罗伦萨很少有人错过那个场景。列奥那多·达·芬奇1473年正在阿格诺罗街的大师工作室并在维罗切奥指导下进行学习，那个工作室正靠近大教堂和执政团官邸，达·芬奇画着在绳索上晃动的大主教，其所思所想后来在他的笔记中保存了下来。

尽管兄弟的死对洛伦佐来说是一场悲剧，但事变对其个人的形象和信任感有很多好处。在他生命余年（他死于43岁）继续维持着佛罗伦萨的稳定和治理，通过外交和明智的政治行动，他一次次赢得对教皇西克图斯的胜利。当教皇1484年去世时，洛伦佐已经成为教皇继任者英诺森八世的盟友。30年后，洛伦佐自己的儿子乔万尼也当上了教皇，称列奥十世。

在洛伦佐·德·美狄奇当政时期，佛罗伦萨很繁荣，人民过着比以往经历中都要好的生活。这就意味着，马基雅维里的童年虽然无奈于受其父的时运不济，但还算悠闲和稳定。这是夹在革命与战争年代之间的短暂和平时期，当洛伦佐于1492年去世时，它就结束了，正好是马基雅维里23岁生日的前一个月。

由一代代美狄奇家族提供高素质领导者的结果是，佛罗伦萨变得很了不起了，她对世界的理解力和她在世界中的地位由和平和相对繁荣的景象传递给了世人。这是一座华丽的城市，游人长期驻足于此，她是学问的伟大中心和艺术家、作家、音乐家、哲学家的孕育地，此等名声无处可比，并被她的市民们珍爱着。但这也是一座完全不设防的城市，开放得无以复加。当洛伦佐掌权时，驾驭着佛罗伦萨小心翼翼地行驶在那个动荡的政治变迁年代里。当他去世后，佛罗伦萨突然变得很脆弱，同时美狄奇的权势也极大地削减了下去。

洛伦佐的儿子和继承者即那个不幸的皮耶罗被卷入了政治旋风的中心。要平安度过这样的风暴，佛罗伦萨需要一位具有莫大才干并有个人影响力的领导，这些均非皮耶罗所及。洛伦佐死后个把月，一支由国王查理八世领导的法国军队越过阿尔卑斯山，并准备进入佛罗伦萨。皮耶罗立即担负起领导职责并召集了一次会议以商量对策。1494年10月31日在圣·斯特法诺与法王奇异相遇后，毫无经验的皮耶罗不假思索地单方面答应了查理的每一项要求。现在皮耶罗要回佛罗伦萨了，法王还在迷惑不解，皮耶罗期盼着因为拯救城邦而应当得到英雄般的欢迎，然而他看到的是紧锁的维奇奥官邸。一阵迷惑后，皮耶罗在逃回自己宫殿前孤身躲避了一回被那些狂暴之徒痛打的遭遇。那天晚上，皮耶罗与他的两个兄弟乔万尼和朱利亚诺一起神不知鬼不觉地出走了。

　　洛伦佐死后佛罗伦萨迅即招致的动荡又因为其儿子的轻率举动和法国的打击而更加恶化，佛罗伦萨人陷于痛苦之中，这时什么事情都可能发生。在这种环境下经常会出现的情景是，一个人带着特别的感召力、震惊的信息和一些想法都可能抓住权柄，其势位的上升和发展要比平常时分一个人梦想得更高、更快。这个人就是多明我会的修士吉罗拉莫·萨沃纳洛拉，1494年的11月他显现于政治舞台。

　　萨沃纳洛拉的童年或早年生涯鲜为人知。他1452年在费拉拉出生，是一位收养长大的佛罗伦萨人。1481年，萨沃纳洛拉在波伦拿的多明我会修道院做完一次布道后来到了佛罗伦萨。从他早期的公开表现来看，他是一位极端主义者，但他有辩才、有魄力，又恰逢显山露水的时机。那时的佛罗伦萨群龙无首，又面临着入侵的威胁，贵族们组成一个残缺的政府，并选举了一个代表团准备与查理八世商谈和平解决危机的事宜。萨沃纳洛拉是负有此项使命的五人代表之一，他紧紧拴在了停战事宜之中，很快就有了成果。代表团回佛罗伦萨不久就开始了选举，萨沃纳洛拉被选定为新的城邦首脑。

　　初看起来，萨沃纳洛拉的掌权似乎特别不可思议，但转而想想也很自然。城邦需要一个头面人物去平抑统治阶层的各种派系之争。作为一名宗教人士，萨沃纳洛拉应当是不偏不倚，也是充当高层领导的理想人选。在与法王交涉的过程中，他表现出自己的谈判才能，弗兰西斯科·奎恰迪尼在他的《佛罗伦萨史》中将萨沃纳洛拉描写成天赐能人，一个"雄辩家"。更重要的是，他得到了佛罗伦萨众多政治精英的支持，同时也得到了老百姓的拥戴。

可别低估了萨沃纳洛拉捕获民心的感召力和才干作为其成功的因素。在那个时代的佛罗伦萨，公众舆论绝对是政治掌控的重要形式。每次新政府任期伊始，城邦首领都要站在维奇奥官邸的阳台上用托斯卡纳语向聚集在执政团广场上的群众致辞，这当口的表现成功与失败在很大程度上影响着公众对该人物是否有资格控制城邦的心理。

尽管洛伦佐曾经为改善佛罗伦萨的形象和名声做了许多事情，也曾经带给了城邦巨大的财富和繁荣，萨沃纳洛拉继承的这个政府还是糟糕得很。令人惊奇的是，佛罗伦萨这个智慧的城邦竟然没有成文的宪法，政府机构臃肿，公开腐败。自1115年以来，佛罗伦萨就一直是共和政府，它的政治结构基于一种松散的原始民主形式，四个世纪以来几乎很少有变化。城邦首脑贡法洛尼（gonfalonier，亦称正义旗手）是执政团（Signoria）的领导，执政团另有八个部长。这些部长或执政官都来自城邦四个区划中最有钱财、最有声望的家族，只要通过在帽檐上写上这些人的名字，他们就被选上了。只有主要的富人和权势者能够参加选举，这套体制已经定型。

在政府高级机构的下面有两个议事机构，即公社会议和人民会议，它们分别由200公民和300公民组成。这两个机构由公众选举产生。不过这类选民也还是范围有限，通常由6 000称为"公民"的人组成，这些人都是年过25岁有专长者，并且是行会成员。还有大量分散选出的议事会，处理特别的政治事务。其中就包括称为"十二善者"（Buonomini）的立法机构和"十人战事"机构（相当于今天英国的外交事务机构）。迷恋着这些看似近代的体制，列奥那多·布鲁尼这位伟大的爱国者和支持所有政务的佛罗伦萨人在1428年宣布：他的故乡城邦"所有人分享着自由——他们都一样在希冀着高位和腾起"。

尽管布鲁尼说法的真实性未必可知，但与当时欧洲其他国家（威尼斯除外）相比，佛罗伦萨是文艺复兴时期最自由、最明智的国家。即使这样，它还存在着瑕疵和缺点。首先，政府官员的任期实在太短，举例来讲，一个政府首脑的任期也不过两个月。其次，那些候选代表仅局限在最富有和最有声望的家族，正是这些家族整个地掌控着制度。

萨沃纳洛拉上台后最初举措之一就是设立"大议事会"（Maggio Consiglio），并以威尼斯为榜样制定新的宪法。他担当的正义旗手一职大致相当于威尼斯的总督，不过在佛罗伦萨，这时的旗手与其他执政团成员的任期也仅仅为一年（而在威尼斯终身任职也是常有的事）。佛罗伦萨的议事会体制也在萨沃纳洛拉主持下得以修改，逐渐成为威尼斯模式的现代版，在大议事会里包括了中产阶级、男性土地拥有者，并且不再由精英家族的代表独家掌控。

尽管萨沃纳洛拉做了很大的努力，其政府要达到团结和谐尚有相当距离。在执政团里不同派别争权夺利。"白党"（Bianchi）是纯粹的共和党人，是新宪法的最极力鼓吹者；另一方"灰党"（Bigi）则全然反对新宪法，顽固效忠美狄奇家族。萨沃纳洛拉也有相当厉害的敌手，称作"暴徒"（Arrabiati），同时有最亲近的跟随者，称"修士团"（Frateschi），他们与上述三派都有冲突。这最后一派即修士团有"哭鬼"等绰号。

萨沃纳洛拉的神权政治持续了四年。从许多方面来讲，这个政权最初有宽容精神，但很快就退化为恐怖的、扭曲的公民政府。尽管萨沃纳洛拉受到狂潮般的公众支持，但许多支持力量也变成了对不确定时世的担忧。发布命令和采取临时性的维持手段，萨沃纳洛拉用日益极端的方式来实践其理念。他批准烧书，其支持者对艺术家、作家和自由思想家进行政治迫害。那些被认为是亵渎神灵的艺术作品被销毁，所有创造性的努力遭到清除。

作为执政团首脑，萨沃纳洛拉在详细展示其政治观点的同时，还继续通过其傀儡鼓吹他的那些主张，于是他的说教从极端走向了疯狂。他的敌人则被监禁，遭受酷刑。那些非宗教人士和异教徒与他们的书籍和绘画一样遭到相同的命运，那些作品在执政团官邸里被新政府视为渎神而全部付之一炬。

但萨沃纳洛拉面临着强有力的敌手，不久他们便行动起来要把萨沃纳洛拉赶下台。这些都没能限制萨沃纳洛拉去批评那些他认为是道德沦丧的佛罗伦萨人。萨沃纳洛拉攻击两类人，他们都有着巨大的影响力和碾平其势力所需的无情能量。这两类人的首选就是佛罗伦萨的有钱人，萨沃纳洛拉批评他们为拜物主义。他鼓吹这样一种论点，即钱财不应当由极少数的、品行低下的交易者和商人储存。让那些小业主、银行主和大公司在佛罗伦萨社会的每一个角落去树敌，这会拯救那些毫无权利的穷人。

第二就是受萨沃纳洛拉攻击的教皇亚历山大六世。萨沃纳洛拉在当选佛罗伦萨政府首脑之前就开始批评亚历山大，并对梵蒂冈的许多做法感到很恼火。获得权势后，他对罗马就是纯粹的谩骂了，并使罗马纳入到他的新建立的政治势力中，这使红衣主教们很窘迫，也引起教皇本人的愤怒。

1495年，萨沃纳洛拉成为佛罗伦萨领导人还只数月就受到传唤，要他去罗马。但他熟谙教会的历史，当然不会去做那种蠢事。他不理睬亚历山大，就留在佛罗伦萨，并加紧反教皇的批评。1497年，教皇觉得无法在罗马的行刑室里用棍棒和吊刑制服萨沃纳洛拉，便转而使出开除教籍的精神武器来试着逼他就范。这项布告禁止萨沃纳洛拉传道，并告示任何人以任何方式帮助修士违抗亚历山大都会招致不测。

尽管那样，萨沃纳洛拉没过多久就将禁令弃置脑后。1497年的夏天，他有幸第四次当选为政府首脑，因为那时的议事会仍是派系争斗，佛罗伦萨没有一个合适的人选来抗衡萨沃纳洛拉。教皇受尽屈辱，恼羞成怒，觉得用纯粹的教会手段已不可能赢得与萨沃纳洛拉战斗的胜利。

随着政治形势的吃紧，亚历山大的愤怒之情愈益加剧。他的对手是法国，他很有把握地认为它是地区稳定的威胁所在，这种想法的结果是他不同意佛罗伦萨政府实行与法国合作的政策。不久，亚历山大也短时间成为法国的紧密盟友，其儿子恺撒·波吉亚也受聘为查理继承人路易十二的尊贵的雇佣兵队长。但在1497年，他不可靠的法国与其仇敌萨沃纳洛拉结好，对他倒另眼相看。

暗中，亚历山大开始操纵佛罗伦萨的政治生活，这种行动是所有教皇未曾采取过的。他明白，他在共和国中最大的盟友就是那些精英家族，他们已经被萨沃纳洛拉激怒，并惧怕萨沃纳洛拉的神权政府如果长久存在的话，那他们就会丧失地位和财富。巧妙地在强势集团和其他反萨沃纳洛拉派别之间建立起一个临时的同盟后，教皇就有了推翻萨沃纳洛拉的手段，那次行动于1498年初发生。

在1498年春的选举中，萨沃纳洛拉丧失了许多政治支持者，但关键问题是他正在佛罗伦萨人中孤立起来。对其政权致命的一击发生在4月7日，那天他最有权势的盟友查理八世突然去世，这位教士茫然不知所措。萨沃纳洛拉与另两个铁杆支持者多明尼各修士和西尔维斯特洛修士一起受到拘捕、拷打，1498年5月23日，萨沃纳洛拉在执政团广场被处以火刑。

萨沃纳洛拉的死并未重复1494年的混乱，整个城市就像刚经历一场噩梦后醒来一样。许多曾支持狂想者修士的人群开始甩掉魔影，好像突然摆脱四年的精神折磨。不管灰党在议事会里努力寻求和谐，仍没有一个强权人物能掌控局面，佛罗伦萨的市民无意接纳美狄奇家族的回归。

自洛伦佐去世后，佛罗伦萨人很少有太平日子，他们厌烦动荡政局。再也没有人去惦记潮涨潮落的政治混乱，在这种不确定的岁月里很少有商人敛得钱财，城市的善良人群渴求和平，以便过上他们向往的日子。在这种环境下，保守势力崛起，实干的领导者畅行无阻，在出不了能够扮演英雄角色的特别政治人才时尤其如此。

随着萨沃纳洛拉的离去，佛罗伦萨仍与法国有盟国情谊，许多城市的政治精英又担心起教皇的动机和阴谋，虽然大家曾需要他的干预，但并不情愿。议事会里的派系仍存在着，只是在一些细节问题上相互有些迁就。一个新的政府、一个再度繁荣的共和国政府应该取代在如此短时间内就对佛罗伦萨社会造成很多伤害的神权政府。

在这种政府里，许多新的面孔、那些有地位又与萨沃纳洛拉没有瓜葛的人开始显露，同时一些政治天空中明亮的新星也不知在何处冒了出来。这后一群人中的一个就是新的第二国务秘书，一位名叫马基雅维里的年轻人。

第三章
身不由己

　　马基雅维里对萨沃纳洛拉毫无兴趣。1498年3月9日，也就是那位修士被处决前不到3个月，马基雅维里给他的一位朋友写了封信，描述了他出席萨沃纳洛拉布道会的情景，其中提到布道者那典型的滔滔不绝之长篇演讲。尽管对此人的表现和富有智慧的情感留有印象，但马基雅维里还是怀疑他的动机和目的。他写道："他脱去了伪装，现在他知道已经不需要因惧怕敌手而转弯抹角，事情早明摆在眼前。于是他呼吁信徒团结起来，这是最要紧的事情，他也不再提及暴君或人民的褊狭。他试着让信徒与教皇对峙，并等着教皇前来攻击，让教皇这么说，此人是你们所能想象的最坏的一个。"

　　马基雅维里在《君主论》里对萨沃纳洛拉作了研究、批评，更清楚地表达了对他的判断。"假使摩西、居鲁士、提修斯和罗慕洛不曾拿起武器，他们就不能够使人长时期地遵守他们的制度，正如我们这个时代吉罗拉莫·萨沃纳洛拉修士的遭遇一样。当大众一旦不再相信他的时候，他就同他的新制度一起被毁灭了，因为他既没有办法使那些曾经信仰他的人们坚定信仰，也没有办法使那些不信仰的人们信仰。所以，像这样的人物要取得成功极其困难。他们的一切艰险就在前进的道路上。他们必须运用力量加以克服，而一旦克服了困难，他们就会开始受到人们的尊敬，当他们消灭了那些对他们的高位嫉妒的人们之后，他们就能够继续享有权势、安全、尊荣和幸福了。"①

在马基雅维里的眼里，萨沃纳洛拉曾犯了两个主要错误：他没有建立军事武装以保卫自己；他没有去消灭对手或设法去消灭那些与其作对的人，特别是那个教皇亚历山大六世。

当萨沃纳洛拉政权正遭受挫折时，马基雅维里就已经明确地对这位修士发表了看法，认为他犯了很多错误，并导致如此糟糕的局势。确实，马基雅维里从未作为萨沃纳洛拉支持者的事实使其受益匪浅。修士被处决后刚过4天，新政府中的"八十人议事会"（此为高级行政机构，专为执政团提供咨询并负责政府高级官员的提名）和佛罗伦萨大议事会就授予马基雅维里第二国务秘书的官职。

这是一项极其重要的工作。说是秘书，实际上马基雅维里就是第二国务部的领导。第一国务部通常认为要高于第二部，主要负责对外事务和战争事务，而第二国务部主要负责处理所有内政事务和国内机构。不过，尽管原先对两个部的职责作出上述明确的分工，但到了马基雅维里1498年受任时其职权已经重叠。正因为如此，最好这么去描述那个时代第一和第二国务部的作用，即它们二者都在处理国内、国外等国家事务。在很多时候甚至很难说清楚两个部的秘书和工作人员究竟在专管何项工作。

就像佛罗伦萨政府中的大多数政治职位一样，任何一个国务秘书（此官职有时又称佛罗伦萨秘书）都必须在两年一个任期后进行年度重选。如果表现好并得到公众认可，其职权可保持很多年。一个适合的、表现不错的职业政治家只有在发生戏剧性的政权更迭时才会失掉其职位。

---

① Niccolò Machiavelli, *The Prince*（《君主论》）, Chapter VI, p.52. 中文翻译参考了马基雅维里《君主论》的潘汉典中译本，商务印书馆1985年版第27–28页，译文有改动。——译者注

第二秘书的首要任务是协助正义旗手和执政团8个部长的工作。他们阅读和处置信件及其他文件，准备概要和起草国务信函。他们处理政府的日常事务，为要员们做好各项准备工作。为了起到这些作用，每一个秘书都配备大量的公务员和书记员。

两位秘书的酬劳都不错，但事实上第一国务秘书被看做高于第二国务秘书，因而薪水相应也高。当时第一国务部的负责人是马塞罗·维吉里奥亚·德里安尼，此人权力很大，对佛罗伦萨政府有相当影响力，其年薪是330佛罗令（约相当于今天的15万镑）。他有两个助手，每个付给80佛罗令。马基雅维里的年薪是192佛罗令（约9万镑），并有两个助手（阿格斯蒂诺·维斯普奇和安德里亚·罗慕洛），他们分别得到96和60佛罗令。此外，在每个国务部的高级长官手下干些行政活还可以获得一些额外收入。

对于历史学家来讲，马基雅维里早期生涯的最大迷团是他如何获得这么一个有名声的位置。第二国务秘书这个位置通常是为那些被高度看好的、有多年从政经历的老资格律师、博士而保留的。举例来说，马基雅维里的助手维斯普奇和罗慕洛在1498年时还是两个年轻人，但他们都是开业律师并在那个行当中摸爬滚打多年才成为一个有经验的、适合的公务员。

马基雅维里不是一个受过训练的律师，或许只有很少的政治经历。但青年马基雅维里的所作所为使他获得了有用的关系和应付关系网的能力。再有就是他口才好，讨人喜欢，智慧过人，懂得迎合公众胃口的重要性。

马基雅维里令人惊讶地擢升政府高职，其关键在于他所处的那个协会，马基雅维里和他的父亲都曾经是该协会的成员。多年来，贝尔纳多·马基雅维里在协会中结交了许多朋友。通过协会，尼科洛·马基雅维里也接触到佛罗伦萨的精英家族，由于还年轻，他在早期的政治生涯中还只是一个小角色而已。不过，马基雅维里政治生涯平步青云的最关键因素还是他父亲和他自己接触到美狄奇家族的某些核心人物。

大家知道贝尔纳多不支持洛伦佐·德·美狄奇的许多政治主张，但他从不公开反对这个政府。他最亲密的朋友之一人文主义政治家巴托罗米欧·斯卡拉曾经是1464年至1497年期间的第一国务秘书，这个任期不同凡响，他实际上供职于3个不同的政府首脑（即皮耶罗·德·美狄奇、大洛伦佐和萨沃纳洛拉）。

显然，斯卡拉在贝尔纳多对其儿子的期望和尼科洛的成功遴选之间起着很难估量的牵线作用。可以肯定地说，在马基雅维里受任前曾在维奇奥官邸与斯卡拉一起工作过，跟着学那些未来从政所必备的许多窍门和手段。斯卡拉等于是提供了一个进入美狄奇圈围的通行证。尼科洛肯定明白，与那个家族的年轻成员混合在一起就必须旗帜鲜明地表示自己作为美狄奇朝廷成员的态度。大约在1492年，马基雅维里创作了由3组诗构成的诗篇，收在一本小册子中，其中还有洛伦佐写的10首诗和著名文人安吉罗·波里齐亚诺的一首诗。马基雅维里诗中的一首是献给年轻的朱利亚诺·德·美狄奇的，那年（1492年）他正好13岁，这篇献诗意味着朱利亚诺和尼科洛相互认识，即使他们不一定是亲密的朋友。

美狄奇家族为马基雅维里需要在其他富有家族中获取支持问题上牵线搭桥。在马基雅维里擢升时起过关键作用的人物中有律师（后为外交家）阿格斯蒂诺·维斯普奇，他是马基雅维里的终身好友。另一位年轻的公证人和贵族名叫乌格里诺·德·马尔特利。维斯普奇和马尔特利在马基雅维里坐上第二国务秘书的交椅后就为他干事。

　　更重要的人物是阿拉马诺·萨尔维亚蒂（即皮耶罗·德·美狄奇的女婿），佛罗伦萨最有影响也是最受尊敬的人物之一。多年来，萨尔维亚蒂一直是马基雅维里最可靠的同盟军和支持者。到了1506年（即尼科洛就任后的第8年），两人才发生龃龉分手。

　　同样有影响的是马基雅维里的顶头上司马塞罗·维吉里奥·亚德里安尼，他取代第一国务部中上了年岁的巴托罗米欧·斯卡拉。亚德里安尼曾在1498年1月萨沃纳洛拉最后一次遴选中受任第一国务秘书，在这个权位上他待了超过20年的时间，在其生平中经常掀起政治风波，搅动佛罗伦萨。他也是一个学者，有可能在佛罗伦萨学园中教过马基雅维里。亚德里安尼还是美狄奇家族的亲密盟友和贝尔纳多·马基雅维里的朋友。

　　尼科洛、贝尔纳多与一些名流之间的关系还有进一步的证据，那就是保存下来的最早的马基雅维里亲笔文件。这是用拉丁文写的两封一组信函，那年马基雅维里28岁，距成为佛罗伦萨国务秘书不到7个月，看上去是以马基雅维里家族的名义发话的。信上表明的日期是1497年12月1日和2日，谈及在家族成员弗兰西斯科·马基雅维里受任佛罗伦萨以外教堂财产管理一职问题上的争议。信中透露出他还是同意那个地区教职的任命事项的，但这样也会遇到来自权贵帕齐家族的竞争（20年前帕齐家族暗杀洛伦佐未果又回到了先前的那些荣誉性位置）。帕齐写信给佩鲁贾主教乔万尼·洛佩兹，要他忍得住他们的抱怨，别去理会废止弗兰西斯科·马基雅维里任命可能造成的巨大压力。

　　在12月2日的信中正式企求主教不要理会帕齐的要求，但前一天的信更有意思，不仅是语词方面，还因为其中清楚地显示出马基雅维里是以佛罗伦萨一个有影响者的身份在说话。信一开始礼貌地提到了那位心知肚明者已经给了马基雅维里家族的帮助。然后尼科洛写道:"除了鼓励和恳求之言外,其他我也不想多说什么,反正在我们的努力未见满意成效前你不要固步不前。为了这个结果,我要求你拿出你的勇气来,并实践你的勇气。因为即使我们是侏儒对巨人,更大的胜利也是为我们而非为他们所准备的。他们把自己放在强者的份上,因此就会患得患失;而我们不一样,我们不在意遭受什么挫折,我们为遇到一个那样的对手而感到荣幸,尤其遇到了呼风唤雨的对手那更是如此。因此无论结局怎样我们都是胜利者,我们不会为这样努力后的失败而后悔。"

此信在好多方面引人思考。第一,它表明是尼科洛而非其父亲已被认做家族的代表,当然毋庸置疑这里面有贝尔纳多以往经历的影子。更重要的是此信投射出马基雅维里在就任佛罗伦萨高级政治事务职位前的世界观。对他而言,像他所处的家族与"巨人"帕齐家族相比只是"侏儒"一个。如此描述清晰地显示马基雅维里对自己事业中所处地位的认识,但令人费解的是他采取了对抗的姿态。他已经意识到,他不得不为自己正当的信念而战斗,他不会轻易趴下并让"巨人"踏在自己的身上。

企求帮助的事情并非进行得很顺当,但他所企求的那个人或许是与帕齐同级别的,或许是美狄奇家族的高级成员,正是这样的一个人在暗地里帮助其朋友马基雅维里。如果这一点是确实的,那么与下面的事实就十分吻合了,即此次企求事情发生后半年不到,主要是美狄奇家族将马基雅维里抬举到他那个不敢想象的政府高位。

事实上,马基雅维里已经是第二次谋任第二国务秘书一职。1498年2月,当萨沃纳洛拉的权势行将寿终正寝时,这位修士的支持者阿里桑德罗·布拉切希在年度选举中获得了上述职位。在那次选举中有7个候选人竞聘，其中之一就是马基雅维里。当萨沃纳洛拉被废黜和处决后，新政府在美狄奇家族（当然不是直接与美狄奇家族成员有关）的影响下迅速举行了特别的选举。

马基雅维里好像天生就是干这项工作的。保存下来的马基雅维里早期与其一起工作的助手间的通信表明，他很受欢迎和信任。还有就是他看上去在同事间没有遭来敌意，或许对这位一升就升到了那些年长又质地不错者头上的人还搞不清楚。但马基雅维里作为一个大政治家、一个超级外交家和组织者的形象，一时半会还说不准。我们对1498年以前的马基雅维里只能了解梗概，我们看到一个男孩与邻居家孩子在佛罗伦萨街头玩耍；在乡村老家的田埂上奔跑；或者与父亲开些成人的玩笑。于是，我们捕捉到些他在那个协会中的身影，在美狄奇官邸中作诗，被卷入家族的官场纠纷。但1498年后的就一切宣明了，所有的事情都有文件可证：我们有数百封信件；我们也有日记、回忆录；我们有晚年对其生涯感悟的文件集；我们也有他的亲朋好友写的感想和评论。这样一来，马基雅维里的生动情态就跃然眼前，他又复活了。

马基雅维里最早的传记作者帕斯奎尔·维拉利曾记述了他对马基雅维里成为佛罗伦萨国务秘书的感受，使我们对此人有了清晰的轮廓。维拉利写道："他中等、瘦赢的身材，炯炯有神的双眼，黑头发，相当小的额头，鹰钩鼻，紧锁的嘴唇。所有关于他的描述都带着扭曲的观察、思考意味。人们不应当继续在嘴唇、眼睛的闪动方面去简单地挖苦嘲弄他，并将其打扮成一个冷血动物，可事实上他在更多场合用坚定的想象控制着自己，也正因为此而不时生出极大的狂想。"

有一个年头，马基雅维里花很多时间去适应工作并处理要紧的国内事务，大多数是近期因政治、社会动荡而急需使国家稳定下来的工作。就任第二国务秘书一个月，马基雅维里又当上了十人战事委员会的秘书，该政府机构主要负责处理外事、外交关系和军事活动。马基雅维里第二国务秘书中新增加的这份工作并没有额外收入和利益，有的是更大的工作负担和责任。这部分工作也使他多数场合作为佛罗伦萨大使广泛穿梭往来。

马基雅维里第一次到佛罗伦萨以外执行任务是在1499年的3月，那次出使的目的是要调解佛罗伦萨政府和彼翁宾诺军事首领雅可布·德·阿皮亚诺之间的关系，彼翁宾诺是一个距佛罗伦萨约60英里的沿海小镇。德·阿皮亚诺曾要求在其统帅时增加军费和兵力以担当起作为佛罗伦萨雇佣兵队长的责任。马基雅维里清晰地向他表达不可能按其要求给出更多军费和兵力了。同时，他也得尽其所能去防止雇佣兵队长变心或敷衍了事。

马基雅维里发现这位彼翁宾诺首领实在是太无能了，并这样描述他，"说得好，判断差，行动糟"。事实证明德·阿皮亚诺不是马基雅维里外交才能的对手，在庞特德拉（靠近比萨的一个小镇）军营进行两轮仔细的针对性讨论后，这位佛罗伦萨特使就可以回去向政府通报了，即德·阿皮亚诺的事情处理得很顺当，他已经接受了得不到共和国更多钱款的条件。

对于马基雅维里来说，这是一次令人欣喜的成功，极大地增强了他的自信心。不过，他的第二次外事任务，即出访卡特琳娜·斯福查·莱亚里奥宫廷、出访伊莫拉和佛利的女伯爵就显得更有挑战性了。

卡特琳娜是米兰公爵的侄女和吉罗拉莫·雷亚里奥伯爵的遗孀，是非常靓丽的女性，马基雅维里看上去也十分赏识她。（吉罗拉莫·雷亚里奥是企图暗杀洛伦佐·德·美狄奇的幕后元凶之一，由于其叔叔西克图斯四世的帮助而统治着伊莫拉城，时间大约在马基雅维里访问卡特琳娜20年之前。）以博迪卡女王的形状和贞德的气质为标准来看卡特琳娜，她美丽非凡，即使那时的她已入中年，但她仍然是一位令经常与其接触的男子感到倾慕、迷惑的妇女。她的丈夫雷亚里奥是一个财迷，最后被其军队中的帮派势力谋杀。但是卡特琳娜有勇有谋，免遭军中敌人暗算。在那些阴谋者的威胁面前，她意识到那些人要成功推翻她的统治最关键的一着就是占据一处特别的城堡——拉瓦蒂诺，她说服他们让其只身进入城堡，并声明会将城堡交给他们。阴谋分子不相信她的话，并要求她留下孩子作为人质。她同意了，但一进入城堡后她就转而与敌人交战起来，并宣布是在对他们实施报复。当他们威胁说要处置她的孩子时，她撩起了裙裤，暴露下身，宣称他们可以那样做，但她可以生出更多孩子来。

显然事当关口，卡特琳娜还是获胜了，叛乱分子遭到镇压。1499年马基雅维里首度与其相遇时，她的孩子已经长大成人，她几乎独自统治着伊莫拉和佛利近12个年头。不过她的王国太小，很难凭自己的力量来维系，整个地需要佛罗伦萨的帮助才能避免四周贪婪邻邦的攻击。

卡特琳娜与佛罗伦萨有多年的交谊，而与法国则无甚联系，她着实准备于1499年的夏天进攻并征服其叔叔的米兰王国，米兰大约在160英里的西北方。她明白自己绝对脆弱的境况，但她最大的资本就是其儿子屋大维亚诺。他是一位有名望的、受尊敬的雇佣兵队长，其军队虽小但是训练有素，装备精良。他曾受雇于佛罗伦萨前去战斗，两年来他帮助佛罗伦萨赢得了一系列重要的战役。马基雅维里此次访问的目的就是想让屋大维亚诺与佛罗伦萨执政团重新接触协商。然而事实上问题非常复杂，佛罗伦萨政府财政吃紧，试图让卡特琳娜和她的儿子同意削减屋大维亚诺的薪水。

卡特琳娜是一个执意行事的女性，她很不乐意于这样一种情状：屋大维亚诺为佛罗伦萨付出很多，却仅仅被当做一个效劳者看待，接触带来的后果是每况愈下。但也应当指出，她的处境很危险，如果没有佛罗伦萨提供起码的保护就会被法国凌辱或遭受其他威胁。那时正得势的教皇军队总指挥恺撒·波吉亚控制着中部意大利，他得到其父亲（即亚历山大六世）的财政等支持，也得到法国的支持，势力日趋强盛。

看上去马基雅维里与卡特琳娜从交往的一开始起就关系很好。第一次会见后过了20年，马基雅维里在其《兵法七论》和《佛罗伦萨史》中都高度评价了她。马基雅维里在卡特琳娜的宫廷待了一个星期，受到礼遇，但是他的努力无济于事，执政团不给予伊莫拉和佛利任何官方的批复和保证，即一旦其遭到攻击就给予保护。对于卡特琳娜来说，这一点是非常重要的，由于马基雅维里不可能去改变执政团的政策，卡特琳娜便中止谈判，马基雅维里也只好空手回到佛罗伦萨。

尽管马基雅维里千方百计达成一个愉快结局的努力终归失败，但是未达成这一目标对马基雅维里毫发未损。执政团宁愿失去屋大维亚诺也不愿增加他的薪水。但对卡特琳娜来说，这可是个灾难。与马基雅维里会见不出半年，伊莫拉和佛利就被恺撒·波吉亚的军队征服，卡特琳娜也被押解罗马。教皇称卡特琳娜为"佛利的亚马孙（即希腊神话中的女战士。——译者注）"，将其囚禁了一年，直至她最终放弃对两座城池的拥有权，并让渡给佛罗伦萨。在罗马，她嫁给了乔万尼·迪·皮尔弗兰西斯科·德·美狄奇，并生有一子，名叫乔万尼·德拉·班德·内利，他成为美狄奇家族到这时为止仅有的公爵家系的创始人。

在接下去的年头，即1499年夏到1500年7月，马基雅维里的所有精力几乎都集中在新近重开的佛罗伦萨和靠西40英里左右的比萨之间的冲突上。其实这种冲突早在一个世纪前即发生了，1406年，佛罗伦萨用武力制服了比萨。比萨是佛罗伦萨极其重要的贸易口岸，它为共和国提供了主要的进出海外的航道。由于这一原因，比萨成为列强争斗的抵押品。威尼斯也多年来觊觎着这块地处图斯坎尼的关键区域，要不是比萨受到法国的控制，威尼斯早就可以凭借其海上力量轻易地取得比萨。

在1494年也就是萨沃纳洛拉执掌佛罗伦萨领导权的时候，一支法国军队首次侵入意大利北部。佛罗伦萨在法国精良的军队面前低头认输，作为和平协议的一部分，查理八世将比萨交给了比萨人。此事在共和国中引起极大的愤怒，查理一死佛罗伦萨就立即迫使比萨归自己所有。可想而知，一个世纪以来比萨人在法国的同意下首次取得相当程度的自治，现在必然要抵制佛罗伦萨的要求，于是开始了代价高昂的流血冲突，拖了数年，成千上万的人为此付出了生命。

由于1498年夏季萨沃纳洛拉的失势和政权更迭，佛罗伦萨优先考虑的是自己的内政，比萨的事宜只能搁置一下。但是佛罗伦萨政局稳当后，政府又要有所动作了。不过，佛罗伦萨没有自己的公民兵，执政团迫不得已招聘那些价高且效能低下的雇佣军。比萨人则依靠自己的军队为生存而战斗抵抗，组成了坚固的防线，迫使雇佣军撤退，也迫使执政团去干一次代价不小又没有好结果的围攻。

1499年晚秋，马基雅维里稍微在早期外出活动中歇了歇脚，又被派到战斗前线去解决比萨问题。有了十人战事委员会秘书的地位，马基雅维里现在具备了外交和军事观察员的交叉身份，他的任务是清晰地评估形势，提出可行性解决方案。

执政团曾设想，是否有可能让法国充当调停人，迫使比萨服从佛罗伦萨。但在访问了那个地区后，马基雅维里迅速意识到上述想法是不现实的，并提出只有靠军事进攻才能重新夺得比萨。执政团同意了。在8月初，驻扎比萨附近的部队司令官波罗·维特利接到了进攻的命令。维特利迅速兵临城下，只等最后一击，即可拿下城池。但令人不解的是，在最后时刻，他撤退了，前功尽弃。佛罗伦萨甚为愤怒。维特利被召回入狱问罪受刑并被斩首。

马基雅维里在维特利这件事情上扮演的角色是很暧昧的。他当然是处置维特利的委员会高级成员，但一些历史学家从保存下来的备忘录和庭审报告中得出看法，认为没有暧昧的迹象，即马基雅维里是拍板惩罚并影响处决维特利的主要当事人。还有更相反的说法，认为马基雅维里是不同意那样来处决司令官的。

有一点是清楚的，马基雅维里认为维特利的失败是巨大的，这给他的城市带来了很多危害。在受审期间，马基雅维里写道，维特利"罪孽深重"。他认为由于放弃了到手的胜利，司令官赔了佛罗伦萨对比萨的控制。许多人认为雇佣兵队长不只是失败者，更是一个卖国者，一个精心考虑后有意将比萨留给抵抗者的人。马基雅维里也许同意这种观点因为他指责维特利的行动是一种"叛变"。事后许多年，马基雅维里就佛罗伦萨政府对司令官的反应写道，执政团说，"这种惹是生非的报应就是对你复仇，你死有余辜……"

佛罗伦萨受挫了，然而羞愧的是它军队的不得力，致使事情变得更糟。马基雅维里的忠告也落了空，佛罗伦萨同意支付法国5万金币（司库迪）的超额款项以雇佣5 000瑞士步兵，外加1万其他瑞士武装力量，而这些人原本是法国想要雇佣去攻打那不勒斯的，法国想使那不勒斯成为重新征服半岛的一个立脚点。

　　这些雇佣军由一位无能的、名叫波蒙·休斯的法国司令官指挥，事实证明此人胆小，一点都靠不住。此情此景每况愈下，当时手头吃紧的执政团提供士兵劣质的食物和物质，还拖延军饷。这就毫不奇怪为何瑞士军队要拒绝战斗，并威胁要从前线撤退，使围攻行动落空。

　　从1499年的冬天到1500年的春天，马基雅维里去了比萨好几趟。1500年7月，瑞士雇佣军兵变，于此事关当口之际马基雅维里再次前往比萨。他扮演的主要角色是协助两位特派专员的工作，他们已经来到这个麻烦的地区，努力寻找佛罗伦萨解决事端、安抚雇佣军的方法。其中一个专员叫乔万巴蒂斯塔·里多尔费，其人与马基雅维里一样最初也激烈反对雇佣瑞士人的意见。里多尔费资历颇深，是一位大外交家，但到达战斗前线后不久，就在比萨的城墙下病倒了，随即返回佛罗伦萨，留下马基雅维里和另一位专员卢卡·德格利·阿尔比齐两人。

　　此时，马基雅维里和阿尔比齐开始寻找外交途径去解决问题，但是为时已晚。受雇的士兵们对他们的军饷和佛罗伦萨的轻蔑态度感到失望，并捕捉了阿尔比齐，威胁如果不交出赎金就杀了他。为了防止自己也被捕，马基雅维里迅速动身返回佛罗伦萨。但在他努力使深陷错误泥潭的执政团能够回心转意之前，阿尔比齐（一位深知政府无能的人）花了1 300杜卡斯赎金成功地脱了身。瑞士人也在黑暗中消失了，留下了一片残缺的佛罗伦萨工事。此时的执政团领受到从未有过的挫折和窘迫，政府四面楚歌。

　　形势的转机使比萨人感到高兴，马基雅维里不久便明智地、富有预见性地写道："佛罗伦萨人在完全没有武装的情况下，雇佣1万法国人去围攻比萨，这样一种决策所招致的危险要比他们任何时候遇到的麻烦都大……还会是致命的，他们所组织的联军却整个地服从他人的命令。"

近来麻烦的真正缘由正是那个事实，即佛罗伦萨不拥有一支属于自己的军队，老是依赖于雇佣军，而雇佣军从来没有信任度，还让你倾家荡产。马基雅维里在这场闹哄哄的比萨战事前就意识到这种问题的严重性。现在他为自己国家感到羞愧，也更坚定了他的想法，促使他下定决心让他的政府意识到其举措的愚蠢。

对于马基雅维里来说，幸运的是他的名声没有因这次失败而受损。确实，在这次脸面丢尽的事情中，他还算是有眼光的顾客，他曾提议反对采取这种给共和国带来麻烦的行动。虽然他的上司也聪明地意识到尽量回避那种自讨没趣的谴责，他们还是承认马基雅维里在整个冲突中是头脑冷静的一位。考虑到这一因素，他得到了一笔6个金佛罗令（约合3 000英镑）的红利，这是根据执政团的命令授予的礼物。执政团说："这是他大难临头冷静应对的回报。"

同时，由这场政治闹剧造成的外交后果也是很大的，佛罗伦萨人感到那战事绝对是被他们法国盟友的行动害苦了，这些人配得上叛徒和贪婪者的称号。他们自己也得对自己的天真和举棋不定自责一番。

马基雅维里回到佛罗伦萨没几天，执政团又派他去法国拜会法王路易十二，力图为他们支付的款项找回一些补偿。当时的命令是"速战速决，想以什么身份干就以什么身份干"，从秘书到第二国务部再到十人战事委员会都行，另派一名佛罗伦萨外交官弗兰西斯科·德拉·卡萨于7月18日同行。两人从执政团的马厩中得到两匹最快的马，各自就带了一个小口袋，里面装了些个人用品、护照和政府文件。

他们算是告别了纷争的局面和一个看上去是由业余政治家统治着的城邦。在他们面前唯一等候着的还是险象环生的处境。在15世纪的世纪之交，法国是地球上最强大的国家，它的军事力量不亚于任何国家，而其富有程度只有邻邦西班牙能够匹敌。路易十二在1498年继承了查理八世的王位，法国也就有了一个专制的、贪婪的和强大的君主，他还受到那些聪明的、冷酷无情的国师们的指教。

与此形成完全鲜明对照的是，佛罗伦萨的国库钱囊羞涩，国家还欠着它最富贵的公民们40万杜卡斯（约合6 000万英镑）。此外，国家在比萨城墙下遭受到羞辱，这证明了将近10年前洛伦佐去世后的政局动荡。它的领导们看上去缺乏从事某种果断行动的主见，而在马基雅维里看来近代国家的命运就需要有这种主见者。

问题的复杂性在于，法国并不是唯一应付的对象。佛罗伦萨被敌手和不守信用、不讲义气的盟国包围住了。1499年全年和1500年的上半年，路易一直在给处于战事中的恺撒·波吉亚（他在1498年时得到了瓦伦蒂诺公爵的头衔）提供资助。教皇为了将其有点神经质的儿子恺撒·波吉亚当做工具使用，以拓展意大利为中心的世界性统治，也与新的法国国王结成联盟。恺撒·波吉亚也很乐意充当这种角色，这样他就可以在罗曼亚辟出一片通道来，去吞食像卡特琳娜·斯福查·莱亚里奥控制的伊莫拉和佛利里之类的弱小城邦。这些清楚地表明恺撒·波吉亚还觊觎着佛罗伦萨，所以佛罗伦萨尽管对法国不称心，但仍需要法国盟友般的帮助。

虽然说马基雅维里是出使法国宫廷的最佳人选，但是任务的担子着实不轻。他最重要的事项就是要改动佛罗伦萨所欠法国钱款（就是使佛罗伦萨招致窘境的雇佣军费用）期限。同时，他需要重新议定路易十二与佛罗伦萨政府之间的友好关系，如果可能还请求法国担保免受瓦伦蒂诺公爵的攻击。

这些任务中没有一个是轻而易举之事。从一开始，法国就不把佛罗伦萨放在眼里。正像佛罗伦萨人心目中的那个贪婪法国形象，路易会径直地在执政团官邸门口说起对比萨窘境谴责之事，路易怀疑执政团故意扣下了支付给他的一笔攻打那不勒斯的军事开支和给雇佣军的钱款。不过，佛罗伦萨人确实是一直没有支付，因为他们太拖延了。而现在是十万火急，同时还希望路易能保护佛罗伦萨人，驱除瓦伦蒂诺公爵的威胁。在虚弱、无果和绝望的境地下，执政团的官员们正期待着马基雅维里能让他们脱离险境。

对于马基雅维里来说，这是一个巨大的挑战。他是仅有的意识到危如累卵的人，还面临着个人的危机。1500年，也就是他此次出使和比萨战事丢人脸面结束前的两个月，他父亲去世了，就留下尼科洛和他的兄弟作为在罗马纳街房产的持有者。马基雅维里没有时间按习俗去操办其父的丧事，只能独自哀伤，在离开佛罗伦萨之际不得不请求托托和其他家庭成员按规矩办完贝尔纳多的后事。对于马基雅维里来说，现在成为家庭的老大。这位对父亲十分敬重的人正陷入痛苦和节哀的时分，但对于自己国家的义务又使他没有任何选择，只得离开家庭，到法国去讨价还价。

到法国的路程要花去他们3天多时间，但断断续续地一再延迟。离开佛罗伦萨刚一天，马基雅维里和弗兰西斯科·德拉·卡萨就接到指令，让他们在波伦拿停一下，代表执政团与邦主乔万尼·本蒂沃格利奥会谈。接着，他们在帕尔玛和皮亚琴察（距佛罗伦萨大约不到100英里）之间的地方听到了传闻，说有一支从比萨战区来的千人以上的雇佣军分遣队驻扎在当地山区，专干勒索之事。这就意味着他们要长途绕行。更为糟糕的是，夏季炎热，瘟疫威胁在持续。法国那里的瘟疫形势也十分严峻，国王路易被迫移居，主要待在乡下，以躲避瘟疫肆虐的城市。

又是疲劳，又是迷路，两位佛罗伦萨的使节终于在7月26日到达了法国的里昂。起先，他俩受到了礼貌的接待。但不久他们就明白了，主人将佛罗伦萨视为不足挂齿的三等国家。情况看上去有点不妙，由于他们自己政府的目光短浅，加上佛罗伦萨钱财方面的拮据（政府还批准撤除国外公务员的开支），因此他们不得不算计如何在宫廷中度日的问题。他们本来是有一笔津贴，但是法国只提供他们居住和基本伙食，又由于他们集中要考虑马匹方面的问题，因此不得不去购买新马、洁净的衣服和雇上几个侍从。过了两天，他们的津贴就用完了，他们开始掏自己的腰包去支付路费。那时的法国宫廷经常迁移，为了方便会谈，马基雅维里和德拉·卡萨只能将更多的钱花在马匹上，以便赶得上国王快捷的车驾和武装骑兵。

马基雅维里很快就从路易十二的宫廷学得了规矩。不久也清楚了，接近国王的方法就是要打通其身边的人，这些人中有国王最亲近的顾问和军事参谋，他们早已被与其有关系的意大利各邦国收买。所以，接下来的几个月，马基雅维里和德拉·卡萨要做的就是要投宫廷所好，尽可能结交朋友，从而引起国王的注意。

尽管他们是官方的使者，并带着正义旗手和执政团的信函，但这些文件对于傲慢的法国人来说根本无济于事。多亏了马基雅维里出众的外交才能和交际手段，他和他的同事才设法与最有权势的路易顾问乔治·德·昂布瓦接上关系。他是卢恩地区的主教。正是靠了与他的接触，马基雅维里他们才可能使法国国王了解到佛罗伦萨的处境。

事实就摆在那里，马基雅维里再怎么尽心也不会有起色，他唯一能做的也就是不松劲。整个1500年的秋天，宫廷在不断迁移，先到了圣·皮尔·勒·穆蒂埃，然后至内韦尔和蒙塔尔吉。在迁到南特和图尔之前，马基雅维里说什么也得设法达成一个谅解，即佛罗伦萨尽其所能对法国作出补偿，以求得法国书面保证有义务抗击瓦伦蒂诺公爵的进攻。

不过马基雅维里和德拉·卡萨的工作看上去仍举步维艰，情况愈发糟糕。到了10月初，法国很快就失去了耐心，甚至连乔治·德·昂布瓦也对他们产生了反感。有一次，马基雅维里试着说服主教，称某天执政团的信使会从佛罗伦萨带来好的消息，孰料那位法国人带着威胁的口吻回道："就算你所说的确实是一回事，要等到那位信使到来，我们早就没气了。然而我们想让其他人先见鬼去吧。"

即使有这样大的压力而且目标无望，马基雅维里仍被他的政府视为救命稻草。10月中旬，情况已经恶化到他和德拉·卡萨无法通过特别的送件人将信函寄往佛罗伦萨，结果只能在那些日子里空等执政团的回音。

祸不单行，此时马基雅维里又得悉其35岁的姐姐普里玛维拉在一场轻微病症后突然死去的消息。没过几天，德拉·卡萨也病倒了，并前往巴黎就诊，就剩马基雅维里一人去独自应付很难相处的法国宫廷。

在10月底，正当使命到了节骨眼的份上，佛罗伦萨政府总算醒悟过来，保证偿付拖欠法国和瑞士雇佣军在那场倒霉的比萨战事中的费用。这种命运的逆转还是由战局促成的。也就是马基雅维里抱着最后的希望到固执的法国国王那里为执政团求情之际，瓦伦蒂诺公爵的军队越过雷米尼并包围了佩萨罗，这两个沿海城市位于佛罗伦萨以东不到70英里处。

很容易想象马基雅维里听到这个消息时心情会是多么的舒展。马基雅维里思乡心切，盼望着快点回到自己在执政团官邸中的工作岗位上去。他思忖着自己的位置受到第二国务部那些野心勃勃的人之威胁，同时他又急切地想帮助其家庭度过灾难年份。不过，他还是期盼留在路易的宫廷，最后完成法国与佛罗伦萨之间的协定，从而确保回国时带上一份书面的法国军事保证。

11月4日，他得到了路易签署的皇家信函的复本，信函已寄送瓦伦蒂诺公爵，警告他不要采取任何形式的进犯佛罗伦萨的举动。执政团希望马基雅维里在宫廷中再多待点时间，以便在协定最后签署后再增进些双边关系，与路易朝廷内部圈子中一些关键人物建立牢固的外交联系。他勉强地允诺了，但是没有告知他国内的上司，就打点着准备在圣诞节前离开法国。

马基雅维里于11月的最后一个星期动身回家，中间走了很长一段悠闲的路途。正好在圣诞节前夕，这时离佛罗伦萨还有一半的行程，他收到了一封于12月12日发出的指令，免掉了他在法国宫廷中任何进一步的任务。1501年的1月14日，差不多是离开他在国务部办公桌和错过倒霉的家事后7个月，他疲惫又觉解脱地踏进城邦的门槛，应该说他出色地完成了任务。由此，至少一段时间内佛罗伦萨在这种外交成果下避免了被征服的危险。

第四章
与狼共舞

马基雅维里在出使法国宫廷期间学到了许多东西。从佛罗伦萨朋友们和助手们的亲热来信中他感受到第二国务部对其个人的爱戴。他们念叨其才智和丰富的知识、他的友情和远见卓识。作为一个政治观察者和分析者，马基雅维里同样收获良多，在他所学到的东西中也许最重要的是他懂得了其热爱的城市怎么会变得如此脆弱。他亲眼见证了欧洲的主角是如何出演的，而相比之下佛罗伦萨就像是一个业余的配角。正是在这些事实的促使下，马基雅维里开始思考并寻找如何在欧洲提高佛罗伦萨地位、如何捍卫其权益、如何增加其力量和影响的方法等。他明白，在他能够用自己的想法去帮助推动变化前，他必须等待时机。

1500年，31岁的马基雅维里仅在自己的岗位上工作了2年，但他很快就适应了这份工作并意识到自己有特殊的能力去应付此项工作。他是一个天才外交官，但有时也会在突然激动时难以控制住自己的言语，即使他意识到这样会冒犯对方也无济于事。经过与法国数月的谈判，他感到自己对他们已了如指掌并相信搞清了他们的政策。他已经对他们的战略、弱点等有了深刻的见解。

正当马基雅维里准备好长途跋涉回归故里时，卢恩的红衣主教乔治·德·昂布瓦针对意大利也许是稀里糊涂从事战争一事发表了讽刺性的评论。马基雅维里对此进行了回复，他说也许那是真的，但公平地说法国也算不上懂政治手腕。马基雅维里还不满足于这个反击，他感到有必要写一封告诫书给昂布瓦（可以说是法国第二有权势的人）。他在信中说，如果路易十二真想控制意大利半岛的话，他要注意历史的教训。他断言，如果想征服一个与自己传统、文化都不相同的民族，国王需要保护并利用与其保持友好关系的那些城市，使这些城邦（如佛罗伦萨、波伦拿、费拉拉、曼图亚等）自然地站在他这一边，然后他就可以与这些同盟一起向敌对力量（如威尼斯。特别是梵蒂冈等）施加压力。但首先他要尽最大努力防止西班牙（法国唯一的对手）在意大利获得任何地位。

　　乔治·德·昂布瓦是一个绅士，他赞赏马基雅维里的智慧。他礼貌地接受了进言并作出简单回复，认为国王陛下"过于谨慎了"。马基雅维里铭记此次交谈，并在《君主论》中作了记载："在这件事情上，我同卢恩在南特有过交谈，那时瓦伦蒂诺正占领着罗曼亚。当卢恩主教对我说意大利并不懂战争时，我反驳他说法国不懂政治手腕。因为如果他们懂行的话，就不会让教会如此强大。发生在意大利的事情证明了法国是怎样造成教会和西班牙如此强大，教会和西班牙又是如何为法国带来祸根的。由此我们可以得出一个普遍的永不失效的规律：任何使其他国家强大的人终会引火上身，因为这种强大是用智谋和力量造成的，而这两者正是变得强大的国家曾经猜忌过的。"

　　事后来看，很明显，马基雅维里的分析和建议是绝对正确的。几乎可以肯定的是，路易没有听到他的任何观点，而聪明无比的昂布瓦应该是在听完后不久就忘记了。法国的所作所为与马基雅维里预测他们能做得最好的进程完全相反，结果就是他们控制意大利的尝试只取得过短暂的胜利。在经过15年的写作和观察法国对意大利的政策后果后，马基雅维里在《君主论》中作出如下记载："因此，路易犯了五个错误：他打击了弱势国家（米兰及其他）；提升了那些在意大利已经强大的势力（教廷）；为国家引入了一股强大的外来力量（西班牙）；让自己脱离了意大利本土；未能及时对那里进行移民。但如果他还活着，尽管存在着这些错误，只要不会再有第六个错误——他对威尼斯人城邦的剥夺，其实都不是致命的。如果他没有使教廷变强或将西班牙引入意大利，那么他对威尼斯的压迫还算理所当然和势在必行，但在采取了那些步骤后，他就不该去消灭威尼斯，因为如果他们仍然强有力就会阻止他人去反对伦巴第。"

1501年1月返回佛罗伦萨后，马基雅维里立即回到他离开以前那非常喜欢的旧生活方式之中。他离开之时的职权未见什么变化。他的助手，特别是他的亲密同事与朋友比阿吉奥·波拿柯尔西在其外出时代为操办公事。比阿吉奥和尼科洛在开始一起工作以前已经是朋友了。他们同时入的国务部，并且很快建立起一种有成效性的工作关系。他理解马基雅维里的想法。当他的伙伴兼密友不在时，他们几乎天天都通信。读这些信，每个人都能立刻明白他们的关系。马基雅维里虽说是比阿吉奥的上司，但他们更是亲密的朋友。比阿吉奥在信里无话不说，他总是直白地告诉马基雅维里自己对他的看法，但同时他也是一个可靠的、值得信赖的、诚实的、无私奉献的下属。

私底下，他俩不在乎生活中那些煞有介事的玩意，但是他们十分地在意外交生涯中的各个环节。比阿吉奥热衷于讽刺与之打交道的那些人，于是安东尼奥·德拉·维里有了"蜗牛"的称号。安东尼奥是一个还算过得去的政治家，至少在比阿吉奥眼里他有点学究的迂腐。比阿吉奥为他起的另一个外号是"吝啬的笨蛋"，可以想见比阿吉奥的拨款或经费申请一定经常被驳回。尼科洛与比阿吉奥的通信在前者离开的很长一段时间内也充满闲话和玩笑，只有在谈到那些他们欣赏的同时代人时才有正经话。尽管可以很明显地感觉到比阿吉奥妒忌马基雅维里的地位，垂涎马基雅维里在写作上的优秀才华，但仍敬畏这位老友。

在进行外出旅行时，马基雅维里需要朋友和助手帮助照料他的家庭。比阿吉奥·波拿柯尔西和阿格斯蒂诺·维斯普奇就经常被叫去付账单，或整理些私人的钱或将衣服寄到马基雅维里工作的地方。他们还帮助经营马基雅维里家在佛罗伦萨的家业以及在圣·安德里亚的乡村住宅。在一封写于1506年的信中，维斯普奇告诉他的老板："我刚从你家回来，我巡视了一下所有的东西。他们都很好，非常好。玛丽爱塔（马基雅维里的妻子）热切地让我向你转达她和孩子们的问候……只有贝尔纳多（这对夫妻的儿子）有点任性。"

马基雅维里在维奇奥官邸也有很亲近的朋友，这些朋友在他离开时与他愉快地通信，当他在佛罗伦萨时则陪他去酒馆、赌场和妓院。除了比阿吉奥外，在这个圈子里有名的是尼科洛的下属安德里亚·迪·罗慕洛和朱利亚诺·德拉·瓦勒。在这些朋友中，马基雅维里的名字会与一部以他的名字命名的戏剧——《一个男人：马基亚》挂起钩来。

此名十分确切，因为马基雅维里在任何场合都是一个有权威的人。他冷静，敏锐，富有探索精神，而且聪明无比。他可以很快判断一个人并识别出这个人的缺点，哪怕是极小的一点。大多数时间他对一切了然于胸，但他从不害怕去表达自己坚定支持的意见。他是一个无与伦比的外交家，但他不容易被说服。他了解世界怎样在活动，文明又如何在起作用，他可以毫不费力地作出锐利性的评判。但他的朋友们喜欢"这个男子"的是他的智慧，他随意的幽默感，他的勇敢，他的人生乐趣。他热爱工作，但同样喜爱玩乐。他是一个有抱负的人，但同时他喜爱酒与美食、掷骰子，容易陷入爱河，让他身体中的诗人因素随意发挥。

1501年春，马基雅维里时年32岁，已是家族中的大家长了。但除了在接受教师培训的弟弟托托之外，他的爸爸、妈妈以及妹妹普里玛维拉都已去世，他独自生活在罗马纳街的房子里。现在是考虑婚事的时候了。

关于马基雅维里与他的妻子玛丽爱塔（瑞奇·柯尔西尼的女儿）的恋爱没留下任何记录。我们从玛丽爱塔可观的嫁妆中可以看出，玛丽爱塔家族和马基雅维里家族应属同一阶级。在15至16世纪的佛罗伦萨，不同阶级之间的通婚还是很少的，但遗留下的叙述没有记载他们是怎样相遇，什么时候相遇的。好像是玛丽爱塔住得很近，并且柯尔西尼很早就认识马基雅维里。他们之间如果有通信的话应该是马基雅维里作为佛罗伦萨官员在法国时，但是这也没留下任何证据。

遗憾的是，关于婚礼本身的细节同样没留下任何记录。但婚礼可能是在1501年秋天举行的，也许是9月底，也许是10月初。这可以从这一年8月25日已经成为佛罗伦萨驻罗马特使的马基雅维里的朋友兼同事阿格斯蒂诺·维斯普奇的一封信中寻找到支持。维斯普奇在信中写道："当教皇的祝福到达（佛罗伦萨）时，无论是你或是其他想拥有或离开妻子的想法，就会随君所愿……。"

很难准确判断维斯普奇说这段话的意思，也许是涉及大日子临近时的婚礼计划，也许是马基雅维里与朋友间互相开的一种玩笑，暗示着尼科洛对他的妻子感到厌烦的话，他可以解除婚约。

在许多方面，马基雅维里应该是一个难相处的人。他喜欢独断行事。他追求女人只为自己开心。他有明显的大男子主义，尽管他确定无疑地对他妻子有很深的感情，他们白头偕老，直到死亡才将他们分开。但他们的婚姻至少对马基雅维里来说是一种随大流，是一种责任。这代表着他们在一起的第一个10年，当马基雅维里得到第一份工作时，作为丈夫和父亲的角色只在他生命中排第二位。但从另一个角度来看这场婚姻，不可否认的是，尼科洛肯定有某些东西吸引了玛丽爱塔。他的新婚丈夫是政府里一颗冉冉升起的新星，是一个执政团最值得信任的特使，是一个有固定薪水而且可以让自己的妻子和家人享有舒服生活并影响力日增的外交官。

就马基雅维里的工作性质来说，他俩谁都奈何不得。玛丽爱塔也不得不接受自己的丈夫只能偶尔陪在自己身边的事实。对此，她愤怒过，抱怨过。当马基雅维里不在时，她通过马基雅维里朋友的信件向其传达她的这些感受。尽管如此，马基雅维里还是错过了1502年夏他们第一个孩子的出生，因为当时他正在佛罗伦萨属地履行外交使命。第一个孩子是女儿，他们给她取名叫普里美拉娜。下一年他们第二个孩子贝尔纳多出生时他也不在场。事实上，他外出如此频繁，以致他的朋友们都取笑他，认为他有时间做父亲简直是一个奇迹。当贝尔纳多出生时，一个叫卢卡·乌格里尼的朋友写信说："我亲爱的伙计，祝贺你！你敬爱的圣母玛利亚——玛丽爱塔并没有背叛你，因为小贝尔纳多简直就是你的翻版，列奥那多·达·芬奇也不可能画出比这更好的肖像。"

这是一个非常费力的工作，但对一个佛罗伦萨特使来说，没有比工作是更好、更有刺激的时刻了。1501年收复比萨的持续不断的努力暂告段落。因为执政团被潜在的更为危险的新生力量恺撒·波吉亚分散了注意力，恺撒很快成为意大利最为强大的军事力量，成为一个不容忽视的人。

由吉安弗兰西斯柯·本博所绘并收藏在卡拉拉学院艺术陈列馆里中的恺撒·波吉亚肖像画，惟妙惟肖地展示出一个被认为是真正邪恶代表的人的本来面貌。它供人们去想象那个拥有一双小却恐怖眼睛的帅气男人之形象，正如当时意大利一位历史学家所写："教皇爱他的儿子……也害怕他。"

然而，当代的历史学家却过于看重上述区分了。恺撒17岁时，他的父亲罗德里戈·波吉亚成为教皇亚历山大六世，父亲与儿子在梵蒂冈形成了一个教皇权势时期非常强有力的双重代表。波吉亚家族的力量与影响如此之大远超出他们在梵蒂冈活动的神经中枢，加上与路易十二的勾结，他们几乎控制了整个意大利的政治生活。

历史书上对于亚历山大六世形象的描述同他的儿子一样充满了无数辱骂，因为他可以说是所有教皇中最为堕落和耍阴谋手段的一个，他领着一帮人净干玷污教皇名声的事情。《天主教史全新百科全书》的汇编者在提及亚历山大时，极清晰地对此人作如下描述："具有罕见的慎重与警觉，有高超的反应能力、神奇的说服力和掌控最困难事情的能力技巧。"他们还承认他"非常爱玩牌，对吃喝非常节制，是非常小心翼翼的管理者，是他生活时代最富有的人之一"。

他善于管理金钱，说服人的力量也毋庸置疑，尽管对此天主教历史学家提供的解释十分可笑。经过了35年的先是主教后是教廷副总管（梵蒂冈第二个最有影响的人物）的仕途后，罗德里戈·波吉亚积累的巨额财富已足够他1492年去购买教权。模仿他的前任（即那个被取错名的英诺森八世），他通过行贿和许诺操纵选票，其中一些承诺很快被背弃，一旦他成为神圣罗马教廷的元首，他就运用绝对权力使自己过一种完全堕落与放任的生活以致经常忽视去装一下陛下或虔诚的样子。马基雅维里后来这样写他："亚历山大六世从不做任何事，从不思考任何事，除了欺骗人们；他总是能够找到他谎言的承受者。从来没有一个人像他那样能够发表如此有说服力的声明，去为某些事的真相进行担保，但他的话极少能够兑现。"

他并不满足于在梵蒂冈为了他私情和寻欢作乐所拥有的40个宫女闺房以及他出访城市的主人提供给他的其他情妇，随着年龄的增长，亚历山大还对含有浓厚色情内容的出版物兴趣日增。1501年（当时亚历山大已经71岁）维斯普奇给马基雅维里的信中写道："教皇沉迷于他的违禁事情，在月亮升起到1点之间，每晚都会有25个或更多女人被分时分批地带入宫殿中，以致整个宫殿明显地被弄成一个妓院。其他的消息我不能告诉你，但如果你回复我，我将告诉你一些确定的事情。"在不久后的另一封信中，这位被派往罗马的佛罗伦萨特使含糊地提及了他的陛下对谋杀的特别嗜好，他用毒药来解决挡在他路上的任何一个人。

然而，究竟谁更握有实权？究竟谁控制谁，是教皇父亲还是军阀儿子？这些都可以争论。据同时代人的描述，恺撒·波吉亚非常公开地显示他的无所畏惧，他的骄傲自大和目中无人，包括对他的父亲，"他是所见过的最傲慢自负的人"。据大使布兰卡·泰塔里尼的报道："在其他事情上他从不听取别人意见，不论是大主教、大使还是贵族；没有人可以向他求情救下被执行死刑的米切洛托。"另一位历史学家阿里桑德罗·卢齐奥叙述了发生在1501年11月2日的事情。那天，波吉亚"生气地当着教皇和许多高级教士的面，用匕首挑逗一个牧师，受到教皇严厉责骂后他十分恼怒地威胁教皇：如果教皇不能保持住自己的平静，他将对其下同样的毒手"。

恺撒·波吉亚这位在马基雅维里《君主论》中作为不朽的完美领

导者究竟是何等人物？这个代表暗无天日的欺诈与道德败坏名声的又是何许人也？

根据1480年教皇西克图斯四世就恺撒出生问题颁发的一项教廷文件，恺撒非婚生于1475年（也可能是1476年），有可能在罗马出生并由罗德里戈·波吉亚合法领养。这项文件承袭了一种说法，即把恺撒说成西克图斯最宠爱的情妇瓦诺查·德·卡塔内和多明尼哥·德·阿里格那诺的合法儿子，这同时意味着恺撒·波吉亚不需要再去证明什么出生的合法性问题。更重要的是，恺撒出生问题被宣布后，西克图斯在罗德里戈的压力下从各个部门授予恺撒好处。其结果是，7岁时他成为掌握巴伦西亚大教堂俸禄的人，一年之后成为教皇在这个城市的首席书记官。当他9岁时获得了甘地亚教区长以及阿尔巴与贾蒂瓦学院院长的头衔。10岁生日时，恺撒成为卡尔塔吉那的财政大臣。

在成为教皇前的很长一段时间，罗德里戈就以极大的热情关心策划他儿子的教育，唯有此男孩能为其家庭作出最大的贡献。在罗德里戈的教导下，恺撒在比萨的大学里学习神学。1493年即罗德里戈变身为亚历山大六世一年之后，他18岁的儿子已经成为一名主教。

在入神学院后不久，主教恺撒·波吉亚被认为犯下了他的第一宗谋杀罪。受害人是他的弟弟乔万尼。兄弟俩一起参加了一场晚宴，在离开举办地点后，两人又同他们的仆人和朋友开始了返回教皇宫邸的旅途。有一些观点认为在途中乔万尼似乎决定同他的男仆绕路去拜访一位朋友。第二天早上他的尸体被从台伯河打捞出来，他被刺了一百多下。

教皇深受儿子之死的打击，沉寂了很长的一段时间。恺撒在罗马的敌人则开始制造舆论说他谋杀了自己的兄弟。他们称其中的原因是恺撒嫉妒乔万尼不断增长的世俗权力，而他在挣脱加在其身上的宗教控制时又遭受挫折，他非常渴望有他兄弟那样的自由和社会地位。

　　针对恺撒的证据都是间接推测的。许多独立的证人描述看到两个男子在一个黑暗的巷子里袭击乔万尼和他的马夫的情景。其中一个男子与恺撒的体型相似。其他证人则宣称他们知晓一个关于刺杀乔万尼的秘密阴谋。熟悉恺撒·波吉亚个性及事后行为的人很容易相信他就是杀害自己弟弟的凶手。很明显，教皇本人也相信这些说法，因为在事件发生后的12个月里，亚历山大与他儿子之间的关系非常尴尬紧张。然而，就算亚历山大已经明确凶手就是他的大儿子，他也束手无策，除非他想彻底毁掉波吉亚家族的声誉。

　　恺撒的政敌主张恺撒策划实施这场谋杀是出于嫉妒他兄弟的地位，同时为了获取更大支持，事发一年后，恺撒已经成功取得了乔万尼曾经控制的国家所有关键位置并得到了他弟弟的所有土地和财产。尽管如此，贪婪也许只是动机的一部分。至少有两位当时的历史学家，老马里诺·萨诺多和弗兰西斯科·奎恰迪尼曾猜想恺撒杀掉他兄弟是出于对他们的姐姐（23岁的卢克蕾齐娅）的感情上的嫉妒。

　　无论动机是什么，恺撒在这场不法活动中毫发未损地幸存了下来，并用他从中获得的成果逐渐建立起一个至少可以同他父亲相抗衡的强大基础。此外，由于与教皇共事，还与强大的法国结盟，这就使他很容易地将影响远远扩展到罗马之外。1498年当他23岁时，恺撒就已得出结论：他需要投入全部努力仿效他同姓名的那个人，并使自己成为一位真正的大帝（"恺撒"），夺取尽可能多的领土，享用罗马皇帝的生活方式。

　　那一年恺撒被父亲封为瓦伦蒂诺公爵。在接下来的三年里，恺撒及他的军队经常走出罗马，去攻掠城邦以及那些易被侵略的领土。然而恺撒并不是一个勇士，他不喜欢卷入真正的战争。取而代之的是他通过欺骗和背信弃义来进行征服。他指使奸细刺杀重要的敌手，收买敌人的指挥官使其背叛他们的统治者。恺撒通过培植奸细而且通过分裂活动来控制他人，并运用这种不入流的方法不断捞取好处。一位专评恺撒手段的历史编年学家拉费罗·马塔拉佐这样论述他："在那段时期，恺撒是意大利第一统帅，不是因为他对军事有高超的领悟力，而是因为钱财的力量在起作用，他用背信弃义来减少战争，这些使每个人都在向他学习。"

在征服和战争以外的领域，恺撒也有自己的一套处事方法。当着许多目击者的面，他会刺死一个被卢克蕾齐娅引诱的年轻仆人（也许就是她第一个私生子的父亲）。他还安排杀害他姐姐两任丈夫和她一连串情人。最为臭名昭著的是，恺撒手下的一个暴徒在与教皇宫邸仅有数墙之隔的比斯塞格利王子阿方素的卧室里将其杀死，而他就是卢克蕾齐娅的第二任丈夫。

当恺撒在罗马时，他经常变得厌倦。作为一种娱乐方式，他喜欢乔装去街上。在心腹的保护下，他在酒馆里与当地居民掀起争吵，或者是诱导他们说一些诋毁教皇或者他家庭的话语。据撰写波吉亚家族史的历史学家约翰·布克哈特记载，恺撒曾哄骗一个男子对教皇的儿子作出贬低性的评论，然后在查明此人的真实身份后将其逮捕。在大庭广众之下砍掉这个男子的双手，切掉他的舌头并将其系在受害者正在流血的手臂残肢上，然后让这个男子在罗马游街两天作为对罗马市民的警示。

这些故事成为那个时代大部分的民间流言和传奇内容，而波吉亚家族尤其是恺撒·波吉亚这个名字则不禁令许多意大利小城邦统治者感到厌恶，更感到害怕。1501年夏，通过雇佣部队的秘密行动以及无耻的欺诈和背叛（当然他父亲和路易十二站在他这边），瓦伦蒂诺公爵恺撒已经控制了意大利整片整片的区域。他正急促地与自己的目标进行赛跑。他相信自己即将成为新的恺撒，他早已适应了的座右铭是 "Aut Caesar aut nihil"（或是恺撒或是一无所有）。

　　然而，恺撒·波吉亚从来没有满足感。还是一个孩子时他就深受自己教名含义的刺激：因为他坚信不疑地认为自己的命运是成为一个伟大的统治者。不幸的是，尽管他的父亲是整个基督教的精神领袖，即使在今天看来也应该算是一个亿万富翁，但从世俗权力的角度看，他比诸侯们好不到哪里去。16世纪真正操控欧洲的是法国、西班牙和神圣罗马帝国。教皇不得不对紧紧控制恺撒·波吉亚的路易十二表达强烈的忠诚，而法王之所以对恺撒倍加警觉是认为，如果不将此人当仆人看管，那么他将有足够的潜力成为一个非常危险的敌人。因此，尽管恺撒的钱、军队和武器都是由他的父亲和法国在提供，但是路易和他的顾问们仍确信必须制住他的野心。（恺撒·波吉亚自然意识到了这些并深深为之挫伤。他竭尽所能加强自己的力量摆脱控制的缰绳。1503年，他成功地与法国公主夏洛特·德·阿尔布莱特结婚，并生了一个女儿，他为其起名为路易丝以表示对法王的尊敬。但他的野心还是被法国限制住，除非他的计划有利于他们。）

　　佛罗伦萨陷于波吉亚家族的野心和只知聚敛财富的法国人之诡计这样一种尴尬处境之中。通过顾问和军事参谋，路易已经十分清楚地知晓那些城市的弱点，并且积极扩大意大利的政治分裂以实现其进一步的目标。对于佛罗伦萨来说，凯撒·波吉亚的阴谋在1501年夏天变得异常清晰。作为玛丽爱塔家族的一员，柯尔西尼筹备着她的婚礼，而她的未婚夫尼科洛·马基雅维里却奔波于各个城市之间来执行执政团的工作，恺撒的军队已由罗曼亚挺进至距佛罗伦萨城门不远的坎比。在最后一刻仅仅因为法国国王激烈的言辞才迫使这位教皇之子撤离。

佛罗伦萨人知晓自身的艰难处境。圣·克罗奇城区的一名普通市民弗兰西斯科·佩比这样描述道:"城市患有如此严重的疾病,但是我们没有足够的时间去医治。"

由瓦伦蒂诺公爵进一步觊觎佛罗伦萨而突然引出的危机就是权力较量最典型的例子:佛罗伦萨要么控制住波吉亚家族的计划,要么共和国受到严重的生存威胁。路易的干涉就是为了钱。法国人没有其他理由来要求瓦伦蒂诺公爵从所有佛罗伦萨人的属地上撤军。对马基雅维里来说,这是一个证明佛罗伦萨如何不堪一击的最好实例。他懂得绥靖政策和求之于大国力量的政策是难以维持和危险的,并且是不光彩的。

这倒不是因为执政团缺乏信息和智慧。在罗马,阿格斯蒂诺·维斯普奇是名具有外交家手腕的间谍。他给马基雅维里的信中暗指亚历山大的诡计和可怕野心,马基雅维里转送给执政团的虽说是一份纯粹的报告,但其中确有十分清晰的警告,那就是基于教皇的扩张主义计划,佛罗伦萨正处于危机之中。

但是佛罗伦萨政府继续着它的危险游戏,似乎觉得佛罗伦萨在某种程度上已经凌驾于较小城市之上,不会沦为入侵者臣属这种羞辱的境地。它觉得模仿他人创立自己的军队是一种屈尊的表现。马基雅维里知道这正是他上司的态度,但他私下也意识到这一态度会完全毁掉佛罗伦萨共和国。

然而1501年的初夏却成为一个喘息之机。出于对佛罗伦萨的无奈,瓦伦蒂诺公爵决定转移战略去征服他所熟知的而且易于取得的领地。至少在那种场合法国还是会容忍的。为赶在路易再次削弱他的羽翼之前,公爵极尽可能地聚敛财富,他马不停蹄地征服佛罗伦萨之外的一座座城池，因为他清楚地意识到尽管有可能将再次被剥夺拥有的一切，但他仍希图为长久谋略。但是这种情形没有持续太久，1502年6月，共和国决定由它们起头作些谈判的尝试，并决定为瓦伦蒂诺公爵和他们信得过的使者尼科洛·马基雅维里之间安排一次会见。

在这项任务中，马基雅维里由将要成为佛罗伦萨的正义旗手皮耶罗·索德里尼的哥哥沃特拉主教——一位资深外交官弗兰西斯科·索德里尼陪同。两人被安排在7月22日离开佛罗伦萨城，希望能在瓦伦蒂诺公爵靠近乌尔比诺城的营地里会面。在途中，经过庞蒂切利城时，他们遇到了一个逃亡佛罗伦萨的修道士，他告诉他们，乌尔比诺已陷落，公爵在那里建立了一个基地。

数月之前维斯普奇就已经警告过执政团，作为佛罗伦萨盟国的乌尔比诺已面临威胁。现在它已成为瓦伦蒂诺公爵自冬天以来就不断扩张的版图中的一块领土，这张版图还包括蒙蒂·圣萨维诺、柯尔通那、卡斯蒂利奥内、安吉雅利和波尔哥·圣塞波尔柯洛。4月，乌尔比诺陷落后不久，具有战略地位意义的阿雷佐也被瓦伦蒂诺公爵的将领维特洛佐·维特利取得。乌尔比诺拥有不可估量的价值，它是意大利最负盛名的人物朱多巴尔多·达·蒙特费尔特洛手下的一个公国，对任何征服者来说都是一块肥肉。

与往常一样，波吉亚取得乌尔比诺并不是靠武力而是靠欺诈，这次是通过贿赂达·蒙特费尔特洛家族成员使其倒戈来达成的。当马基雅维里得知这一消息后，赶在与公爵会面之前给执政团送去一个信息。"阁下要注意这里面的战略意图……"他警告道："瓦伦蒂诺正在加快行动，还好运附身。"

马基雅维里和恺撒·波吉亚的第一次会面就麻烦不断。两位使者在7月24日夜晚祈祷钟敲过后2点到达乌尔比诺，并立即被护送到新掠得的公爵宫殿。瓦伦蒂诺在那里就像是自家的主人。公爵很少信任人，他怀疑佛罗伦萨人的意图。瓦伦蒂诺正处在权力掌控者和谋略的顶峰，他可以尽心地操玩恫吓之类的政治游戏。他让马基雅维里和索德里尼径直地在马上听他的召唤；会议室的门自里反锁；每个出口都安排哨兵，所有这些都是为了让来访者提心吊胆。

会见之后，马基雅维里立即写信给执政团，他描述了第一次与公爵会面的情形："公爵盛气凌人，对军事事务十分来劲，事无巨细都要关照。他从不停止对荣耀的和扩张领土的追求，他不害怕努力和危险；他会在人们还没有意识到之前就突然来到一个地方，然后又出发到另一个地方；他的士兵们爱戴他；他在意大利招募最优秀的男子；所有这些再加上命运的永恒关照使得他无往不胜，无人能挡。"

公爵没有向他的来访者在阐明自己的立场上浪费时间。对于他来说，唯一的目的就是让来访者待在宫里，并对他们发号施令。他不喜欢当今的佛罗伦萨政府，他想要恢复自他流放起就一直跟随他的皮耶罗·德·美狄奇及其家族的统治。皮耶罗将会成为傀儡领导，而他则是幕后操纵者。他还需要大量的钱财，从而像一个最了不起的雇佣兵首领那样行动，以保护佛罗伦萨在这一区域的利益。"你们的政府不能使我满意，我不信任它……"他扬言道，"你们必须重组它，给我一个保证：你们要遵守一切承诺；否则你们很快就会意识到我不想看着情形像这样持续下去。如果你们不想把我当朋友，你们就会发现我是敌人。"

为什么公爵希望得到这些是很容易理解的。他想废黜一个屈服于法国的政府，并把佛罗伦萨作为一个军事行动的中心，这样可以扩大他在意大利的影响力。实际上他的计划与马基雅维里建议法国遵循的策略十分的相似。他希望与意大利各邦建立联盟，并希望在意大利列强和法国之间插入自己的势力。他简单地把路易当作一张就餐券。

马基雅维里在遇到他之前就已经很清楚此人的能耐和冷酷无情，但这次相遇使他更坚信教皇的儿子是当今最危险的人。法国是意大利和平的一个持久威胁，但他们也为身边虎视眈眈的西班牙势力而伤神。教皇他自己是一个拥有无限贪欲的可恶鼻涕虫，但是教皇下面的教区常常服从与它们站在一边的有实力的联盟。这就意味着只要在他们所参与的任何军事行动中付出少量代价，就能为每一场胜利赢得适当的奖赏。通过他自傲自大的儿子，亚历山大总有一天会得到真正的世俗权力，成为意大利事务的操盘者。如果其儿子会营造自己的权力基础，恺撒就可以去应付那些劲敌。

马基雅维里意识到这一切，也察觉到年轻的波吉亚可能会带来的危险。他欣赏这个人强有力的个性和活力。他认为共和国的政治家没有一个是他的对手。没有法国的话，佛罗伦萨肯定不能阻止他所带来的压力。6月24日晚，马基雅维里和索德里尼对这种现实情况立刻有了清楚的认识，特使们除了敷衍了事地夸大佛罗伦萨与法国的关系外，对瓦伦蒂诺公爵的要求毫无办法。但公爵不是容易欺骗的。"我比你们更清楚国王想些什么，"他答复道，"你们会上当的。"

从个人来说，马基雅维里是同意公爵的说法的。他对法国的作为及法国对佛罗伦萨的看法有所体会，他对路易的所谓襄助没有信心。法国知道恺撒·波吉亚的意图和他可怕的能力，但他们会去容忍他的野心。那就意味着，只有为他提供足够的金钱并满足他巨大的政治欲求，路易才会保护共和国。佛罗伦萨值得庆幸的是，执政团不信任任何人，尤其提防瓦伦蒂诺公爵。

会后的第二天，公爵派他两个最信任的助手朱里奥·奥尔西尼和保罗·奥尔西尼兄弟俩与佛罗伦萨特使举行会谈。（一直与保罗、维特洛佐·维特利和吉安保罗·巴格里奥尼待在一起的第三个兄弟即弗兰西斯科·奥尔西尼后来与瓦伦蒂诺公爵闹翻了。）会谈时，奥尔西尼兄弟称，当他们的公爵大人夷平佛罗伦萨并杀害它的公民时，法国国王将会退缩，并且他们的公爵大人已经放出风声，只要对佛罗伦萨的攻击速战速决，法国就会被说服尽量延缓其要承担的救援工作。

马基雅维里和索德里尼对此并不相信，就像恺撒不相信他们声称得到法国的支持一样。但是他们需要妥善应对。在这场欺骗恐吓与反欺骗恐吓的敏感游戏中，马基雅维里不得不运用他所有的分析和谈判技巧来为佛罗伦萨赢得最好的结果。第二天，在与恺撒会面的第二次会议上，公爵有点动怒和不耐烦，因为佛罗伦萨特使并没有立即接受他的要求。公爵告诉他们，给佛罗伦萨4天时间去达到他联合的要求。执政团必须给他缴纳3.6万杜卡斯的贡物，政府停止工作，并把权力交给美狄奇家族。他最后指出，如果他的条件没能满足，那么他的军队将会在他选定的时间进入该城。

马基雅维里返回佛罗伦萨，留下索德里尼继续谈判。马基雅维里给执政团送去了最后通牒，一定要最终使法国国王感受到公爵的威胁。两天时间法国军队就推进到阿雷佐，并向（佛罗伦萨。——译者注）边境移动：针对瓦伦蒂诺公爵的欺诈又提了出来。路易对接受佛罗伦萨现款很开心，对公爵狂妄自大的威胁很是不满，路易为了炫耀实力，表示阻止公爵的决心就"像任何反对土耳其的冒险那样的虔诚和神圣"。

多亏这次机敏的政治策略，佛罗伦萨才又一次幸免于难。共和国为自己赢得了时间，但如果政府中任何人认为瓦伦蒂诺公爵的野心永远被打消了，那么马基雅维里会乐意纠正他们的这种想法。他曾亲自见到这个人，与他隔桌平静地对视；他知道，瓦伦蒂诺公爵不久就会回来的。

恺撒·波吉亚意识到自己做事有些过火，想立即补救一下这种局面。1502年的整个夏、秋两季，他都在玩一场精巧的外交游戏。为了修复与路易的裂痕，恺撒于8月5日前往米兰与他会面。

但是，在他到达法国宫廷之前，恺撒·波吉亚的许多敌人已经跑到路易那里献殷勤了。乌尔比诺公爵早就在那里，还有皮耶特罗·瓦隆，他是已废的卡美里诺领主的儿子。彼萨罗的乔万尼·斯福查和曼图亚的弗兰西斯科·贡查加也去诉苦反对瓦伦蒂诺公爵，请求法国支持他们收回失地。

为了金钱，路易对他们每一个人都作出保证。但是法国也明白，他们需要维持意大利各种势力之间的平衡，虽然为此不得不牵制一下恺撒·波吉亚，但他的存在对维持均势很有价值。因此，波吉亚到米兰后得到了很好的接待和应有的尊重。事实上，公爵的待遇非常好，整个佛罗伦萨都惊异路易的行为，一些观察家认为法国要出卖共和国。

法国对瓦伦蒂诺公爵态度的突然转变也使他（波吉亚）的高级将领又困惑又警惕。在他们背后的不确定因素就是有四位会惹是生非的实力派将领，即保罗·奥尔西尼、弗兰西斯科·奥尔西尼、维特洛佐·维特利（他还在与法军对峙并坚守着阿雷佐的门户）和吉安保罗·巴格里奥尼。当他们的司令官在米兰受困时，这四个人召开了一次秘密会议，他们决定与他决裂，在这个最佳时刻组织军队来反对他。

当瓦伦蒂诺公爵正准备离开法国宫廷时听到了这场阴谋的消息，他最后于9月2日离开米兰，前往他从卡特琳娜·斯福查那里攫取的另一掌控中心伊莫拉，它位于佛罗伦萨东北方50英里的地方。在公爵离开前，路易为他提供了2 500名步兵和300名全副武装的战士，此外他自己还有百名强壮的投掷兵。

奥尔西尼兄弟、维特利和巴格里奥尼已集结了一支庞大的武装，大约有9 000步兵和1 000骑兵，并且他们有时间做战前准备。他们有如意算盘，但是这些谋叛者既没有恺撒·波吉亚的无情也没有他的智慧。在公爵前往伊莫拉的途中，奥尔西尼兄弟来到佛罗伦萨提议结成联盟，但是提议遭到了拒绝。然后他们去找威尼斯人，但由于担心与法国为敌，他们也拒绝了这些谋叛者的游说活动。1502年9月，恺撒·波吉亚的新敌们由于能力不足甚至无法取得彼此的信任（更不用说坚固联盟了），丧失了在他们旧上司做好充分准备来对付他们之前行刺的大好时机，到月底时波吉亚已脱离危险，谋叛者的时机也已逝去。

1502年10月，佛罗伦萨政府再次派马基雅维里去会面瓦伦蒂诺公爵。马基雅维里发现第二次会面与几个月前他们首次会面相比，公爵改变了很多。以前会面时公爵态度傲慢和发号施令，而现在则和顺、有耐心多了。在这场希望渺茫的谈判中，他的自信并未消失，但他采取了一种伪装态度，聪明人要的是讨论而非固执，是谈判而非强迫。他（公爵）看起来也轻松了许多，与路易交涉的成功使他重新充满了活力。现在无需再担心美狄奇家族和金钱问题，他对与佛罗伦萨政府合作充满了兴趣。

马基雅维里去伊莫拉处的恺撒·波吉亚宫廷有两个目的。从官方来说，他是去与公爵继续讨论营建合作关系的形式，一种既适合佛罗伦萨又为该地区长久和平创造机会的联盟。此外，同等重要的是他到那里去为执政团做些间谍活动。

马基雅维里很快就清楚了波吉亚去路易的宫廷是很正确的。在1502年夏天他（波吉亚）尽可能地攫取土地也是很聪明的，尽管他现在被迫归还其中的大多数土地。他比以前明智多了。马基雅维里也清楚为何公爵不仅躲过了谋叛者的危险还这么快就收拢了他们并为自己所用。他在马基雅维里的鼻子底下晃着那封法国国王许诺给他300名投掷兵的信，不无自傲地吹嘘他的功绩说："请想象一下我如何能保护自己打败那些我认为既是国王又是我的敌人吧，这件事对我是有利的，这些人（谋叛者）再也不可能起来对我有毫发的损伤了。"

尽管公爵是在吹嘘，但同时也是在说明事实。短短几个月时间里，他用几乎是神奇的技巧扭转了他的命运。马基雅维里有点被他打动了，公爵有着佛罗伦萨领导们所不具备的品质。

马基雅维里在伊莫拉的任务执行了将近3个月。这段时间他充分了解到恺撒·波吉亚及以他为主要扮演者的所谓政治世界。从保存下来的信件中得知马基雅维里的才能很受公爵赏识。"我以上帝的名义保证，你在这里很受敬重……"阿格斯蒂诺·维斯普奇从罗马寄来的信中写道："公爵本人及其他的宫廷成员，都高度赞扬你是一个谨慎精明的人，到处是对你几近阿谀地夸赞。"

这次任务比马基雅维里以前遇到的更让他头疼。当他意识到他要在伊莫拉宫廷待上一段时间后，就开始着手对波吉亚进行深入研究，分析他的方法，观察他所采用的技巧，探寻他实现计划主旨的方式。他记录下了这个人是如何偏执于秘密又如何用假消息去愚弄那些试图猜测他的人。他看到并记录下了此人是如何通过欺骗、利用周围人们的人性弱点——贪婪、好财、自私来取得胜利的，几乎他所有的征服都是这样实现的。波吉亚显然无所畏惧，拥有与生俱来的自信，同时有强大的联盟。他也不担心处理人性卑劣的交易而弄脏了他的手，会雇用他人为他做违法勾当。他也很少去展示其力量如何厉害，但一旦抬起手臂打架就不会住手。在马基雅维里看来，这些方法与那些传统的领导人的方法很不同，但是他独到的和获取成功的关键之处。马基雅维里远远走在时代前面，他意识到，没有多少领导是适合于让手下人跟着去打漂亮仗的，应该培养出的是这样的军事统帅，他们善用诡计，会在棋坛上随机应变而不是固守成规。

从实际情况来看，这次任务对于马基雅维里来说另有一难题。与两年前他在法国遇到的情境一样，执政团不拨给经费，他被迫拿出自己的存款补贴他在伊莫拉宫廷的生活。像以前一样，他担心自己在国务部的职位，几乎全靠他的朋友（尤其是比阿吉奥·波拿柯尔西）来给他透露执政团修道院般的封闭世界，帮他处理家庭事务。

最后一点纯是为他自己着想。在10月初，当他准备启程去伊莫拉时，他告诉妻子说他离开不会超过两个星期，但10月过去了，11月的几个星期也过去了，"准时"已不是她的期望了，有的只是几封家书而已。玛丽爱塔对他的恼怒与日俱增。

结婚将近一年，他们的第一个孩子也几个月大了，马基雅维里还没有付清玛丽爱塔的嫁妆款项，这使她更加失望了。在执行这项使命的前期，玛丽爱塔曾试着通过比阿吉奥与他交流，给他写情书，告诉他她是多么的想他。但随着使命的拖延，也没有消息说他何时能够回家，她开始退缩了，最后颇受打击并十分生她丈夫的气。"麦当娜·玛丽爱塔生气了，不肯给你写信。我无能为力。"比阿吉奥在11月底的时候告知马基雅维里这些情况。

一个月后，玛丽爱塔的嫁妆款还是没有付清，马基雅维里的任务何时结束也没消息，比阿吉奥捎信说："我要疯掉了，上帝啊，太糟糕了，我不能等了，麦当娜·玛丽爱塔一直咒骂上帝，她感觉她自身和她的财产都被抛弃了。就算为你自己好，安排一下让她像其他女人一样，否则后果不堪设想。"

这时，比阿吉奥本人对马基雅维里也渐失耐心。就在收到马基雅维里最近的还是友好信函的第二天，比阿吉奥的性情大变，大概是因为他的最后一封信换来了马基雅维里商业性的公函语言，波拿柯尔西在12月22日的一封信中直言："绝情的家伙，我们给你钱、衣服及你所要求的东西，麦当娜·玛丽爱塔要绝望了。"但这些是有回报的。最重要的是《君主论》一书的种子在1502年秋天播撒下了，并在马基雅维里与恺撒·波吉亚的多次会晤中生根发芽。波吉亚的宫廷也是个激动人心的地方，有一段时间成为意大利政治的中心。领袖、军事首脑、主教、雄心勃勃的外交家和政治家都奔向恺撒·波吉亚，就像飞蛾扑火一般。他是当时的一个风光人物。

被这里的激情和它所能提供的创造潜力吸引的人物之一就是列奥那多·达·芬奇。列奥那多50多岁，正是精力充沛的鼎盛期，作为意大利的著名画家他还享有天才军事工程师的美誉。他可能最初是由路易十二介绍认识恺撒·波吉亚的，路易十二在1499年法国入侵米兰时认识了这位画家，但一些历史评论家认为列奥那多与波吉亚之间的关系很奇怪，这样一位素食和平主义画家怎么可能去为一个以冷酷无情、对权力贪得无厌而闻名的人工作呢？但这种分析忽略了一种事实，即列奥那多像这一时期的绝大多数艺术家一样，是靠资助生活的。大约有15年时间他在为独裁者路多维柯·斯福查服务。像文艺复兴时期其他精神创造者一样，如果去挑剔庇护人的道德问题就会难以维持生计。

在1502年的大部分时间里，列奥那多作为恺撒·波吉亚的工程师穿梭于意大利，从一个城市到另一个城市。在这里他提出加强防御的建议，在那里他又为防御系统提出改进意见。对于列奥那多而言，这是一段非常令人愉快的时光。在一个很短的笔记（即 *Manuscript L*，现藏于巴黎法国研究院）里，他记录了防御设备和稀奇武器的设计，对支撑物或防御围墙的最佳外形进行提问。同时他进行详细的调查研究：怎样建设抵御弓箭或保护防御人免受投射物和火的侵害的最好的墙。此外，他还发明了移动性防御物和桥梁，这种桥梁可以拆卸和长途运输；设计出逃脱困境的秘密地道和堡垒，主要是在房间内部设隔间，在城墙被攻倒时仍可保护躲藏人。除了这些思想火花，这部笔记中还包括了一些古怪发明，如"吃"刀剑的盾和制作"防护帘"以使所知武器失去准星的构思。

大约是1502年11月，马基雅维里在伊莫拉第一次遇到列奥那多，他们随后又在佛罗伦萨和罗马多次相遇。在写给执政团的一封信中，马基雅维里提到恺撒·波吉亚宫廷的一位"朋友"，"另一个知道君主（波吉亚）秘密的人"。

乍一看，列奥那多与马基雅维里毫无相似之处。他们的性情有许多不同点，吸引马基雅维里的是人类活动的领域，这与艺术家的目标全然相反。他感兴趣的是社会和军事力量，他的理想是官僚机构的统治和追求秩序。但在这些表层现象下我们可以看到两人之间的许多兼容性。两人相差17岁，但马基雅维里生活成长的地方离列奥那多当学徒的工作室也就几个街区的距离。他们都是佛罗伦萨人，有着相同的历史、文化背景和立场。还有就是他们来自于同一社会阶层。列奥那多的父亲是位律师，但他的机会都因他是个私生子而泡汤了。这与尼科洛很相似，他的父亲是债务人，马基雅维里是美狄奇朝上的诗人，但是他的家人不支持他们的政治主张。列奥那多不受豪华者洛伦佐的欢迎，接着又被美狄奇家族忽视，他们资助他的对手米开朗琪罗。

马基雅维里是实干家，是异性恋嗜酒者，有些女子气；而列奥那多则是同性恋者，不饮酒，从不去小酒吧和妓院。但马基雅维里是个有头脑和文学素养的人，有着犀利敏锐的思维。他机智风趣，是颇受欢迎的交谈者。列奥那多则是自学成才的人，其外表看起来与他看世界的创见性很不一样。可以说马基雅维里发现了这个艺术家兼发明家的自由思想，发现了他的强烈感情、欲望和鼓舞人心之处。两个人服务于不同领域，列奥那多一生都对政治和阴谋诡计无动于衷，然而他却欣赏马基雅维里的明见和他在后来《君主论》一书中对人类行为的"科学"客观分析。在伊莫拉的会面是简单的，但是两个人保持着友谊，而且马基雅维里把列奥那多作为艺术家和工程师推荐给执政团。

直到1502年的最后几个星期，马基雅维里意识到妻子和他朋友诅咒背后的真正感情，他也有了念家之情，这时他开始相信恺撒·波吉亚和佛罗伦萨政府之间的亲密合作是不可能的。得出这个结论后，他提出尽快回到维奇奥官邸负责他原来的事务的请求，但是他的请求都被驳回并得到命令继续观察公爵，汇报他收集到的关于公爵及其行动的任何微小细节。然而，在12月底的一封信中，正义旗手皮耶罗·索德里尼告诉马基雅维里："有人会被指派接任你的位子……你现在还是继续留在那里观察这个事件，并且要经常写信汇报情况。"

然而，就在马基雅维里开始绝望时，公爵出人意料地开始反击几个月前威胁他的谋叛者。在几个月的秘密谋划之后，他做好了向维特利和其他人报仇的准备。马基雅维里随着公爵的武装于12月20日离开了伊莫拉，骑着马向东南方30英里的切西那行军。当他到达该镇时，正义旗手的一封信已经在等着他了："继续你在此项任务中的勤奋表现，再接再厉。"

马基雅维里根本不需要这些话来提醒。他很快就发现自己是大屠杀的目击者。这场杀戮开始于12月22日。瓦伦蒂诺公爵的军队离开切西那向法诺行进时，他下令谋杀了他的得力助手莱米洛·德·奥柯。德·奥柯是一个无情的统帅，与教皇的儿子一样是个"疯子"。自从1500年公爵占领了罗曼亚以后，他对市民实行恐怖政策，人们既怕他又恨他。德·奥柯被腰斩，抛尸于城镇广场。

马基雅维里被这种残酷野蛮震惊了。他在给佛罗伦萨的十人战事委员会的一封信中断言，"公爵可以随意根据人们的价值大小决定他们的生死"。他很快发现通过这一行动公爵不仅表露了他的独裁实力，他还把已斩首的、人们深恶痛绝的德·奥柯的尸体作为礼物展示给受他之苦的人们。10年后他以此事为例，阐释一个有力的领导者怎样在他的下属之间维持统治，"他就是这样处置莱米洛·德·奥柯这个残忍、能干、被赋予了全权的人的。莱米洛在很短时间内摆平、统一了罗曼亚，为自己赢得了巨大信誉。然而公爵认为不需要给予他这种过多的权力，它会发展到不好控制的局面……他决定告诉人们：如果已造成什么残忍不幸，那不是他所为而是他的秉性恶劣的大臣干的。这给恺撒一个借口。一个早上，在切西那广场发现被切成两段的莱米洛的尸体，旁边有一块木头和一把血淋淋的刀子。这种残忍的景象使罗曼亚的人们长期陷于沉寂麻木状态。"

波吉亚从切西那又向南而去，一天后到达海滨城镇法诺。当他出发后得到消息说：帕哥罗和弗兰西斯科·奥尔西尼及维特利的军队也在移动。他们拿下并洗劫了小镇西尼伽格里亚。公爵到达法诺没消耗点什么，派出一小队人马去西尼伽格里亚与叛乱者会面。

　　瓦伦蒂诺公爵派出的信使说公爵想要与他的同事进行和谈。也许由于没意识到他掌握了强大的军力，维特利和奥尔西尼兄弟听话时陷入一种似乎他们是安全的错觉，并同意在法诺与西尼伽格里亚之间的大道上与他会面。在这次会面中，公爵使叛乱者相信他打算结束冲突并组建新联盟。

　　这是叛乱者所犯的最严重也是最后的一个错误。他们一进入城门就被公爵的人抓起来成为阶下囚。波吉亚把他们软禁于"失败者集中营"（dieta de falliti），并处以绞刑。

　　在切西那目击了莱米洛·德·奥柯的死亡之后，马基雅维里对波吉亚的残酷已了解了几分。随着公爵和他的人马到达西尼伽格里亚后，佛罗伦萨国务秘书发现由于公爵展开了阴谋活动，他陷入重重迷雾之中。12月31日他写信给十人战事委员会："这座城将被洗劫，现在是夜里11点钟。我很忧虑。我不清楚能否找到人送出这封信。我会尽力。我认为他们（谋叛者）活不到明天。"第二天，公爵的军队继续向考里那尔多而去。1503年1月3日，所有兵力到达瓜尔多。该部队将从这里出发在8日前到达阿西西，10日前到达托齐亚诺。

　　到1月底的时候，马基雅维里认为波吉亚已经不再想与佛罗伦萨政府合作。特使花了3个月时间想要促成公爵与共和国之间的可行的协议，结果却泡汤了。同时他思念家乡，担心他在维奇奥官邸的职位。在无数次请求石沉大海之后，执政团终于答应马基雅维里返回佛罗伦萨，并应公爵要求派政府自己的官员与其谈判。马基雅维里动身回家了，雅柯波·萨尔维亚蒂这位执政团高级官员之一又接下了这项不讨好的工作，即促成公爵与佛罗伦萨政府之间的联合。

　　马基雅维里于1月23日回到家中，花了极大心力才与玛丽爱塔修好，并与普里玛维拉小处了一会儿，当他去伊莫拉时他的这个儿子才4个月大。回到国务部，皮耶罗·索德里尼和同事们询问了他执行任务的情况。一有时间，他就开始分析、理清所遇到的这些事件之间的错综复杂关系。这些思考形成了《君主论》一书的雏形。对西尼伽格里亚事件的详细描述命名为"瓦伦蒂诺公爵杀害维特洛佐所用方法之概述……"（*Descrizione del modo tenuto dal Duca Valentino nell' ammazzare Vitellozzo Vitelli*……）。该书不加情感色彩地据实写成，接近新闻体，读来令人毛骨悚然。

波吉亚造成的危机还未过去，仅仅是休憩一会儿。至于休憩多长时间，佛罗伦萨没人知道。教皇希望进一步加强与法国的联系，希望他们发动一场军事战役打退威尼斯人，他们曾侵犯由于战乱破败的罗曼亚。到1503年夏天，亚历山大对路易逐渐失去耐心，抱怨他不肯让步。与此同时，法国与西班牙由于那不勒斯问题产生了冲突，而教皇则在暗中倾向西班牙。马基雅维里确信这种发展非常危险，他可能打破大国之间的脆弱均势。通过在罗马的阿格斯蒂诺·维斯普奇，他千方百计地想要警告他的部长们正在酝酿的危机，可是他的观点没引起重视。

由于错误地认为大国已经对佛罗伦萨失去兴趣，政府决定组建一支军队转而攻击它的老对手比萨，并试图花费些金钱与资源去收复失地，这是马基雅维里十分反感的。执政团忽视了更加重大的情况，当夏季到来时，亚历山大的计谋更进一步地展开了，到7月他已使时局明朗化：他拥护西班牙而放弃法国。维斯普奇继续让执政团注意事态变化，然而这种提醒还是被忽视了。

很明显，教皇要最后摊牌了，这可能酿成那个时代最大规模战役之一。通过扮演打击他国的超级大国之一角色，他使国家之间的冲突激化，如果不是命运又起了作用，他的行为将促成1503年全欧洲战争。8月10日晚，亚历山大试图在罗马城的晚宴上毒杀他的一个政治对手——大主教阿德里安诺·迪·多尔内托，结果事与愿违，教皇误伤了自己，并使儿子恺撒致病深重。7天后教皇悲郁而死，恺撒则挣扎于高烧和极度的胃痛之中。他挺了过来，身体却因为中毒极为虚弱。

马基雅维里从维斯普奇那里听到了该事件的详细情况，立刻意识到此事的严重性，认为执政团会派他做特使（兼间谍）前往，他已做好了出发的准备。但与以往一样，他的政府并未看出此时形势的危急，不决定派任何特使或其他代表去梵蒂冈。

其他大国对亚历山大的突然死亡之反应一点都不慢。路易立刻集合起他的军队，取消进军那不勒斯的计划，转而去面对西班牙。在教皇死后的几天里，一支法国军队已驻扎于罗马城外，等待汇集来的主教们推选教皇继承人的结果。

主教们从三个未来候选人中推举教皇，他们是乔治·德·昂布瓦、朱利亚诺·德拉·罗维里和阿斯卡尼奥·斯福查。但选三个人中的任何一个都会引起争议并充满危险，所以当投票时，委员会（College）决定推选一名温和的候选人，即早衰多病的主教弗兰西斯科·皮柯洛米尼。9月22日，为纪念他的叔叔而改名庇护三世，并于10月8日加冕。10天后去世。

庇护的死在欧洲引起了巨大风波，甚至执政团也有了迅速反应。10月20日，消息传到佛罗伦萨。24小时内，十人战事委员会作出决定，派马基雅维里前去罗马。他日夜兼程于10月24日抵达罗马。他的官方任务是听候并汇报教皇的选举，但是他带着介绍所有罗马要员的文件，包括三位候选人——朱利亚诺·德拉·罗维里（他是现在最炙手可热的一个）、乔治·德·昂布瓦（马基雅维里以前就对此人颇有了解）、阿斯卡尼奥·斯福查即已被废黜的米兰公爵路多维柯·斯福查（莫洛）的兄弟。马基雅维里的真正议程是像鹰一样监视恺撒·波吉亚，并向执政团汇报他的每一个行动，因为很明显，选举的结果将会决定公爵的命运以及佛罗伦萨共和国的将来。

马基雅维里发现罗马乱成了一锅粥，当枢机主教们在里边开会时外边也在蠢蠢欲动。作为已逝教皇的儿子、在法国宫廷有影响的实力掮客、拥有选决权的主教，恺撒·波吉亚成为这场政治大旋涡的中心。马基雅维里在到达该城后向十人战事委员会汇报说："瓦伦蒂诺公爵受到了任何一个想当教皇的人的优待……西班牙主教这位瓦伦蒂诺最喜欢的人和许多其他主教每天在城堡中与其谈话，所以可据此推测不论谁当选教皇都会感激他，他生活在为新教皇支持的期待之中。"

波吉亚很清楚选举的结果将会改变意大利的政治面貌，决定自己的前途。他和马基雅维里都明白，这将是他的人生之战。然而对公爵来说，这件事从一开始就不那么顺利。有些情况发生了变化。他变得犹豫不定，也许这还是他有生以来的第一次。

马基雅维里对他性格的转变很吃惊，很疑惑公爵对选举的举棋不定。他认为公爵应该全力支持一个不太知名的主教，以便操纵他达到自己的目的。如果这样失败了，就支持路易看好的人选（即国王的得力助手乔治·德·昂布瓦），这样可能拉近波吉亚与法国的关系，使他得到国王的好感。但是，令众人惊讶的是，公爵却利用自己的影响帮助推选红衣主教朱利亚诺·德拉·罗维里，这人十分憎恨波吉亚家族，曾在诸多场合受到恺撒和亚历山大不公对待，他是个很能记仇的人。

马基雅维里知道这是一个严重的错误，后来他为此写道："公爵受到责难仅仅因为推选了教皇尤利乌斯，他做了错误的选择……即使不能推选他所喜爱的人做教皇，他也应该避免推举不当人选；他绝不应该允许他曾伤害过的人或者因故惧怕他的人当选教皇。人会因为惧怕你、恨你做出不宜之举。"

红衣主教德拉·罗维里于10月31日被选为教皇，更名为尤利乌斯二世。像他此前和身后的许多教皇一样，他也是个腐败者，对世俗权力和影响的兴趣远超过他宗教领袖的本分。他允诺给帮助他成为教皇的人许多东西，但即使他有这些想法，他也不会给他们微薄的赏赐。可以想象以恺撒·波吉亚的功劳，他应当得到作为封邑的整个罗曼亚。德拉·罗维里曾保证他会得到这些，但是他在撒谎，他最终背弃了诺言。

令马基雅维里感到疑惑的是，波吉亚这个在天主教世界以阴险背叛和腐败手法著称的人，竟把自己的命运交给了一个家族死敌的手中，还相信这个主教会信守诺言。"公爵竟允许自己失掉勇敢的自信，认为别人的言辞比自己的更可靠。"他向十人战事委员会汇报说。

对于波吉亚来说，1503年11月是黑暗的一个月。马基雅维里只能吃惊地看着这个他曾认为"光辉高大的君王"变得无所适从，感到困惑烦恼，很易被新教皇操纵和虐待。"公爵的事务发生了千般变化，"他注意到，"它正变得越来越糟。"

马基雅维里并非波吉亚前途突然暗淡的唯一见证者。红衣主教沃特拉、弗兰西斯科·索德里尼在尤利乌斯二世选举后不久拜访公爵，发现他"善变，优柔寡断，多疑，对任何观点都不能坚持……这是他天性如此抑或是重大打击使他神志不清。"另一个访问者写道："他大脑不听使唤，他不知道自己想要做什么，他把自己卷入其中，却又犹豫不决。"

马基雅维里逐渐由困惑转为轻蔑。他曾把恺撒·波吉亚看做征服世界的无情君主的典型，但现在看到他仿佛如一团熄灭的火焰。

到11月底，仅仅在他父亲死后的三个月，马基雅维里看到恺撒的罪恶"一点点地在将其推向惩罚边缘，一步一步在走向坟墓"。

波吉亚明白游戏结束了。当时谣言飞传，有的说他已被谋杀，已在台伯河中捞出了尸体；也有的说他从罗马逃走了，重建了自己的军队。事实上，他正试图抓住最后所剩的权力。在与尤利乌斯的紧张危险的谈判之后，他同意将其在罗曼亚的领地回归给一两年前他曾打败过的统治者。

11月的最后几天，波吉亚终于逃出罗马。他在城外组织了一小群装备精良而又忠诚的支持者。尽管如此，他还是不能决定什么，他的迟疑不决要了他的命。他和他邪恶的父亲所犯的罪恶终于在罗马结出恶果。整个欧洲、已被废黜的贵族、教会领袖、仇杀而死的牺牲者和合法的领导人都号召把他绞死和活活剥皮。马基雅维里在给他的政府的一封信中明确指出逮捕波吉亚将会使这些人如愿以偿。"他一旦被捕……"，他宣称，"不论是死是活，人们都会感到此事与己性命攸关。"

波吉亚的逃亡带来了悲惨的失败，就像他在那个不可原谅的季节所遭遇的其他失败一样。令幸灾乐祸的尤利乌斯二世高兴的是，波吉亚在城墙外不远的地方被捕并被戴上镣铐解入罗马。很有讽刺意味的是，这个新教皇的放荡作风仅次于亚历山大和恺撒，却宣称："现在，他被抓住了，我们有机会揭露他们11年来在罗马反上帝反人类的所有残酷劫掠、杀人、亵渎神灵及其他数不尽的罪孽。"

马基雅维里在那里看到犯人被扔进梵蒂冈监狱。这时他收到让他返回佛罗伦萨并准备北行的命令。他经历的这整个戏剧性事件给他这位不知名的人物和时代留下了很深的阴影，然而不到18个月阴影就消失了。恺撒·波吉亚的黑暗生活接近了尾声，4年后他死掉了。1507年，他被强盗暗杀于去那瓦尔国王宫廷的路上。国王是他妻子的兄弟。正是尤利乌斯这个波吉亚愚蠢地想把命运托付给他的人，决定将波吉亚流放到那里去。

对于马基雅维里来说，整个历险比这一时期他遇到的其他事更有助于形成他的思想，练就他的政治观察力。对马基雅维里看来，波吉亚这位他心目中永恒君主的典型却是大摇大摆行进在罗曼亚的糊涂君王。这可怜的人被毒药损伤了，之后被强大的敌人用其人之道还治其人之身而击垮了，这一切都不应该是君王图景中的一部分。

1503年12月5日是恺撒·波吉亚被监禁也是尤利乌斯加冕教皇的日子。尽管害怕瘟疫的爆发，马基雅维里还是逗留在罗马，观看了这一事件。典礼结束后，他总结了他在这个城市的事务，通过组织稍后的执政团和新的权力政客在梵蒂冈会晤，履行了他作为外交官的最终职责，并启程返回佛罗伦萨。

这时马基雅维里急切地盼望回家。他离家将近8个星期了。这期间玛丽爱塔生了他们的第二个孩子，他们为纪念尼科洛的父亲给孩子起名为贝尔纳多。马基雅维里离开的这个城市在波吉亚教皇死后的3个月发生了巨大变化，整个意大利的政治版图也要因此而重绘。

马基雅维里有幸见证了两个时代的过渡。波吉亚家族在意大利的势力轻易地被击垮了。瓦伦蒂诺公爵出人意料的倒台，佛罗伦萨很自然地缓了一口气，但是马基雅维里仍旧保持着无可非议的谨慎。他很清楚，时代转型期是危险的，充满了政治的不稳定和不确定，他也知道佛罗伦萨近年来也经历了相关的动荡。因为他能够清晰地加以观察和分析，他从来没有高枕无忧，也不会弄不明白、感觉不出佛罗伦萨总能在各种风风雨雨中逃脱出来的能力。

第五章
马基雅维里名扬佛城

1502年夏天，在马基雅维里两次出使恺撒·波吉亚宫廷期间，佛罗伦萨经历了迟迟未决的宪政变革。城邦政府大致上根据威尼斯的政治体制设立一个小型的行政机构（即执政团），由一群阁僚组成，并由一名正义旗手作为执政团的领导。在城市政治生活中，最具影响力的人物、富裕地主和贵族（被称为"奥提马提"或称为"主体市民"）热衷于改进政治体制并采取一种更接近于威尼斯的政府管理模式，在这种政府模式中有一位终身任职的正义旗手。

一些奥提马提支持对佛罗伦萨的政府体制进行全面监督，包括监督许多议员和委员之间的争斗和政府结构运作情况，这就可能导致一种二级制政府体制。但是人们认为这种改革太激进，这种体制也许对指导近代意大利的共和国还适用些。取而代之的是，他们建立了一种总统负责制的形式，即国家的领袖为了更有效地工作可以采取终身制，事实上这采纳了威尼斯的总督制。

近来的事件使激进的、具有影响力的奥提马提成员更明确了自己的想法，并加速改革的进程。在历史上，城市共和国已经经受了某些最为严重的和分裂性的时代。美狄奇家族曾使自己成为终身的领袖而不设任何正式的候选人。自从他们下台以后，佛罗伦萨人又遭受到萨沃纳洛拉的暴政、法国的专制、波吉亚家族的威胁以及持续的军事和政治羞辱。在相当长时间以前，马基雅维里就已经意识到出现这些悲惨事件的部分原因在于佛罗伦萨现存的政府体制。直到现在，随着这种不幸已经成为过去，改革家们才开始酝酿变革。

从236位候选人中被选拔出来并当选第一任终身正义旗手的是皮耶罗·索德里尼。1452年，在列奥那多·达·芬奇出生5个星期以后，索德里尼在佛罗伦萨出生。索德里尼很年轻时就涉足政治。其家族成为美狄奇家族的重要对手：皮耶罗的父亲托马索，在先前的那个世纪中先后五次出任正义旗手，他的叔叔尼科洛在1465年领导了反对科西莫·德·美狄奇的运气不佳的起义。尽管某些奥提马提将他在大议事会中的当选看作某种妥协的结果，可在佛罗伦萨人民的心目中，索德里尼是受到欢迎的选择。同时代的历史学家弗兰西斯科·奎恰迪尼评论说："鉴于他的服务期比其他任何人都长，这不是说与其才能相当的人回避了此项公职，而是他们认为他一定比其他人更有才能。"换句话说，索德里尼被视为一名有才能的政治家，他被选中完全像佛罗伦萨政治中经常出现的那样即没有人比他更能承担这种政治职责。

对于马基雅维里来说，皮耶罗·索德里尼的当选是他一生中最重要的事件。马基雅维里与正义旗手的兄弟沃特拉教区主教弗兰西斯科·索德里尼早就是好朋友。1502年6月，他们一起来到恺撒·波吉亚的宫廷，弗兰西斯科尽力促成马基雅维里担任正义旗手的秘书并推行他的主张。在成为正义旗手之前，皮耶罗·索德里尼已经成为大议事会中最有实力的人物，他也同样欣赏马基雅维里的政治机敏，并且对他的雄辩、他经常在正式文件中显示出的文学才能以及他在外交使命中突出的表现大为赞赏。在执掌权力的几个星期内，他正式邀请马基雅维里协助他工作，并根据其才能聘请他担当分析家和书记员。索德里尼兄弟两人对马基雅维里表现出的尊重在现存的信函中清晰可见。当皮耶罗写信给担任外交特使出访伊莫拉宫廷期间的马基雅维里并指示他关注恺撒·波吉亚（即瓦伦提诺公爵）的一举一动时，还谈及他个人对他的评价，称他为亲爱的朋友、最信任的助手，并经常使用表示亲密意思的"tu"字眼。

索德里尼的第一项使命就是在宪法允许的范围内尽量彻底地建构新的政治体制。除了马基雅维里之外，索德里尼也许是比其他任何人都更能意识到城市面临的诸多问题。在近几年内，由政治外行导致的问题几乎使城邦政府无法继续存在下去。在给马基雅维里的一封信中，我们发现他坦言城市在货币、分配以及其他很多方面非常混乱。然而，他也意识到由于他的同事们的无能，不能恰切地与处于政府之外的有影响力的佛罗伦萨市民交流，致使情况更加糟糕。

在索德里尼的信任方面，他很快就意识到马基雅维里卓著的才能及其价值，他利用马基雅维里去影响他的政府成员和对政府有选举力的贵族们的思想。1502年11月，正义旗手传给大议事会一则由马基雅维里草拟的讲话，题为"关于制定在合适途径基础上的钱款筹措法演说"。索德里尼需要创建基金以便资助他的改革计划，希望以他的权力和马基雅维里的语言天才来赢得他的权贵们的支持。

这一合作是成功的，索德里尼获得赞同并建立了基金。马基雅维里则被这一成功鼓动起来，他将此视为一块踏板。他意识到金钱的需求和改善政府机制对佛罗伦萨的进步是重要的举措，是对改革前沿用的那种无效率的体制的一种巨大改进。但是他明白，佛罗伦萨的政治弱点主要源于它军事上的软弱无力。现在随着索德里尼执掌政权和有了他的支持，他相信对他来说开始游说以便进行更激进的改革时机已经成熟。

马基雅维里曾经断言，《李维史论》是他在近来长期的实践经验中建构起来的，可以说这是他最出色的论著。但在他提出看法的许多年之前，他已经向政府提出自己认为是正确的想法，即佛罗伦萨需要一支资金充足、训练良好的公民兵。他早已发现，恺撒·波吉亚的军队是如何轻而易举地横扫意大利。他已经亲眼目睹了法国那支全欧洲超级大国中训练有素的军队及其雄厚实力，他也看到威尼斯这意大利仅有的另一个共和国如何使它的强大陆军和海军发挥威力。

尽管威尼斯雇佣了外国的雇佣军，但其大多数军事力量仍在威尼斯总督的控制之下，所有人都受到处于统治地位的议会和总督的密切谨慎的监督。在1495年的威尼斯，一座大约拥有20万人口的城市，却拥有一支由15 500名骑兵、24 000名步兵和3 300名现在被称为"特种部队"的军事力量。与此同时，城市还供养36 000名海员，配备45艘全副武装的战舰，拥有正在阿森纳和其他海军基地工作的16 000名造船工。

在16世纪的第一个10年间，佛罗伦萨人口不会超过威尼斯的四分之一，即使是马基雅维里也从未设想他的国家能与威尼斯共和国的军事力量比拼。他想要的是一支独立的力量，由佛罗伦萨公民组成，以此保卫佛罗伦萨共和国。他在《君主论》中清楚地指出这一点。他写道："我认为，依我的判断，那些拥有充足人力和财源的君主只有征集一支军队以对抗任何入侵之敌才能赢得独立。"

他非常清楚，劝说佛罗伦萨政府组建公民兵是必要的。但是对他来说，这将证明是极其困难的。马基雅维里抓住每一个机会利用佛罗伦萨有影响的公民传达他的这一主张。在为正义旗手撰写的演讲词中，他言辞机敏、开门见山地提出他的主张，"每一个城市，每一个国家都应当将所有那些希望占有她的领土的人视为敌人，反对那些使她自身不能自保的人"，并通过索德里尼告诉大议事会。他在为正义旗手撰写的另一演讲词中断言："当现实的进程中没有改变的举动时，命运也不会去改变她的决定……上天不希望也不能供养注定败落的城市。当看到你们是自由的佛罗伦萨公民，你们完全自己掌控着自由，我不相信会有这样的败落。为了那种自由，我相信你们就应当这样考虑，你们是生而自由的并希望总是那样自由地生活。"

利用索德里尼在大议事会上的另一次发言，马基雅维里将最近的一段历史像一则寓言那样娓娓动听地描绘给议员们，以此来强化他观点的要点。他描述的是那段1453年在土耳其人进攻下君士坦丁堡如何陷落的历史。在土耳其军队攻击前的较短时间内，皇帝恳求其臣民纳税以提供他所需的资金，用来加强城市军队的力量，使他们能抗击侵略军。然而他获得的不是支持而是嘲弄、讥笑。短短几个月后，在土耳其人炮弹的轰击下，君士坦丁堡的城墙成为一片废墟。君士坦丁堡的市民跑去求见他们的皇帝，要求提供给他所需的一切金钱。皇帝告诉他的市民："和你们的金钱一起见鬼去吧……因为你们把钱看得比生命还重。"

皮耶罗·索德里尼的兄弟弗兰西斯科是马基雅维里提议建立公民兵问题上最忠诚的支持者，但是他意识到佛罗伦萨的公民会如何抵制这一想法。在1504年5月间，他写信给马基雅维里，宣称："反对组建公民兵的那些说法是站不住脚的，谁也不能怀疑这种军事力量存在的必要性和合理性。公民兵不是为私人而供养，它是为公众利益服务的。不要放弃，因为在今天不能得到的支持也许会在明天得到。"马基雅维里从这些鼓励的话语中感受到了信任，他坚信能够促成变革。

　　不久就到了1504年的秋天，他的计划看来要泡汤，因为皮耶罗·索德里尼的支持度已在下降，甚至那些对此政见已经有点回心转意的议员们也放弃了他们的立场。从弗兰西斯科·索德里尼的来信和他的声明中我们可以了解，失败的原因是那样得明明白白。为什么人们反对马基雅维里的计划，它可以追溯到这样一个事实：佛罗伦萨的公民怀疑这有可能助长独裁统治者的出现。加上现在他们有了拥有终身职位的正义旗手，他们对上述主张又敏感起来，是否某人可以通过创建一支军队为其自己的目的而不是为城市利益服务。弗兰西斯科·索德里尼已经说过，公民兵"不是为私人而是为公共福利供养的军事力量"。尽管佛罗伦萨拥有自己的军队几乎已有200年了，但佛罗伦萨一些杰出的、有影响力的公民害怕正义旗手可能会利用这支力量，正如一位贵族所言是否会利用它去"驱逐市民中与他敌对的人"。

　　马基雅维里早已通过比喻、通过例证并以他猛烈的措辞和审慎的逻辑语言向佛罗伦萨公民发出呼吁，但他们的抵制不是在说理方面，而是来自恐惧和被扭曲的记忆。自从洛伦佐·德·美狄奇死后，他们看到萨沃纳洛拉将自己确立为独裁者，他们也能扫视一下米兰，明白路多维柯·斯福查建立他的专制国家的方式。鉴于所有这些很难说得清楚的现实，他们选择漠视威尼斯模式的做法。

　　皮耶罗·索德里尼之所以能被安置在正义旗手的位置上，这与作为政治家在其政治生涯中得当地处理某种重大问题的能力有密切关系。他支持马基雅维里的观点并为推进这项事业做了大量工作。但在1504年夏秋之际，他开始意识到大多数议员完全反对组建一支独立的佛罗伦萨军队。他明白，为了拯救他的政治生命，他需要使自己与马基雅维里的计划保持一定距离。

弗兰西斯科·索德里尼现在已经是一位红衣主教，他以私人身份写信给马基雅维里为他的哥哥开脱。他在1504年10月写道："关于招募军队的事宜，我们具有相同的观点，但恐怕你所谈到的这个人的热情已经冷却了，但他也已经剥夺了那些想说坏话和做坏事、想把为了公众利益解释成为了私人利益的人的从政机会。"

作为一名优秀的政治分析家，即使没有弗兰西斯科·索德里尼上述不得不作出的解释，马基雅维里也能意识到这一点。但这样的道理不能改变佛罗伦萨所面临的危险处境，近代政治领域的风风雨雨已经说明了一切。马基雅维里也曾经通过索德里尼告知大议事会那种道理："当现实的进程中没有改变的举动时，命运也不会去改变她的决定"。的确，命运不久就去帮助马基雅维里并让所有的人（除那些最顽固、疑心最重的人外）相信，至少现在马基雅维里的机会来了。

1503年教皇亚历山大六世去世，他的死改变了更多人的生活，远甚于改变他亲爱的儿子的生活。意大利的政治总是像一件易挥发的化合物，时刻会在微弱的火花前激化。由于尤利乌斯二世的当选，意大利重陷混乱。那些暂时凝固着的僵局和受到控制的权力平衡被打破了，贪婪者和贪得无厌者立即攫取机会以求得个人利益。由于他们的行为，国家又开始动荡，变得不安定，这会影响到欧洲范围内每一个市民的生活。

佛罗伦萨共和国的稳定性再次遭受来自外部的势力的威胁。随着恺撒·波吉亚有效地被教皇尤利乌斯二世所操控，一直将罗曼亚视为自己国家的自然延伸的威尼斯人没有任何犹豫，他们利用新的权力真空派出军队进驻该地。罗曼亚原有的统治者（即曾被瓦伦提诺公爵驱赶出境的小贵族们）自然希望夺回他们失去的统治权，他们中的许多人收到来自新教皇亲自对他们做出的承诺。然而尽管已经作出承诺，尤利乌斯现在却又盘算着如何自己去攫取罗曼亚。

　　局势看来非常错综复杂：威尼斯和梵蒂冈冲突在即；1503年10月的晚些时候，即新教皇刚刚加冕不出三个星期，欧洲两个超级大国法国和西班牙之间不稳定的和平随着在中南部意大利、邻近卡西诺的伽里格里亚诺战役的爆发而结束了。

　　部分地是因为西班牙步兵的优良，但更因为他们的指挥者冈扎罗·弗尔南德斯·德·考多巴的指挥艺术，西班牙在伽里格里亚诺赢得一次巨大的胜利（自古代以来，伽里格里亚诺就成为许多重大战役的场所。在600年前即915年的一次冲突中，王后佐伊·卡波斯皮纳与教皇约翰十世之间的联盟在伽里格里亚诺战役中赢得一场巨大的胜利，从而结束了阿拉伯人对意大利的威胁。几乎刚好在西班牙对法国的大胜利之后的500年即1943年11月至1944年5月间，在临近伽里格里亚诺地区爆发的同盟国与轴心国之间的一系列战争最终使盟军进军罗马，解放了意大利）。因为佛罗伦萨已经与法王路易拥有密切的关系，法国的战败在维奇奥官邸引起震惊和焦虑。这一消息的到来就像威尼斯在罗曼亚的利益上增长的新的恐惧一样，也对佛罗伦萨的利益施加了直接的威胁。这意味着佛罗伦萨再一次面临危机。乐观主义的政治家认为，法国将要建立与佛罗伦萨的更亲密关系以及与其他国家组建联盟以抗拒西班牙。但也有人认为，他们将转向内部以便保护他们自己的利益，允许佛罗伦萨的敌人特别是威尼斯人去做他们喜欢做的事情。

　　在这种混乱中，佛罗伦萨再次决定为了自身利益向比萨发泄他们过去的怨恨，挑起争端。城市之间的纷争慢慢积聚了好多年，许多次由波吉亚家族、路易、罗马教皇、威尼斯和西班牙造成的军事对峙是问题之所在。但突然之间，比萨问题与正在酝酿中的罗曼亚危机直接联系起来，因为对于佛罗伦萨执政团而言，十分清楚比萨会招致威尼斯的大规模进攻，如果它一旦陷落，对于佛罗伦萨而言将意味着一场灾难。这就促使佛罗伦萨执政团迅速将比萨放置在优先考虑的日程表位置，并试图一劳永逸地解决由此引发的问题。

使用传统按高价得来的雇佣军，佛罗伦萨于当年4月对比萨形成包围之势，烧毁了比萨城周围的乡村，再次夺回附近的城镇利波拉法塔。意识到除非切断比萨人来自海上的供应，即使包围比萨城也不能取得胜利（比萨已经向热那亚请求海路援助，热那亚人热衷于快速获取杜卡斯），因此，佛罗伦萨将他们的战船布防在阿诺河口（阿诺河流经比萨）。但即使如此，比萨人也未显示出任何有条件投降的迹象。几个月过去了，佛罗伦萨开始感到这种僵局将会使自身受挫。不久局势就变得明朗起来。围城失败就几乎没有兴趣全力以赴攻击比萨了，那样可能会将他们从各方面暴露给更强大的敌人。于是，佛罗伦萨政府发现它已经陷于绝境。正在这时，有人提出使阿诺河改道的激进意见，以便它不再流经比萨，而是转向流经里沃那城，而将比萨城周围的土地变成沼泽。

有可能马基雅维里就是这个主意的提供者，尽管他口头上说支持这个计划并在1504年整个夏天都努力为之工作，但仍未有证据表明这是他的构思。可以确定的是，在极为严峻的形势下政府完全采纳了这条建议。对于马基雅维里和列奥那多·达·芬奇这两个人来说，这是备受鼓舞的，后者设计出改道的方案。在1504年6月，列奥那多考察了比萨城周围地区，绘制了地图，尽管佛罗伦萨执政团花费了一些时间考虑由许多工程师制订的计划和提案，正是由于马基雅维里的重要影响，列奥那多的计划才最终得以实施。

多年以来，列奥那多一直思考在战争中如何利用自然资源的问题。1500年，他曾向威尼斯提出筑坝拦截河流使伊桑佐河谷变为泽国的办法来阻挡土耳其人保卫自己。对于比萨问题，列奥那多利用同样的思路，建议从距离比萨几英里的地方使阿诺河改道。他认为，这将同时产生两大影响：断绝城市水源，切断比萨城与其港口的联系。他推断说，与已经实施的办法相比，将上述二者合起来的计划将会很快结束围困。

　　这一计划在当年8月开始实施，佛罗伦萨执政团从其他各条战线上转来一切能利用的资源。它包括建造一座巨大的木头堤坝拦住阿诺河水，挖掘两条巨大的人工河流，大约八英里长，将河水引至一个大湖里，然后注入海洋，由此截断它流向比萨的路径。在一份几个月以后撰写的报告中，马基雅维里的助手比阿吉奥·波拿柯尔西描述了工程的开工情况。"当时人们认为，将阿诺河从比萨人手中夺走是为了将它导入斯达格诺·迪·利沃尔诺，因为有足够的理由表明，除了剥夺比萨人的生活资源，那些实施该工程的人将给我们的城镇带来巨大利益，于是进行工程的决定就通过了，备好粮草后，营房就安置在里格里奥内。一名杰出的大师德·阿克·克罗姆比诺也被召来，他受邀的目的是来具体做些关键性的工程事项。他每天征召2 000名劳工，配备以建造拦河坝用的木料，以便挡住河流并将其转引至两个大沟渠中，通过它们使阿诺河继续畅流。按计划使所有河道最终引向斯达格诺。他允诺，实施这一工程可能需要三万到四万个工作量。怀着这种期望，工程开工定在8月20日……"

　　事后方知，上述想法是错误的。可以肯定的是，这一计划会发生作用，但这太极端了。加上大多数参与者都要提供资金，它遭到那些认为这种努力在某种程度上是对神命侵犯的人的反对。马基雅维里的一个朋友埃克尔·本蒂沃格利奥（当时正随军围困比萨）也表达了第二种意见，他这么说："当然，就人能够一听就明白的判断而言，我们除了希望不要生病外不能希冀什么，即使上帝从埃及法老手中拯救了以色列民族也不意味着会在波涛汹涌的海上为我们开出那条不可预期的救助之路。"在关键的时刻，佛罗伦萨执政团不顾马基雅维里的反对，开始重视像本蒂沃格利奥一样的人。列奥那多的方案被抛弃了，佛罗伦萨执政团选中了一个廉价的方案，这一方案被证实是相当不充分的，它从一开始就存在重大隐患。

根据这一新方案，运河堤坝只要不坍塌就行，但实际上无法利用一切人力去合适地修建那堤坝，预定计划中的工程很快就被拉下了。天气也对工程变得不利起来，加上此时的比萨开始周密计划袭击挖土的工人。可马基雅维里仍然对胜利充满信心，继续帮助筹集资金以及向阿诺河计划输送劳力。但在中秋之际，战争失败了，政府改变了政策，取消了整个计划。

与马基雅维里同时代的弗兰西斯科·奎恰迪尼在他的《意大利史》中曾经谈及这一计划。"这项事业以极大的期望开始，在实施期间付出了更大的代价，但最终证明是白费力气，因为就像通常发生的这种冒险行为一样，尽管测绘计划是奠基于事实明显的证据上，而经验会证明它不会成功，这是计划与行动之间存在距离的真正范例。"

正义旗手的兄弟弗兰西斯科·索德里尼给马基雅维里写了一封慰问信，其中他宣称："我的才子、至亲的朋友，这件事给予我们很大的教训，我们在那些水道问题上犯了多么大的错误，对我们而言那根本是办不到的事情，我们不应该去听从有很大失误的工程师的方案。或许只有请求上帝才能知道什么是我们期盼的好结果。"

关于这次改道阿诺河计划失败的事件，马基雅维里没有留下他的感受记录，但他从1504年发生的军事惨败中学到了很多，当他后来撰写《李维史论》时，这些事情在他的记忆中还清晰地保留着。"没有比使公民拥有权威的共和国走向毁灭而不是使它成为强大的国家更容易的了，因为他们总是不失时机地使自己的意见被接受，而那些治国良方会被弃置不顾。如果城市的毁灭由此而起，那么伴随着的就是那些在指手画脚的公民们的毁灭……"

工程受挫是很遗憾的，这不仅是简单地让佛罗伦萨政府付出致命的代价，并终止了一个可能一劳永逸地解决比萨问题的提议，而且因此使佛罗伦萨失去了未来成为经济强国的机会。列奥那多这位永远具有远大追求的学者将阿诺河的改道仅仅视为修筑一条流经普拉托和色拉瓦尔山脚下的运河的宏伟计划之第一步。从官方的口径来说，他的计划是试图帮助结束佛罗伦萨与比萨之间的冲突，不再进一步发生流血事件。但是，甚至在士兵们开始挖掘之前，他就已经开始描绘那个想象中的世界：沿阿诺河两岸的两个城市之间应该是一个工业走廊。他所想象的手工工场和我们所说的工厂能够生产丝绸、纸张、瓷器和其他所有产品，在工业生产过程中使用河流中的水作为动力。沿着河流航行的驳船将促进运输业的发展，阿诺河主要支流上设置一系列船闸，让小船驶进山里和河谷周围的小镇。

列奥那多设想的所有这一切几乎就是三个世纪以前的工业革命。对他来说，这是一个彻底的实践性课题，它将极大地提高这一地区的人民的生活水平。他相信它也将"提升土地的价值；帕雷托城、比斯托亚城和比萨城，还有佛罗伦萨都将因此取得20万杜卡斯的年收入。"他在每一处都写道："如果人们上下一心从事阿诺河改道工程，那么人们就可以在每一块土地上为自己找到财宝。"

当共和国全神贯注于比萨和阿诺河改道工程遭到可耻失败的同时，佛罗伦萨周围那些实力弱小的小城邦国家统治者正受到威尼斯

（可能还有罗马教皇）的鼓励和资助，以便将侵略引入佛罗伦萨地区。这群统治者中的领头人是巴托罗米欧·德·阿维亚诺——一位指挥一小撮唯利是图军队的雇佣军首领，这一支雇佣军是由反叛者和暴徒组成的乌合之众，所有的人都直接受到威尼斯的资金资助。

在1504年晚秋时节，佛罗伦萨的智囊团开始意识到德·阿维亚诺的意图。他们也掌握了一些邻近佛罗伦萨的小国统治者正想趁火打劫虚弱的佛罗伦萨，同时佛罗伦萨发现法国也在利用这种情况。为发现关于这一潜在危机的更多情况，整个冬天一直到1505年春天，马基雅维里访问了罗曼亚和托斯卡纳地区的所有城市。在彼翁宾诺，他再次遇到雅柯波·德·阿比亚诺。马基雅维里曾与德·阿比亚诺一起代表国务部完成第一次外交使命，并于1499年返回。马基雅维里来到佩鲁贾是为了与城市的一位反复无常的领主吉安保罗·巴格里奥尼协调关系，然后他还要赶去阻止锡耶纳领主潘道尔佛·佩特鲁齐的计划，佩特鲁齐试图勒索佛罗伦萨的土地作为其透露要入侵邻国这一内部消息的报酬。

马基雅维里成功地揭露了这些小国家领导人的某些意图，但由于受到威尼斯的鼓励，德·阿维亚诺仍然保持着一种真正的威胁，他并不为马基雅维里和佛罗伦萨执政团的劝说所动。他已经组织了一个由松散的军阀和当地小国领导人参加的联盟，他们迅速抓住佛罗伦萨在法国和西班牙两个超级大国之间被牢牢拴住并变得非常脆弱的有利时机。对他们而言，这正是抢占有利形势的天赐良机。

1505年8月17日，战争在一个沿海城镇圣·文森佐附近爆发，战场距佛罗伦萨大约100英里，当时德·阿维亚诺的军队遭到了埃克尔·本蒂沃格利奥指挥的佛罗伦萨雇佣军的攻击。共和国的雇佣军以压倒性优势摧毁了德·阿维亚诺率领的虚弱之旅，或屠杀或俘虏了几乎全部的叛军。

这一消息使佛罗伦萨人欢声雀跃，与他们一样，马基雅维里也感到宽慰。但这种胜利也会使创建公民兵的计划彻底告吹。为什么城市还要自找麻烦创建什么像模像样的军队呢？像本蒂沃格利奥统领的外国雇佣军不就能赢得这样重大的胜利？这看起来是一个多么有说服力的观点，但是佛罗伦萨的领导人很好地证实了这一观点的局限，并给予马基雅维里他所需要的机会。由于盲目自信的冲动，共和国高估了自己的实力。接着再次转向比萨问题，皮耶罗·索德里尼下令刚获胜重新返回佛罗伦萨的军队，再次火速赶往比萨。一到比萨，他们就围困了城池并于9月6日发动进攻。

最初，战争进展顺利。比萨城墙被撞开了一个大洞，尽管勇敢的比萨人仍在坚持战斗，本蒂沃格利奥还是能向佛罗伦萨发回自信的信息，他已准备让步兵作最后一搏。

然而，胜利再一次从佛罗伦萨人指缝里滑落。就像五年前发生过的那样，其时共和国面对着同样的敌人，使用同样的雇佣军作战的方法，可是那些花钱雇来的步兵只为金钱而战，对战争结局丝毫不感兴趣，结果在比萨人的顽强抵抗面前败退下来。那些为他们的生命、家财而战的比萨守军则无所畏惧，坚持到最后一息并迫使雇佣军逃到乡下去了。

这条消息对于那些仅仅几个星期之前还在圣·文森佐庆祝胜利的人们是一个沉重的打击。作为一项与当时流行看法完全不同的计划，马基雅维里要求建立独立的佛罗伦萨公民兵的想法又突然有了转机。最近这次在他们老对手比萨人的城墙底下的可耻军事失败几乎成了佛罗伦萨人不能容忍的羞辱。在圣·文森佐战役中建立起来的新的自信像肥皂泡一样地破碎了，索德里尼害怕会丢掉自己的位子，认为此时正是再次转向马基雅维里一面的良机。在私下里，他向马基雅维里承认，如果派他们自己的军队就不会发现军队对自己会造成什么威胁，他们不会有意去废除决定或不执行决定。为给予他的秘书以全力支持，他去转变那些反对该计划的顽固分子带头人的想法，并避开有人想把马基雅维里的计划送交大议事会从而拖延实施的诡计，即刻直接从主管战争的十人战事委员会（the Ten of War）获取资金和批准。

马基雅维里立即开始工作。他一直在评估他计划的可行性以至于无暇旁顾。他很清楚不可能在城市中去创建军队，因为这样做太激怒公众、太危险。还有一种选择就是将公民兵建立在佛罗伦萨控制之下的另一个城邦，但他估摸着这种做法也是危险的，因为这有可能被一个侵略者所利用来攻击共和国自己，而那个人则毫发未损。第三种选择是，从佛罗伦萨周围的乡村中招募军队，他采取的这个计划就是将军事基地布防于城北的两个小镇莫杰罗和卡森第诺。

在解决完如何建立军事基地问题后，1506年元旦马基雅维里就着手从佛罗伦萨附近的乡镇招募公民兵。凭借他在十人战事委员会担任秘书的职能，他对这件事情的每一进程都亲自查问。他为那些志愿参军和选拔来的公民讲授适宜的训练方法。在给十人战事委员会写的一封信中，他以半嘲弄的口吻宣称："我将我自己推荐给你们这些老爷们和呼呼的北风，感谢你们教会我在外面徒步行走。"

然而尽管他热情百倍，马基雅维里不久还是意识到，他既没有时间也没有技术亲自去训练这些军队。他需要一个有经验的人。1月底，他作出一个有争议的决定，雇佣唐·米切莱托（也被叫作米格尔·德·考热拉和米切尔·考热戈里亚），他曾是恺撒·波吉亚的得力干将，有"瓦伦蒂诺的钳手"等称号。

　　没有比这更容易激怒公众的选择了，马基雅维里也清楚地感觉到这一点。然而，他有充分的理由选择唐·米切莱托。他是一位军事经验丰富的一流的勇士。为了实现这一目的，马基雅维里首先劝说索德里尼作出明智的决断，再以正义旗手的名义去阻止大议事会的干涉。2月初，提案得到通过，唐·米切莱托成为佛罗伦萨政府最难以接受的雇员。

　　马基雅维里花费数年时间来制定每一个细则以使他的公民兵按照他的需要去运作。他决定他们需要每年接受10至16次训练，他将军队的组织建立在恺撒·波吉亚、罗马、西班牙和法国的军事指挥者所使用过的成功的模式之上。他也自由地借鉴了威尼斯的战略战术和组织形式，他认为他们是军事训练和制订作战计划方面的能手。

　　他为军队设计了特定的军服：白色紧身制服、红白相间的袜子和铁制的护胸，他选择佛罗伦萨狮子玛佐考作为公民兵的徽章，他甚至对军队旗帜的样式深思熟虑，设想它应当是整洁和醒目的单色旗。

　　不久，他的朋友们和那些一直冷眼旁观的人们都对他的行动表示赞扬。一个名叫列奥那多·巴尔托里尼的朋友专程从罗马赶来向他祝贺，他说："关于新的公民兵，我非常高兴地看到了你过去向我描述过的那种模样了。如果他能继续这样发展下去，我断言它将是最了不起的事情。"

　　当年3月，弗兰西斯科·索德里尼也从罗马写信给马基雅维里："由于你的长篇来信带给了我们许多快乐，使我们清楚地了解到你的新军事观念的进步性，它与我们希望我们国家繁荣富强和荣誉是一致的。不要以为当今时代其他国家的步兵就一定比我们优良，当然他们所具有的严明军纪另当别论，这种严明的军纪从意大利已经消失很久了。你绝不能因此滋生骄傲自满的情绪：这样一件有价值的事物是你自己一手建立起来的。请你好好保护它，使它有一个完美的结局。"

在2月15日狂欢节这天，马基雅维里准备公开展示他的新军队。意识到这宏大场面的力量和它对同胞市民爱国主义的激励，他决定带领其军队以一种特别能激发市民自豪感的形式列队穿过城市。亲眼目睹了这一壮观场面之后，一个名叫卢卡·兰都茨的作家记录下这件事情："在执政团官邸，正义旗手征集的一支400人的队伍进行了一次阅兵式。这些士兵身着白色马甲和红白相间的长裤，头戴白军帽，脚穿军靴，身前有铁制护胸，手执长矛，某些士兵还配有滑膛枪。这些人就称为军队：他们受政府派遣的总管领导，总管教给他们如何使用武器。他们都是士兵，但平时他们都住在自己的家里，每当需要时他们就有义务出来担当军务。按照指令还要以这种方式在城邦中组织数千人，以便我们不再需要雇佣外国人。这是曾经给过佛罗伦萨的最好的东西。"

当马基雅维里看着他的队伍列队行进时，他禁不住感到自豪。这是他一生中光彩夺目的情景之一，是他对时局的分析结出硕果的时刻。这位一直坚信自己是献身国家的爱国者欢呼着这无疑是光荣的时刻。

第六章
与尚武教皇周旋

尤利乌斯二世在许多方面是很不讨人喜欢的教皇。虽然他接受的是传统的圣芳济会的教育，并通过教会等级向上擢升，但他骨子里是一个军人。朱利亚诺·德拉·罗维里1443年出生，他像马基雅维里一样来自贫穷的贵族家庭。任教士期间，他主要通过圣职为自己聚敛财富，因此在成为枢机主教和升至教皇的32年间，他积累了巨大的权势，并对罗马教廷产生了影响。

像许多教皇一样，尤利乌斯是一个贪婪、好色、自恋而且强横的人，几乎没有证据可以表明他曾经是真正虔诚的。他自认为，评论者也认为，与其说他是精神领袖，还不如说是野心勃勃的战略家和军人，而且他把自己的角色首先看做教皇国的保护者，即一个首先关注实际统治权的军阀。

后代从尤利乌斯的物质主义中得益不少。他是艺术的主要资助者，任命布拉曼特、拉斐尔和最著名的米开朗琪罗进行工程建设。尤利乌斯为西斯廷教堂的绘画提供经费，而且为米开朗琪罗那漂亮至极的雕塑提供酬金。（看来他没有顾及到米开朗琪罗的最大对手达·芬奇，而且没有任命他做任何事。）

但尤利乌斯在世俗野心的黑暗一面曾造成意大利长期的政治混乱，而且马基雅维里据此认为他在罗马教廷的任职是长期混乱的教皇统治历史中最具破坏性的一次。

朱利亚诺为获得罗马教皇的教权等待了好多年。他在其叔叔弗兰西斯科·德拉·罗维里（即罗马教皇西克图斯四世）1471年到1484年统治教会期间，就已经是一个关键的政治玩家了，而且他是英诺森八世任教皇期间真正有实权的人物，英诺森八世在罗马教廷中的任命是通过贿赂足够多的枢机主教而获得成功的。

朱利亚诺在晋升权力的过程中不得不对付许多敌人，这些敌人与那些不共戴天的竞争者一样，其政治生涯已经被朱利亚诺势不可当的野心断送。在竞争者中最危险、最有能力的是枢机主教罗德里戈·波吉亚，他在英诺森八世死后的枢机主教团中打败了朱利亚诺，于1492年登上教皇宝座。

这两个人互相鄙视对方。当罗德里戈变成教皇亚历山大六世时，朱利亚诺认识到他不能在罗马长期停留，于是在法国、西班牙和远离教皇权力区域的意大利各国度过了10年，他不停地阻碍亚历山大的儿子恺撒制造的活动，还有就是不知疲倦地计划打倒教皇本身。1493年，即罗德里戈的加冕礼后仅一年，朱利亚诺几乎成功地通过说服法国国王查理八世运用暴力获得教皇权，消灭波吉亚帮派。只是教皇得知他竞争对手的行动后，设法贿赂查理使其改变主意，这样才没有使朱利亚诺的计划得逞。

当亚历山大六世1503年逝世时，朱利亚诺感到不能在显身罗马问题上有任何迟疑了。后来又有消息（指教皇选举。——译者注）传来，他果断终止了他自愿接受的放逐并参加了下任教皇的选举会议。但他的计划还是有挫折，因为他的同僚枢机主教们选举了有病在身的弗兰西斯科·皮柯洛米尼，不过他登位没几天就去世了。在临时的教皇选举会议期间，朱利亚诺认识到如果他希望自己成为教皇的最后努力稳妥地获得成功，他就必须利用所有资源进行贿赂和威慑。他巧妙地平衡最有势力的枢机主教的要求，包括恺撒·波吉亚，他为了通向宝座而简单地作出了些承诺。

朱利亚诺·德拉·罗维里确实理解这一格言：历史是由胜利者书写的。而且一旦他变成了教皇，他就开始违背使他成功登上教皇职位的大部分承诺。在给予的承诺中，他曾欺骗了威尼斯枢机主教，许诺任命其控制罗曼亚；他爽快地向如此信任他的恺撒·波吉亚撒谎；而且他对大多数枢机主教说谎，许诺出一个新的法规。这个法规包括一个法令，即亚历山大的继承者和所有将来的罗马教皇必须：1. 继续发动对土耳其人的战争；2. 恢复教皇的纪律；3. 保证在罗马教廷枢密院的严格监督会议中没有得到三分之二的枢机主教同意的提议，不应该进行任何战争。

尤利乌斯这个尚武的人永远不会同意如其承诺那样受控于枢机主教们。在他升任教皇一年内就开始独断行事。他的头脑中最重要的是罗曼亚问题，这是经历了好多年剧变和暴乱的意大利地区。在教皇的眼里，它应当属于罗马教廷，而威尼斯人则认为罗曼亚是他们的，只不过近年来受到了恺撒·波吉亚的战争掠夺而已。

枢密院主教团希望罗曼亚回到它应该隶属的统治者手里，对此尤利乌斯承诺予以满足。但取而代之的是，他成为教皇后的最初决定之一即组织军队夺回这一地区，驱逐出威尼斯人，他利用了恺撒·波吉亚垮台后的权力真空，从被他认为是与罗马教廷抗命的小军阀手里将罗曼亚攫取过来。

可能马基雅维里比任何人都清楚地认识这位新教皇的危险性格。在尤利乌斯当选不久后，他为了更加看清楚这位掌权人物便在罗马逗留。他意识到新教皇是有能力的，充溢其脑际的是战争，而不是精神信仰。而且马基雅维里能意识到尤利乌斯二世对领土和更大权力、影响的贪欲。到了1506年，当教皇开始动员并采取实际步骤扩大他在意大利的权力时，马基雅维里发现自己对来自执政团的新命令一点也不惊奇，执政团想让他担任使者和间谍的双重身份与尤利乌斯交涉。

教皇最近发给佛罗伦萨的一封信也促使了这一使命，信中叙述了在他所提出的"使意大利摆脱暴君"的努力中需要他们给予的帮助。他考虑到的暴君是乔万尼·本蒂沃格利奥（波伦拿的统治者）和吉安保罗·巴格里奥尼（佩鲁贾的统治者），他想让佛罗伦萨出资支持他最精练的雇佣兵首领马坎托尼奥·柯朗纳及其军队，由他们去担任驱逐本蒂沃格利奥和巴格里奥尼的任务。

很可以理解的是，执政团毫不热心于这一计划。它的成员没有把尤利乌斯的想法告诉罗曼亚，（可能天真地）认为让那些小的统治者所掌控的小国家处于摇摆动荡的局面是平衡政局的一种方法。因此，他们不愿为了取悦教皇而掏腰包，而且他们正需要柯朗纳和他的军队掉转枪口去攻打比萨。

马基雅维里8月25日离开佛罗伦萨，飞速赶往离罗马有一天路程的一个小城镇内比去会见教皇的随从人员。在途中，他有时间考虑易变的政治形势，而且他确信将不可避免受到要求在罗曼亚结束暴君统治的尤利乌斯的嘲弄。他明白低估这位教皇的活动带来的危险是不策略的。尤利乌斯是不守信的；他是一个看重现世权力的统治者，而且是一个将给佛罗伦萨带来许多潜在危险的麻烦者。

马基雅维里在夜晚到达内比，被告知教皇太忙而不能同意接见佛罗伦萨的使团。但是第二天，马基雅维里被邀请会见尤利乌斯，并阐明佛罗伦萨在他要求军事援助上的立场。被命令呈递的措辞要"赞扬他的(教皇的)虔诚和神圣的意图”，还要尽可能假装，他必须利用他所有的机智，以便清晰地表达共和国不能在他的事业上帮助罗马教皇。

作为一位经验丰富的谈判者和政治家，尤利乌斯立刻看穿了佛罗伦萨政府的言辞。按照马基雅维里的报告，在对形势的精明分析回应之前他“留意并且愉快地”倾听。他断定佛罗伦萨害怕这个事业是因为三个不同但是相关的原因。第一，他认为佛罗伦萨政府不相信这一想法，即教皇能保证他所申言的能得到法国的支持；第二，佛罗伦萨政府不相信他真能如其断言那样忠于这一计划；第三，佛罗伦萨政府考虑他将不能消除暴君，其结果是暴君们将对佛罗伦萨产生恶感，从而导致共和国长期的尴尬局面。

为了努力减少这些顾虑，教皇向马基雅维里展示了路易十二的信函，信中详述了他对尤利乌斯所需要的支持，而且他向使者保证教皇对于其计划的成功有坚定的信念。关于第三点即共和国担心可能在努力驱除了暴君之后，暴君势力仍然会残存在他的王国内，对此尤利乌斯宣称其战争的目标是，在他结果了他们之后不允许有任何残余势力的存在。

教皇关于需要支持的论点和论据看起来是有道理的，但这里有导致执政团不安的另外原因。波伦拿的统治者乔万尼·本蒂沃格利奥是共和国的朋友。他已经维持了与佛罗伦萨坚固的外交关系，而巴格里奥尼在恺撒·波吉亚通过该地区时曾起到牵制的作用。共和国不能背叛本蒂沃格利奥，这样的行动会激怒佛罗伦萨同盟者的许多邻国。

按照上级的指示，作为外交使团团长的马基雅维里要拖延时间和支吾搪塞。教皇也是战场上、罗马教廷上和各种政务会议中的干练者，不要期盼能从他那里得到些什么。但他的性格是果断，耐不得延宕。在第一次会见结束以前，教皇非常清楚地表达了他的立场：

如果佛罗伦萨不帮助他，他将转盼马基雅维里宣称的第二选择（即威尼斯）。

对于马基雅维里和共和国来说这项外交使命是至关重要的，而对于教皇而言这件事情就更重要，更紧迫。当执政团在考虑之时，尤利乌斯已披上战袍，开始战事了。他的盔甲总是一副为上帝的和平而战的形象。他率军向东北行进，沿路通过维特尔波、奥维托、卡斯特尔·德拉·比伏和卡斯蒂里奥内·德·拉果等城镇，他于1506年9月13日在无新协议的情况下到达佩鲁贾的城下。

尽管尤利乌斯有缺点，但他是一个勇敢的人，又是机智的军事战略家和政治家。他知道在文艺复兴时期的欧洲他自己的能力和他的地位。残暴的吉安保罗·巴格里奥尼这位以前波吉亚帮派的追随者和熟练的刽子手，他没做任何事情来阻止教皇带领一小队士兵进入他的城市。一旦进入城内，教皇便劝服他或向教皇的军队投降或在不可避免的失败和血腥战争中面对死亡。

马基雅维里在佩鲁贾与教皇一起，因此亲眼目睹了这些事件，最初他对罗马教皇表面上的放肆感到惊愕。在尤利乌斯进入城市之前他立即写信给自由与和平十人委员会。他断言："如果他（巴格里奥尼）不伤害前来夺取他的国家的人，这将仅仅是出于友善和仁慈。我不知道这一事件将如何结束。"

但是，马基雅维里完全错了，他的推论有很大的缺陷。在写了它之后不久他就后悔这个陈词。可能他已经被教皇的行动深深震撼，或者只是冲动的反应，因为他很快得出更为准确的评价，佩鲁贾领导者的行动与友善甚至与机智的政治推理无关。巴格里奥尼只不过是一个懦夫和恃强凌弱者，当面对一个坚决的、更强大的人时便束手无策。

　　这一事件教给马基雅维里一个非常有价值的教训，而且在建构他的政治体系中揭示出一个至关重要的观念。他开始明白宗教（特别是天主教）拥有非常难以抵抗的命定力量。甚至像巴格里奥尼这样被升格为天主教教徒的人，也因为其敬畏上帝而不得不敬畏其在尘世的代表。就是这个原因，一个恺撒·波吉亚的同道者、灭绝人性者竟不能对教皇的肉体有任何伤害。

　　更见出胆识的是，这位已经非常自信的尤利乌斯就听任巴格里奥尼做自愿的放逐。教皇在他征服的地区逗留了一个星期后，跃上他的战马，带领其军队离开了佩鲁贾，并向着他的下一个目标波伦拿前进。在这里，本蒂沃格利奥这位佛罗伦萨共和国的朋友是城邦的首脑。

　　在那个星期，令尤利乌斯更加鼓舞的是，法国捎信说他们的军队将很快在罗曼亚加入他的行列。路易静候着形势的变化，当得知教皇在佩鲁贾明确地获得胜利后他就开始出击了。同时佛罗伦萨政府还在推诿，教皇对执政团越来越没耐心。他在波伦拿对本蒂沃格利奥派遣到佩鲁贾的不安和疲倦的大使发表了一篇演说，宣称"我有力量使整个意大利战栗，更不用说波伦拿"，之后尤利乌斯给佛罗伦萨一个最后的警告。要得到佛罗伦萨的决定还需要些时间，因为要派遣使者全速赶到佛罗伦萨，然后将佛罗伦萨的决定带回来，从中可知佛罗伦萨在教皇转而进攻威尼斯之前其态度如何。

　　执政团除了顺从之外没有选择。尤利乌斯收到消息，柯朗纳和他的军队正从比萨转出，并且佛罗伦萨政府已批准支持教皇的战事。当时他很高兴。马基雅维里写信给自由与和平十人委员会，告诉他们已经得知的这个消息有多好，并且立刻得到回信，指示他要赶在教皇之前到达所在城市，以便他们能为了圣事和教皇军队的到来做好准备。

共和国已经作出明确决定，站在许多人所认为的波伦拿爆发血腥战争时更强有力的一边。但事实上佛罗伦萨的军队没有起作用。本蒂沃格利奥根本不想与教皇及其军队战斗，他临阵出逃，使其他城市处于尤利乌斯和他的同盟者的控制下。11月11日，尤利乌斯开进波伦拿，宣布它回归教皇的控制。

教皇的行动给马基雅维里留下了深刻印象，甚至在教皇驱逐本蒂沃格利奥之前，他已经仔细分析了尤利乌斯如何完成他的计划。马基雅维里观察了教皇的每一个行动有一个多月之久，得出的结论是他利用了能发动和维持战事的因素，后来他在《君主论》中又撰成一章"教会的君主国"，其中写道："现在只剩下教会的君主国有待探讨。关于这种国家，其全部困难来自取得这种国家之前。取得这种国家或者是依靠能力，或者是依靠幸运，而保有它却不是倚靠能力或幸运，这种国家是依靠宗教上的古老的制度维持的。这种制度是十分强有力的，而且具有这样一种特性：它们使它们的君主当权，而不问他们是怎样行事和生活的。这些君主自己拥有国家而不加以防卫，他们拥有臣民而不加以治理；但是，其国家虽然没有防卫却没有被夺取，其臣民虽然没有受到治理却毫不介意，并且既没有意思也没有能力背弃君主。只有这样的君主国才是安全和幸福的。"①

换句话说，宗教领导者在他们的权力上是绝对的，几乎能做他们喜欢的任何事，并且能侥幸成功。他们所代表是事物的独特性，而不是他们自己的个人权力和魅力，由于这些而使敌人在他们到来之前就逃脱，并且没有占领就允许他们统治。他们利用灌输在臣民

---

①Niccolò Machiavelli，*The Prince*（《君主论》），Chapter Ⅺ. 此段文字引自《君主论》（潘汉典译），第53页。——译者注

中的那种对上帝敬畏之感而做着代为上帝领导的事宜。

　　但马基雅维里认为尤利乌斯在佩鲁贾的轻易胜利不仅仅是因为教会的力量。在写给他的朋友乔万·巴提斯塔·索德里尼（行政长官的侄子）的长信中，他解释了他认识到的东西。这篇文章现在被普遍称为"想象"或"思索"（Ghiribizzi）。他在开头讲到教皇的成功应该让他惊讶，"但事实上我的命运展示给我如此众多、如此变化多样的事情，这些事情已经很难使我感到惊讶，或者很难使我承认我不曾通过阅读或通过经验品位过那些人的行动和他们行事的方式"。他继续论述道："我相信就像大自然创造了人的不同面貌一样，她同样创造了他们不同的智力和思想。因此，每一个人的行为都依照各自的智力和思想。而且因为时代变化和事件模式不同，一个人的希望也会像他祈祷的那样发生变化。行事方式与时代形势相符的人是成功的；行动与时代和事件样式不一致的人就不会成功。因而，两个人能通过不同的行动完成同一个目标是合理的：因为他们中的每一个都使他的行动符合他遇到的形势；因为正像有那么多地区和政府一样，事件的样式也有很多。但因为时代、形势的大大小小各方面都经常在变，又因为人改变不了他们的想象和行事的一般方式，这说明了一个人在某个时间有好运气，在另一时间有坏运气。确切地说，足够英明的任何人适应并了解时代和事件模式，常常有好运气，或者常常使他自己远离坏运气；这将得出英明的人能控制星宿和命运女神是正确的。但如此英明的人不存在：首先，人是眼光短浅的；其次，他们不能控制他们自己的本性；这样就自然得出下面一点即命运女神是变化无常的，她控制着人类，使人们处在她的挟制之下。"

　　因此，在马基雅维里看来，夺取佩鲁贾显然归结于这样的事实，尤利乌斯作为上帝现世代表者的职位赠予他比任何其他世俗领导者都强大的力量。但他也认识到时代对于尤利乌斯是合适的，而对于巴格里奥尼是错待的。除了这些结论外，马基雅维里也把巴格里奥尼看做一个相当悲惨的人物，认为他"无法伟大"到足以赢得对峙并战胜尤利乌斯联合起来的力量。

要离开时，马基雅维里照例让他信任的助手比阿吉奥·波拿柯尔西把佛罗伦萨的消息及时传达。他担心他新近建成的公民兵的状态，而且时常关注确保他在维奇奥官邸的地位。的确如比阿吉奥所说，马基雅维里对这些事情的担心远远超过他对妻子、孩子和他亲近朋友的关心。他没必要担心公民兵，因为在唐·米切莱托的指挥下进展顺利。比阿吉奥报告说，"关于步兵的事情像你希望的那样发展"。

在离开时，马基雅维里出乎意料地目睹了教皇士兵的列队行进，当时他们在和平夺取佩鲁贾以后不久驻扎在切奇那。他给自由与和平十人委员会呈上了一封没有留下什么署名的信函。"如果你们看到乌尔比诺公爵的这些士兵和南尼爵士的那些士兵，就不会为你们自己的士兵感到惭愧或认为他们没用了。"

连同关于国家状况的报告一起，比阿吉奥的信件充满闲谈，他禁不住地抱怨，"这样，我让他们去支付你留下的给四个警卫的钱，就好像我没有付足钱似的。那怪事再次出现了：你没走两天，当我在宫殿里走动时，他们中的三个尾随我。"

当一星期一星期地在流逝，他被要求关照越来越多的马基雅维里的次要职责和家庭琐事，比阿吉奥爆发了："滚吧，讨厌鬼。"而且对这样的事实很生气，即尼科洛曾答应给他的一个朋友写信，而事实上没写，他怒斥道："你应该再写一封，你想想是否在阿里桑德罗给圣·乔齐奥写过信，或者你第一次见过他之后是否再去看过他。可是你做其他的事情倒是一呼就应。"虽然如此，他常常用亲爱的"好兄弟，比"（Brother Bi）来作为信件结尾。（有一个吸引人的细节：为了做一件微不足道的事情，即发一小笔钱给马基雅维里的同事，比阿吉奥被要求扮演成秘书的助手，并用上了年轻画家米开朗琪罗的名字，而那时米开朗琪罗正前往沃特拉旅行，而马基雅维里也正跟着尤利乌斯去佩鲁贾的途中栖息在沃特拉。）马基雅维里心情愉快地接受比阿吉奥的爆发，并且常常以牙还牙地对着干。这样一种接受挑战的方式也许对他而言在许多方面是一种减压，好将其他更急迫的焦虑之事甩开点。

虽然建立公民兵是马基雅维里努力实现的理想，但是佛罗伦萨的许多精英、主体市民则持反对意见。最重要的是在这些人中有他以前的老师（即皮耶罗·德·美狄奇的女婿阿拉马诺·萨尔维亚蒂），他是对秘书的任命起至关重要作用的那些人之一。

仅仅几年前的1502年，萨尔维亚蒂与马基雅维里的关系还很好。当马基雅维里要离开前往伊莫拉时，萨尔维亚蒂写信要他不必再烦心什么秘书职位的再次选举问题，萨尔维亚蒂向他保证，"你的行为已经使人们要恳求你接受职位，而不是你要去恳求他们什么"。但从大约1505年以后，他们以前的亲密关系开始恶化，最后完全决裂了。

萨尔维亚蒂是反对提升皮耶罗·索德里尼为终身正义旗手的主体市民之一，萨尔维亚蒂所属派系确实与索德里尼家族在大部分时间里没有建立友好的关系。因此，当正义旗手和马基雅维里变得越来越互相依靠时，萨尔维亚蒂与秘书的关系也相应冷淡起来。在索德里尼领导的最初三年中，正义旗手和马基雅维里已经在两大政治问题上与萨尔维亚蒂不可调和。

第一个问题是计划将阿诺河改道，这一努力对于执政团来说会成为代价昂贵的麻烦事。第二个是创建公民兵，在萨尔维亚蒂看来，这一获得立法程序通过的计划是强加在佛罗伦萨人头上的事情。

马基雅维里常常是极其精明的观察员和分析家，几乎确切地知道萨尔维亚蒂日益增长的仇恨，特别是在他建立公民兵以后，当他与索德里尼的同盟稳步前进时他能意识到这个人的愤恨。1504年，马基雅维里发表了他的第一部重要的作品，一个名为"第一个十年年代记"的政府报告（*Il decennale primo*），这是从1494年到1504年佛罗伦萨的十年历史。这部著作是献给萨尔维亚蒂的，这含有很大的献殷勤成分，但这很可能是马基雅维里特地为了拍马屁而把它献给以前的老师，也可能是为了挽救他们正在崩溃的友好关系。但萨尔维亚蒂还是完整地看了它，对马基雅维里那愤世嫉俗的行动感觉不快，其反应更加削弱了两人之间的关系。

不过马基雅维里与萨尔维亚蒂之间的不和仅仅部分原因是政治观点上的差异造成的。冲突的另外一个来源则更具私人性质，即根植于性格的相悖。到1506年，马基雅维里作为思想家赢得了几分名誉。当他在佛罗伦萨时经常出入一个有名的叫作雷齐亚的妓院，当他离开时写信给他的朋友自吹他的性经历。在去维洛纳途中写的一封很怪诞的信中，他描述了被勾引和在一个破旧的妓院里遇到了一个可怕丑陋的妓女的情景，"一进去，我在黑暗中找出在角落中用毛巾裹着头和脸假装端庄的女人……长话短说，这里和她都处于黑暗中，我跟她性交了一次。虽然我发现她的大腿松弛，她的阴部潮湿，而且她的呼吸带着臭味，但受好色驱使，我跟她做了。一旦做完，就想看看货物，我从壁炉里拿了一块燃烧的木头，想点亮它上面的灯，但木头几乎要烧到我的手了可灯还是亮不起来。啊唷！我差点跌倒死在那里，那个女人如此丑陋。我注意到她的第一件事是她的一簇毛发，部分白，部分黑，换句话说即花白那种；虽然她的头顶是秃的（感谢秃顶，不

第六章

与尚武教皇周旋　　117

然能看到许多虱子在散步），仍有几绺稀疏的头发，末梢垂到她的额头。在她微小的皱巴巴的头中央有一块火烧的疤痕，这使她好像在市场上被打了烙印；在靠近她的眼睛的每一个眉毛末尾有一小撮虱卵；一只眼睛向上看，另一只向下，而且一只眼睛比另一只大；她的眼角充满了分泌物，而且她没有睫毛。她有一个向上翘的鼻子，就那么粘在额头下面，其中一个鼻孔被划开过，充满鼻涕。她的嘴巴类似洛伦佐·德·美狄奇的嘴巴，但它向一边扭曲，又从另一边渗出口水，还由于她没有牙齿，她不能阻止她的口水。她的上嘴唇长有略长但有限的胡须。她有长长的非常尖的下巴，有点向上扭曲；有些毛茸茸的垂肉向下悬到她的喉结。当我完全不知所措地站在那里，麻木地盯着这个怪物时，她意识到了，试图问，'怎么了，先生？'但她不能说出，因为她口吃。她一张开她的嘴，她的呼吸中就散发出一股臭气以致我的眼睛和鼻子——最灵敏的感觉的两个入口——被这股臭气袭击，我十分地倒胃口，以致不能容忍这个侮辱；胃开始反抗了，那时它确实反抗了——结果我吐了她一身。我就这般仁慈地支付了她后离开了。我将停留在我的住所，只要我在伦巴第那还是收敛些为好，否则就是这种倒霉事。"

与喜欢各种各样的娼妓一样，马基雅维里在他旅行的每一个城市似乎都有一个情妇。这个习惯的开始要追溯到他1499年第一次到国王路易的宫廷，当时是他与玛丽爱塔结婚以前，他与名为燕妮的一个有名的官妓有着火热的风流韵事，他称呼她为杨娜。

马基雅维里是一个不比那个时代的其他人好也不比那个时代的其他人坏的丈夫。他也确实是一个浪漫主义者、诗人和自由主义者。这可以在他与朋友的书信往来中清楚地看出。其中一例就是他给弗兰西斯科·维托利回的一封短信，弗兰西斯科·维托利在罗马与一位居住在他附近的女人陷入不正当的恋爱关系。马基雅维里建议他："我不得不告诉你我自己如何对待爱情。事实上，我让爱情顺其发展，我跟随它通过山川和河谷、森林和平地。我发现它赋予我更多的是诱惑力而不是困扰。所以拿掉马鞍，除去马绳，闭上眼睛说：'前进，爱情，我的带路人，我的领导者。'……因此，先生，开心点，不要沮丧，直面命运女神，紧盯着上苍和人间的一切，那都是时代和人类给你安置好的事情。"

马基雅维里好像也不倾向于隐藏他的性欲。这个态度非常符合他的世界观和他性格中强烈的反叛倾向。他常常有几分浪漫，甚至当他执行职业中最世俗的任务和追随习惯与传统时也不失浪漫。他的官方书信时常混合着旁门左道和非正统的言论。而且当他写小说时也使作品充满多多少少的非传统思路。一个例子是他的喜剧《曼陀罗花》，这里他宣告，"生命短暂/充满艰辛/我们熬着在生存、奋斗，/让愿望同在，/消磨年岁，/谁都在剥夺其快乐，/去忍受痛苦和担忧，/你晓得那世界的骗局，/通过病痛，/通过不知晓的意外事件，/制服了所有的人类。"

这样的自由主义是马基雅维里思想的一个方面，这造成了其推理和分析的直来直去。他是一个激进的思想家，并且尽力按照他的信仰生活。这在他的宗教态度上尤其明显。他不仅仅怀疑基督教，不仅仅没有宗教信仰，而且在许多方面是反对基督教的，他把正统宗教的神话从思想的地盘上打发掉。更为重要的是，他没有为基督教教义中那许多抑制纵欲的德性教义去浪费光阴。他在构建其政治理论的哲学框架特别是在《君主论》中表达其学说时，将个人的权力和自由放在了首位。马基雅维里轻视控制个人意志的教会或国家的思想。他在这方面是一个真正的革命者，是一个真正的哲学激进主义者。

马基雅维里生活在这样一个年代的意大利，与他之前和之后世代的人相比是幸运的，这里在一定程度上存在着宗教宽容。在几十年后反宗教改革时期如果他表达他的观点，他将冒很大风险。他的观点也将扰乱14和15世纪的国教。虽然如此，他几乎逃脱了教会的责难，但是他的观点使人们感到不快，其中冒犯最大的那些人之一就是萨尔维亚蒂，他是一个过分规矩和虔诚的人。

萨尔维亚蒂和他的支持者尽力利用马基雅维里著名的自由思想家观点去制造麻烦。他们有可能利用犯罪审判机关奥托·迪·伽底亚（the Otto di Guardia）去恶毒攻击他，那时公众可以到伽底亚去匿名指控其他公民。1510年5月，伽底亚收到这样的指控："尊敬的议员，这里你被告知，尼科洛你这个贝尔纳多·马基雅维里的儿子，在有名的雷齐亚之处强暴卢克利希亚。审问她便会知道真相。"

这样的指控是非常普遍的，几乎常常因为私人小恩怨的因素而出现。大部分因为主观臆测和没有证据而被忽视，但指控像马基雅维里这样的公众人物可能给他带来难题。犯强奸这种罪行要移送到特别的诉讼机构（Ufficiali di Notte e Conservatori dei Monasteri）进行处理，并且要处以罚款。强奸尽管违法但也得到宽容，因为那些指控多半含糊其词，或者是一些不得要领的证据。在这种情况下，那些长官也敷衍了事地说几句就过去了，马基雅维里没有受到与强奸罪有关的任何调查。

虽然他们发现他在国外丰富多彩的性生活很有趣，但马基雅维里的朋友尽力提醒他要更谨慎。当他跟随尤利乌斯在翁布利亚、罗曼亚周围时，乔万·巴提斯塔·索德里尼写信建议他，"注意过分放荡可能不是好事"。

在佛罗伦萨政治家的小团体中流传的淫秽谣言和闲语也助长了上述评论，这起初是萨尔维亚蒂和他的朋友引起的。在索德里尼写信的一个月后，比阿吉奥·波拿柯尔西写信给马基雅维里，提出他自己的警告："我不想忽视告诉你，虽然我能把它拖延到你回来，那流言是通过某个在场的人、还不只是一人加以传播的。那时，阿拉马诺正在比波那，与里多尔菲一起用餐，当时在场还有许多年轻人在议论你，他插话说：'我全然不会把任何事委托给那个流氓，因为我曾经是十人委员会之一。'兴头好的话议论还会继续下去。提到这个，即使你确实不完全清楚他的观点，你也得在这里亲自证实一下。我能写给你许多其他事情，但当我们面对面时会更完整地告诉你。"

"流氓"这个词在那样的背景下也是怪模怪样的。萨尔维亚蒂也许仅仅用这个词来指责马基雅维里的政治计划，但有两件事情表明这更多的是一种私人攻讦。首先，他不能公开合理地去批评马基雅维里的工作或他的行动，因为他没做错事；萨尔维亚蒂和秘书在政治观点上意见相左。更重要的是，虽然这个特别的词语用在一个非正式的聚会，可能是酒后醉言，但其中强烈暗示萨尔维亚蒂在指责佛罗伦萨秘书的品质缺陷。

马基雅维里有充分的理由可以不必太在意萨尔维亚蒂对他德行的看法，但比阿吉奥信中最后一行一定让他踌躇。他的朋友提醒道："你也得在这里亲自证实一下"。比阿吉奥提到政府中重要官吏的定期选举，包括第二国务部秘书和十人委员会秘书的选举。马基雅维里常常关注这些选举，特别当他离开为共和国处理工作时。1506年的那些事情可能是他担忧的来源，即使他与索德里尼的结合非常稳固。

他与正义旗手的亲密关系必定让他有些放心，但他彻底意识到政治变幻无常的本质。他喜欢索德里尼但认为他不太聪明并且优柔寡断。此外，虽然这个人被赋予终身正义旗手的显赫头衔，但马基雅维里完全意识到如果现存的政权瓦解了，那将意味着没任何作用。也正因为这点考虑，他非常不愿意放弃与萨尔维亚蒂的关系，也没有停止去尽力修补相互间的裂痕。他的这一努力最终失败了，而且他与索德里尼的亲密联盟将变成他的政治生涯毁灭的主要因素。

1506年，上述问题好像是遥遥无期的事情，但它们正在向马基雅维里逼近，虽然那时其事业还未到达巅峰。在他回佛罗伦萨的几个星期里，他发表了一个详细的文件《论佛罗伦萨国家军队的纪律》（*Discorso dell'ordinare lo Stato di Firenze alle Armi*），其中谈到如何最好地管理公民兵和如何通过建立战争和军事事务专门委员会来使它处于政府的控制下。

在这段时间，执政团也恰恰在考虑建立这样一个部门的建议，政治家们正在寻找一种适当的模式，他们作这种考虑与马基雅维里发表自己观点、精确分析之间没有什么关系。到12月6日，新的政府部门建立了，命名为"佛罗伦萨军纪和军队九人委员会"（Nove Ufficiali dell'ordinanza e Milizia Fiorentina），或简称"九人委员会"，马基雅维里任秘书。

没有留存萨尔维亚蒂对于这个新职位的看法的纪录，但其他人因为这一消息而高兴。马基雅维里最强烈的支持者弗兰西斯科·索德里尼好心地说："我们认为在佛罗伦萨很长时间都没有做过与这件事一样有价值和完好的事情了"。不用怀疑他正在帮其兄弟——正义旗手说话，因为正义旗手不能自己开口说这样的话。

马基雅维里现在是三个重要政府部门即第二国务部、自由与和平十人委员会、军纪和军队九人委员会的秘书。他的官运正在上升，就好像过去八年一直没有什么挫折似的。但是，有一件事情已经发生了变化：那就是马基雅维里现在有了强大的敌手，而且为了生存他将不得不小心行事。

第七章
百感交集

对于马基雅维里来说，1507年至1510年是一段各种事情混杂的岁月。这里有他最成功的政治实践，也有不断增长的问题、危险。1507年之夏，也就是马基雅维里38岁的时光，那时与玛丽爱塔结婚已有6个年头，还是3个孩子的父亲。他在佛罗伦萨的国家体制中占据高位，同时是3个政府部门的秘书。他被视为正义旗手皮耶罗·索德里尼的亲密伙伴，他也有可依赖的、靠得住的朋友，这些朋友同样敬重马基雅维里，他们有比阿吉奥·波拿柯尔西、瑞奇·奎恰迪尼（他早年就是好朋友，不要与弗兰西斯科·奎恰迪尼相混淆）等。他还被视为那个时代意大利最有学问的政治理论家之一，在他的论著中有着赞美暴君的言辞和格言之类。

但在这样的年代里，尼科洛·马基雅维里过着双重的生活，这种两面性的生存在其佛罗伦萨政府中最风光的时候也成为不幸的预兆。其中一面是马基雅维里在出色的工作中表现出的爱国忠诚；另一面就是他爱在生活中表现那些丑陋的事宜。就是这样的一个人：堕落与诗人、实干家与神秘家混杂在一起。

马基雅维里的生活是许多不同角色的汇集，他既是国家的公仆又是诗人；既是政府官员又是艺术家；既是正宗的外交家又是一个有逆向思维的思想家；既是一个体贴的父亲又是一个放荡不羁的人。人们会惊奇地发现，正是这样一个人对时代精神有着如此正确的分析和判断。他渐渐地变得不再那么小心翼翼了，也不太在意周边那些对他不寻常事情感兴趣的人了。可能他的这种自以为是来自于这样一种事实：索德里尼在赞助他，他也明白因其工作异常出色而赢得许多人的尊重。但佛罗伦萨是一个小城，像马基雅维里那样只能靠自己能力存活而没有其他财富可依赖的人会很容易树敌。马基雅维里也意识到这点，他会极力弥合与以前赞助人之间的隔阂。

　　萨尔维亚蒂与这位国务秘书第一次反目成仇是因为马基雅维里通过政府和正义旗手组建军队这件事情。但他很少直接去伤害马基雅维里，只是散布一些谣言，极尽能事地诋毁他。然而，当马基雅维里的公民兵计划受到欢迎，并被任命为九人委员会的秘书，这时萨尔维亚蒂再也抑制不住心中的怒火。很快他就成功地让佛罗伦萨的贵族起来反对马基雅维里，并把他描绘为一个跳梁小丑，是靠欺骗来获得超份的社会地位的。1507年6月，那时正在决定由马基雅维里领衔组成一个公使团去神圣罗马帝国，这距马基雅维里上次出使已经有十多个年头了，由于萨尔维亚蒂恶毒的想法和他的政治影响力，马基雅维里第一次在任命问题上受到阻梗。

　　那时的神圣罗马帝国根本无所谓神圣可言，只不过是一个非常松散意义上的帝国而已。那时有很多小城邦附属于它，那些城邦是10世纪时合并在一起的，同时由今天的法国东北部、德国、比利时和卢森堡等组成。皇帝由选举产生，权力有限，因此他更多的时候是一个傀儡，而不是一个传统意义上的帝国统治者。在作出重要的政治或军事决策时，他还需要咨询由帝国各城邦首脑组成的帝国议会。

　　1507年，那时神圣罗马帝国皇帝、哈布斯堡的麦克西米连一世正好48岁。他娶了勃艮第公爵大胆查理的独生女玛丽，通过这次联姻他得到了尼德兰。1486年当选帝国皇帝后，他就将他的生命融入政治阴谋和军事战役之中。但他既没有超凡的魅力，又没有在战略上取得特别的成功。他为了扩张帝国影响而与其他欧洲强国（如法国和西班牙等）进行竞争，但是收获甚微。他获得小丑这种并不完全公正的名声。马基雅维里在《君主论》中这样评论他："为现任皇帝麦克西米连服务的卢卡主教这样说他的陛下，认为他做事不与任何人商量，随心所欲，而这种情况之所以会发生就是因为他做了上面这些不妥的事情，他从不雇佣那些有不同看法的顾问。皇帝是一个行动诡秘的人，从不告诉别人他的计划，也不接受任何建议。但他的计划一旦付诸实施，就会路人皆知，周围是一片的反对声，于是只好草草收场。结果是今天做这明天又做那，谁也不知道他想干些什么，人家根本没法去信任他的想法。"

他的军事努力不足为谈，但麦克西米连看上去从不缺乏自信。1507年春，他召开康斯坦茨帝国会议，要求为了德意志的荣誉，联盟中各强大的成员要联合起来复兴神圣罗马帝国。他成功地聚集了庞大的军队和资源，去干涉欧洲范围的政治事务。面对这些支持，甚至那些把麦克西米连看作只会坏事的人也被迫打点起注意来。

在佛罗伦萨，政府认识到麦克西米连一再地干预意大利政治可能会使半岛上脆弱的权力平衡又动荡起来。他们认为麦克西米连是一个蛮干的人，而且有很强的权力欲，只相信他自己是成功的，而别人特别是法国人都已经失败了。他将会横扫整个意大利并将其并入帝国的版图。

这种看法给所有人敲响了警钟。法国人立刻意识到，只要麦克西米连在意大利哪怕取得一点进展，他们在那里的地位都会受到最大的威胁，他们的影响就会受到妨碍。好斗的尤利乌斯二世从他的角度来看，已将麦克西米连作为他的一个致命的威胁。因为他相信，出于某种原因，神圣罗马帝国皇帝还希望将教会的首脑也合在其名下，从而成为欧洲真正的主宰。同时，那些小国包括佛罗伦萨在内的领导者则得出这样的结论，即它们会在大国纷争中陷入困境，其财富也会从可能开始的战争动荡中被毁掉。因此让人毫不惊异的是，在1507年初夏，即康斯坦茨大会召开后不久，各国特使就陆续穿过意大利来到麦克西米连的宫廷。

同时代的评论家弗兰西斯科·奎恰迪尼记录了这突如其来的惊喜："佛罗伦萨知道法国国王已确信麦克西米连在干什么勾当，并下令做好一切准备；佛罗伦萨又知道教皇和威尼斯已派出特使前往德意志，这就使许多佛罗伦萨人得出结论：认为这是非常要紧的关口，并商议也应当派一个代表前往。通过皮耶罗·索德里尼的干预，他想让他信任的人去，马基雅维里被选中了。"

然而，这一次任命并没有像马基雅维里和他的支持者想象得那样顺当。阿拉马诺·萨尔维亚蒂认为新的使团问题是他干预正义旗手事务的天赐良机。他成功地说服了大议事会里多数人起来反对索德里尼的决定，并提议由他们自己的候选人———一个青年贵族来充当特使。萨尔维亚蒂声言，应该给年轻人提供机会为共和国效力。奎恰迪尼写道："这时马基雅维里正在做去德意志的准备，许多很有头脑的人也开始叫嚷着应该让其他人去，因为有许多体面的年轻人更适合去德意志，而且这还可以让他们增长经验，对他们极有好处。"

当然，萨尔维亚蒂极少注意到弗兰西斯科·维托利，正是这个年轻人被选上了，他代替马基雅维里出使。萨尔维亚蒂也知道佛罗伦萨国务秘书有能力在德意志干好工作，他那样做只是想给索德里尼及他所喜欢的人设置障碍而已。

虽然马基雅维里的傲气受到了挫败，但就许多方面而言，这次变动对索德里尼的打击要远胜于马基雅维里。马基雅维里很敏感，并没有在公开场合表示伤心。而他的朋友们则感到他这时需要帮助，都用令人宽慰的话给他写信。他的朋友阿里桑德罗·纳西，一位因公去卡西那的佛罗伦萨特使就在一封信的开头这样写道："我善良、不幸的朋友马基雅维里……我很高兴你离开帝国的使团，我相信这是一件好事。特别是对你来说待在佛罗伦萨比在德意志好多了，我们商讨一下什么时候再聚会吧。"

具有讽刺意味的是，事情很快变得清楚起来，麦克西米连那里的问题太大，以致简单地派遣一个像维托利那样毫无经验的使节去德意志根本无法解决。这个年轻人很快从德意志宫廷传回关于德意志皇帝正在准备战争的消息，这使许多佛罗伦萨人陷入恐慌。萨尔维亚蒂可能是最大的恐慌制造者，可能是他得到了在麦克西米连宫廷中内线的密报以及看到了一些送给正义旗手的官方报告。8月，佛罗伦萨政府听说教皇正派一名高级官员去会见德意志皇帝。很快就有消息传来，麦克西米连想从佛罗伦萨拿到不少于50万杜卡斯的钱，确保其军队对佛罗伦萨的保护。大议会立刻同意，并派马基雅维里火速前往帮助维托利。

马基雅维里去德意志宫廷的使命看起来是令人沮丧的。他对日尔曼民族的生活方式充满了好奇，但对他们的节俭、艰苦和遇到的粗鲁很少关注，所有这一切与他在意大利所熟悉的美感和生活品位大相径庭。他在那儿度过了一个寒冷的冬季，没有看到瑞士山脉斜坡上春天的鲜花，也没有看到在6月的阳光下环绕着的生气勃勃的德意志村庄，而这些感受很少能减轻他在宫廷中不愉快的光阴。

如果这是不愉快的经历，那也是很有教益的。在萨沃伊和日内瓦，马基雅维里度过了1507年的圣诞节。他学到了更多的关于军队方面的知识，特别是他目睹了一个完全不同的文化如何组织军队，后来他把这些写进了《君主论》。他写道："德意志的城市享受着不受限制的自由……他们控制着有限的领土，只在他们愿意的时候服从皇帝。他们很少惧怕皇帝及任何邻国的君主，他们如此坚强以至于每个人都知道要想灭掉他们将是一件持久、困难的事情。他们有完美的护城河和城墙，有充足的军火以及能够维持一年的酒、食物和燃料。除此之外，每一个德意志城市都以城市不受损失而普通民众又能满足需求为前提，为那些从事商贸养家糊口的市民提供必要的供给并使城市保持活力。军事训练总是被放在很高的位置上，他们有许多的法律和机构为他们服务。"

1508年初，马基雅维里到达波尔扎诺，麦克西米连将临时宫廷设在那里。尽管他是在令人忧虑的环境下被派去帮助维托利，他还是很快就与这位年轻的大使保持了牢固而持久的联系。两个人从一开始就发现了许多共同点，几乎形影不离。维托利很高兴让马基雅维里写与麦克西米连会面的报告，而他只是在将其送往佛罗伦萨之前署名而已。同时马基雅维里考虑到他的同伴年轻、经验少这个事实，亦显得宽宏大量和乐于合作。

执政团根本不关心如何对麦克西米进行支付的形式，但也得承认谋划此事的空间很小。佛罗伦萨的兵力太少又缺乏经验，根本无法去对付皇帝集结起来的如此强大的军事力量。无论如何共和国得依赖法国的支持，关于能够得到法国支持这一点，索德里尼还是有信心的。萨尔维亚蒂想尽可能快地去安抚、满足法国的要求，而正义旗手还试着劝说政府以拿出三万杜卡斯的姿态来回应麦克西米连的要求。

马基雅维里把这种姿态几乎看作一种侮辱，但他也不能要求他的上司重新考虑，接下来开始的政治与外交的争夺是这位国务秘书所熟悉的了。佛罗伦萨政府拖延时间等待法国的援助；马基雅维里（注意是两人，还有维托利）则按照指示尽量玩安抚和搪塞的游戏；而这个以自我为中心、夸夸其谈的皇帝则试图尽快解决问题，让局势逐渐回到他的掌握之中。

谈判拖延到1508年春，使团跟随宫廷来到了特洛尔，在去波尔扎诺和特伦特之前还在因斯布鲁克逗留了一段时间。维托利在一封给十人战事委员会的信中宣称，他觉得"尽管他们身处孤岛，掉进了沮丧的深渊而深感不适，不过还是让马基雅维里独自去谈判吧"。到了3月，形势明朗起来，皇帝的计划尚未完成。法国还没有进行干涉，虽然曾明确表示不会弃佛罗伦萨于不顾，但麦克西米连的军队只是短暂地成功将威尼斯打了回去。他们在随后一系列失败中受到羞辱，拱手让出了比最初拥有的还要多的土地给敌人。

佛罗伦萨人受此鼓舞，在谈判中有了更强的筹码。但即使这样，他们仍然小心谨慎。执政团里的许多成员开始疑虑，不管怎样麦克西米连都会进攻佛罗伦萨，这仅仅是一种信号或是一种蓄谋已久的敲诈。但佛罗伦萨人在谈到这个冒险时没有方向，他们在中部的军事力量太少，太脆弱。除了拖延时日等待更强大的援助来缓和这种情况，他们能做的就是希望法国的许诺成真，这样他们就可以挑拨两个大国互相争斗。

春末，由于麦克西米连自己的无能和马基雅维里的机智，为保证共和国安全支付的钱款降至四万杜卡斯，分四次偿付。马基雅维里还成功地拖延了第一次付款的时间，此时执政团还在等着瞧是否命运会在他们那里。6月16日，马基雅维里以极快的速度骑马从波尔扎诺经过波伦拿，随即回到佛罗伦萨，而见到家人时并无太大喜悦。

麦克西米连陷入威尼斯人的困境和法国人的阻挠之中，但很清楚他不会放弃对意大利的野心。他的军队被少于其数量的威尼斯军队击败这件事激怒了他，并且还恼怒威尼斯不仅留住了早已属于它的领土，而且还通过金钱交易扩充了地盘。同时与执政团站在一起的一些人也开始争论，认为佛罗伦萨政府用大量的金钱来平息事端的做法既令人感到屈辱又无用。他们要求知道，如果军队从来都不去使用，为什么还要花钱来建立它，还让他们在政治事端中感到痛苦？更糟的是，在与麦克西米连冲突的平静期，佛罗伦萨人开始使用他们惯用的伎俩，将注意力转向比萨。这次，支持马基雅维里建立军队的人和反对者都要求用这支军队来对抗他们的宿敌。

至1508年，比萨已经被围困超过了10年。确实，马基雅维里任职第二国务秘书时没有在比萨问题上少费心思，早先他为政府做的一些工作都有助于解决比萨问题。秘书热衷于创建一支军队的原因之一就是有朝一日能用它解决围困问题，让这座丢失的城市重新回归佛罗伦萨所有。对比萨又有了兴趣这条新闻不是来自马基雅维里，而是来自执政团中有影响力的那些人物，这给了马基雅维里一个展示他的军队并证明其有用的绝好机会。

马基雅维里没有让人失望。1508年的整个秋天，马基雅维里穿行于佛罗伦萨的乡间为新的对比萨的战役征税，他征募军队并监督那些已经上报参战的营队的训练。8月21日，士兵们向比萨进军，扎好营盘，计划着在冬季进行围困的方法。1509年1月中旬，马基雅维里和他军队中的1 000人被安排驻扎在木里那·迪·阔萨。在那里，他们行军至费乌米摩托河口。阿诺地区连同所有地区的河道已被关闭，桥梁有人把守，现在算是完全被包围了。

马基雅维里在军队中一直有很高威望，他与其他军人之间关系和睦，他们都听命于他。当十人战事委员会要马基雅维里加入由尼科洛·卡波尼（最近接替唐·米切莱托作为军队指挥官）指挥的更安全点的兵营时，他回答道："我知道那里的军营会更少危险和艰苦，但如果我想到危险和艰苦，我就不会离开佛罗伦萨。因此，让我留在这里和军队守在一起，与长官们一同处理那些可能发生的事情；在这里我还有点用处；而到了那里我一无所用，我会在绝望中死去。"

在此我们可以看到马基雅维里的爱国热情和大无畏的勇气，我们应该记得他并不是一个军人。马基雅维里没受过军事训练，他知道的行军打仗的那些事情都是他自学的，还有从他的指挥官，（像唐·米切莱托和卡波尼）那里学来的。马基雅维里把他一生中的大部分时间都花在写作和谈判桌前。这里，我们又发现他争着要留在肮脏、疾病与随时都会来临的死亡威胁的前线。十人委员会也不得不承认："（你）翱翔在军队的每个角落……我们将所有责任都放在你的肩头。"正是马基雅维里的爱国主义指引着他建立军队的信念，也是同样的爱国主义现在迫使他面对真正的危险和违抗命令。十人委员会知道他是哪一类人，但其他人还有正义旗手的敌人却想着别人为他们的利益卖命。因此，萨尔维亚蒂和政府的另一高级官员安东尼奥·达·费里卡亚作为监督行动的特使被派往比萨。

马基雅维里与萨尔维亚蒂立刻发生了冲突。萨尔维亚蒂为这样一个事实感到生气：士兵们对佛罗伦萨的秘书表示的尊敬远胜于他们这些重要人物。这样有很多次，士兵们像马基雅维里一样言行轻率，愤怒的爆发使得他在马基雅维里背后进行侮辱。马基雅维里知道这事后，给萨尔维亚蒂写了一封言辞激烈的抱怨信。萨尔维亚蒂立即否认这些指控，并用极端厌恶的口气宣称："虽然他们（士兵们）承认你的权威，你也不必要总是表现出可以命令他们的样子。我同意他们爱你，尊敬你，因为你每天都跟他们在一起，他们会更加顺从且知道那是他们必须做的。"

整个春季和初夏，佛罗伦萨军队屡次进攻城市的城墙，在城墙外的村庄和小镇将比萨的军队分成了几段。包围变得很坚实，而且数次攻击完全击垮了防御者的精神，让他们感到泄气，因此6月初他们准备投降。没有更多的流血或在军队中有任何不守纪律的行为，比萨很顺利地被佛罗伦萨接管，马基雅维里在其中起到了关键作用。

阿格斯蒂诺·维斯普奇写信给马基雅维里说："尊敬的尼科洛……在这里无法表达有多么的高兴，有多少的欢欣鼓舞和快乐，大家都在传递重新收复比萨的消息：在某种程度上可以说人们都高兴得疯了；城里到处是篝火，虽然现在还不过是下午3点；想想他们要这样直到深夜。我想说唯一欠缺的事情就是上苍也来展现这些快乐了。尽管这样，都难以表达人们的快乐之情。"

几天后，佛罗伦萨特派员腓力蒲·卡萨维奇亚在一封信中祝贺马基雅维里："我希望你从收复那座城市中得到一些好处。老实说，在很大程度上是你的原因造就了此事。"

在佛罗伦萨的资深政治家们都明白收复比萨应归因于马基雅维里。像保罗·维特利、埃克尔·本蒂沃格利奥和那些提出转而进攻阿诺地区的天真想法的人们都失败了，马基雅维里用他训练有素的军队取得了成功。但并不是所有的人都对此满意。马基雅维里的朋友和政治同盟大声赞美他，他的政敌只能变得更加愤怒，因为他们不能再说对马基雅维里的能力、努力和爱国之类表示反对的话了。极具讽刺意味的是，马基雅维里尽自己的全部努力为家乡赢得了这场战争，却几乎没能得到真正的官方的承认。正义旗手和他的朋友们赞扬马基雅维里，但只有两个特使萨尔维亚蒂和费里卡亚在战争胜利后到达比萨，主持投降仪式和接受花冠。是他们而不是马基雅维里，紧随着卡波尼把名字刻在了位于战场上的大理石纪念碑上。

马基雅维里的朋友们试图劝说他与萨尔维亚蒂重归于好，尽管事实上他并没有做出任何事情来故意反对他的政敌（除了那些他们意见相左的事）。马基雅维里仍然作了真正的努力想平息事端。9月，马基雅维里用他高超的技艺给萨尔维亚蒂写了一封措辞严密的信。在信中，他详细分析了佛罗伦萨所面临的政治形势和他见到的整个意大利的情况。在关于麦克西米连是否会很快进攻帕多瓦这个特别事项上，他描述了战争的主角和配角各自会做何种打算，讨论了目前的政治格局和可能的结果。还用谦逊的口气提出了几点建议，建议佛罗伦萨在意大利动荡的政治局面下所能获得最大收益的方法。他把他的信作为"一个小礼物"呈献出来，很明显也是想缓和他们之间的紧张关系。

虽然萨尔维亚蒂认为马基雅维里的背叛对他造成了伤害。不过在萨尔维亚蒂看来，不仅国务秘书反对那些给过他最初动力的人，而且其放荡的生活对一个真正的政府官员来说也是不适当的。因此，马基雅维里尽其努力写的这封信得到的回报是打在自己脸上的又一个耳光。

表面上，萨尔维亚蒂的答复是一封看上去相当有分寸的信函，只是有一点居高临下的态度，不过作者是在欧洲都享有极高声誉和阔绰的人之一，马基雅维里只不过是一个有一点小聪明和外交经验的卑微之士，是中产阶级。然而更精确点加以分析，萨尔维亚蒂的反应充满了嘲讽和轻微的厌恶及愤怒，他的评论反映出他所在的派系对马基雅维里的态度。

在信的开头，他说："主啊。我最亲爱的尼科洛，我收到了你给我诚挚的信，特别是从中我看到了你在心中时刻记着我。对此我诚惶诚恐。"接着便宣称："我认为我们的职责就是向上帝祈祷，让上帝把最好的赐福给我们，而不是希望从中得到什么对其他人的评判；虽然我不知道这个结论是否是你所想要的，这倒不是我怀疑你缺乏信仰，而是你确实没有在这方面留下太多的东西。"

这种教诲式的语气可以解释成友好的聊天，但我们应该想想，萨尔维亚蒂在那种情况下写信的目的就是厌恶马基雅维里，因此他的真正意思是：谢谢你写这封信，很显然你想让我感觉到你是如何关心公众事务，你是想用这些进言来试图平息我。

萨尔维亚蒂下面的话包含了更明白的攻击，因其被马基雅维里的反基督教的态度所激怒。他说："和你的分析一起下地狱去吧。你以为你是谁？人类和国家的命运是掌握在上帝手里的，而不是人民建立了国家，甚至也不是那些领导者们。当然，你不会相信有一个上帝的存在，不是吗，马基雅维里？"

但如果上述技巧还不够的话，萨尔维亚蒂还留有更令人难堪的惯用攻击手法。他在回应马基雅维里的长篇大论时这样说："如果我让你满意了，我会十分高兴……如果我漏掉了什么的话，我会让我的老师来补齐它……上帝保佑你。"换句话说，如果我对你的教训的反应还不够，你，杰出的老师，会知道我漏掉了什么，而且会原谅我的。

我们没有文献表明是否有那么一个证据能够从中看出马基雅维里读信后的反应。他或许在字里行间清楚地意识到萨尔维亚蒂如何再次明显冷落他的意思。可能他接受了这样的事实：那就是他们的关系已经到了无法挽回的地步，他只能被迫地行事了。两人之间从来就没有真正和解过。这次交流之后不久，萨尔维亚蒂随军扎营在比萨附近的沼泽地时因感染疟疾死去了。

在马基雅维里写这封信并收到萨尔维亚蒂回信这段时间，这位国务秘书正在为另一次国外旅行做准备。在一个短暂的平静之后，精疲力竭的意大利政坛又在准备着上演另一出好戏。麦克西米连为年前佛罗伦萨人许诺的第一次支付款项事宜而展开施压，并再次集结了军队，这次行动在整个欧洲引起了更深的忧虑。马基雅维里在10月上旬出发去曼图亚，并从那里骑马到位于维洛纳的神圣罗马帝国的宫廷。

1509年初夏，麦克西米连已成功地劝说了阿拉贡国王、路易十二和尤利乌斯二世与他结成坎布莱同盟（the League of Cambrai）以共同对付威尼斯人。后者现在正管辖新取得的领土并嘲笑皇帝无能。主要依靠法国军队，法国、阿拉贡、皇帝和梵蒂冈的联军在一系列的战斗中胜过了威尼斯人，并将之赶出了伦巴第。这也促使马基雅维里在《君主论》中写道："在那一天的战斗中（指法军与威尼斯在吉阿拉达达的战役），威尼斯失去了它在800年中艰难获得的土地。"

一切还未结束，在夺得伦巴第的胜利后不久，教皇、法国国王和阿拉贡国王决定快速撤军以便他们能把注意力集中在各自的计划上。可以肯定，麦克西米连曾经召集过的外国军队不会再来帮助他了。几周后，怨愤的威尼斯人卷土重来，重新夺回失去的土地。

麦克西米连的骄傲还是比不过他的莽撞。在没有支援的情况下，他立即派出大批军队越过国界进入伦巴第去攻击胜利了的威尼斯人，这使他再次陷入困境。他的军队人数远胜过威尼斯的雇佣军，但是他们的技术、高超的战略、装备和地区作战经验与人数并不相匹配，他的军队溃败了。

在交了佛罗伦萨的献金后，马基雅维里就跟着皇帝在伦巴第打转，其时皇帝的军队先是与威尼斯人交上了火，接着是后退，被击败。执政团开始担心曾遭到威尼斯人羞辱而无地自容的皇帝会转而在共和国的头上出气。当事态表明麦克西米连又行事冲动起来时，对皇帝没有任何信任感的佛罗伦萨人开始聪明地行动了。任务自然又落到了马基雅维里的身上，让他到麦克西米连在维洛纳的宫廷去执行外交和间谍的双重任务。

　　在给执政团的一份报告中，马基雅维里叙述了他早先在德意志所造访的皇宫。这份报告即《关于德意志的报告》(*Rapporto delle cose dell'Alemagna*)。马基雅维里在其中详细描述了皇帝的外貌，把他形容为一个"毫无才气之人"，如果他真能坚定自己的性格必将成为一个"最完美的人"。但由于麦克西米连深受那些小君主和当地城邦主的影响而将神圣罗马帝国弄得支离破碎，他很少作出他自己想要作的决定。他被国内政治所束缚，他的所有计划必须得到成员国的同意才能实施。单就这个原因，麦克西米连只能被看作"一个平庸的君王"。

　　1509年晚些发生的事情再一次证明了这一点，麦克西米连对他在康斯坦茨帝国议会上提出的计划遭到失败而暴怒。现在他几乎无任何权力，只能由庞大军队的决定说了算，特别是由法国和教皇说了算。1509年12月，在最后失去他们的支持后，他被迫屈辱地回国，他的计划彻底破产了。

　　即使这样，马基雅维里仍然不认为来自麦克西米连帝国的威胁已经过去。他在维洛纳悠然自得的几个星期里已经感觉到意大利政治势力结构有了某种变动。这种变动并不明显，但马基雅维里对这类事情特别敏感，他应该是仅有的能觉察到那种变化的人。表面来看，在伦巴第的威尼斯发生了一些小的摩擦，然而接踵而至的将是重大的事件。马基雅维里认为，尤利乌斯二世这位欧洲权倾一时的指挥官——神圣罗马天主教会的精神领袖，正准备利用麦克西米连的失败大做文章。

在维洛纳的使命结束了，马基雅维里仍然在沉思这件事情。他计划回到佛罗伦萨就将所想的写下来，把他的担忧呈给上司。12月29日，他准备结束旅行回家，这时已经错过了与家人共度圣诞节，马基雅维里就在波伦拿多待了几天，他收到一封比阿吉奥·波拿柯尔西的信，要他停止回程。

信的地址是送给"尼科洛·马基雅维里，尊敬的兄弟……不管他在哪里"。信的开头说："尊敬的尼科洛，我写这封信来打扰你是因为以下要叙述的事情是如此重要，不要认为这是开玩笑，也不要忽视它，不要从你得到我消息的任何地方离开，因为这样会成为你避免伤害的最有力的良方。"比阿吉奥继续写道："明天将是那个带着面具的人和两个目击者进入监督公正机构（Ufficiali di Notte e Conservatori dei Monasteri）的第八天了。他们通知官员，如果他不给他们一个说法，他们就会提出抗议。那表明，如果你是你父亲所生，你就不能进入政府部门工作。虽然这事情在过去早已提到过，法律也是给了你支持的。不过时代的本性和众人喜欢在此类事情上幸灾乐祸、到处散布谣言、制造麻烦的本性，这些不会给事情带来什么好结果，所以要格外小心，细加处理。从朋友们告诉我这件事到现在，我就日日夜夜操心着此事，以便找到能够软化这些人的办法。法律总是有空子可钻的，那些反对你的人又在伺机寻找恶毒的解释，事情已经有点好转。不过你的敌人太多，事情不会平息。现在这事传得到处都是，甚至在妓院里也能听到。"在结尾处，真诚又有点激动的比阿吉奥恳求他的朋友待在这封信能够到达得地方。"就这点希求了，是由一个喜爱你的人，也是值得你高度关注的人的希求……"（这里指的是正义旗手索德里尼——译者注）他称："就待在你现在的地方，别到其他地方去。因为事态正在平息，毫无疑问你不在佛罗伦萨要比在那里会得到一个更好的结果。"

比阿吉奥所说的事情实际上是非常站不住脚的一个企图，是萨尔维亚蒂的朋友和支持者想毁坏马基雅维里的名声而想出来的。它之所以出现是因为那时的佛罗伦萨存在一个奇怪的言论系统，就是允许市民发表他们对任何事的看法，把他们的牢骚写出来，放在一个特别设计的"圆桶"（tamburi）或"真言口"（buchi della Verità）盒子里。这个盒子散布在城市各个角落，这样市民们就可以说他们喜欢说的任何人和事。今天，这个发明被认为是那个时代人文主义思想意识的一个副产品和民主管理萌芽的一个因素。佛罗伦萨正在朝民主的方向前进，但是，毫无疑问，这种做法也公开被滥用了。

早在1476年就有人匿名用"圆桶"（tamburi）控告列奥那多·达·芬奇有鸡奸行为，并导致了对艺术家明显无罪的审判。在马基雅维里这件案子中，我们也可以设想，有人宣称他是一个无神论者，道德松弛，这些说法都太模糊却得到了法律的注意。他的反对者也不想跟他在法律上长期对决。在国务秘书的工作上找不到任何失误，他们就抓住另一点，即法律上宣布如果一个人是税务上的债务人，其儿辈就不能在政府部门担任任何职务。贝尔纳多·马基雅维里恰恰就是这样一个债务人。然而就比阿吉奥所知，这件事很早以前就解决了。1509年的申诉完全没有合法的根据。想必马基雅维里早在得到第二国务部工作前10年就已还清了他父亲所欠的债，已经没有什么可以指责他的了。这个耸人听闻的事件完全是编造的，目的是让马基雅维里陷入巨大的难堪之中。

如果这就是那些人的目的，那么他们就成功了。正如比阿吉奥所说，这件新闻立刻传遍了城市的大街小巷，在最短的时间里成为人们讨论的热门话题。马基雅维里并没有什么真正的危险，因为在法律上没有任何证据判他有罪。也因为他得到了正义旗手的支持，就像比阿吉奥在信中提到的，正义旗手几乎可以肯定是一个"喜爱你的人"。

那个恶毒攻击马基雅维里名声的人受到了警告，但马基雅维里认真看待此事，愿意推迟几天他的旅行。1月2日，马基雅维里抵达佛罗伦萨，立刻回到国务部工作，想尽量驱散那些由他的敌人所带来的阴郁的空气。他现在明白了，那些人现在变得更加大胆、无所顾忌地轻视他，并找机会羞辱他，想证明佛罗伦萨的秘书是不适合担当如此重要的职位的。

当马基雅维里面临这项私人案件的同时，他正在构想一个更大的图景。他继续分析在伦巴第看到的事情，把每天从法国和欧洲其他地方传来的新闻合在一起研究。回到佛罗伦萨，他开始收集从间谍（如阿格斯蒂诺·维斯普奇）那里得来的情报，并将此与他自己对教皇尤利乌斯二世的研究合在一起。然而，即使作为政治理论大师的马基雅维里也没有料到，一位教会军阀的图谋和马基雅维里自己在政治场合上的缩手缩脚会合在一起完全毁了他的一生。

第八章
囚禁

在教皇的政治举措对马基雅维里的生活和工作产生不利影响之前很久，他就对尤利乌斯二世产生反感了。这种憎恶部分是由教皇那可憎恶的性格引起的，但马基雅维里总是保持一定的距离来观察当时教皇将自己比作军事领袖和精神指导者的做法，他反对基督教，也反对教皇认为的能够同时掌握世俗权力并影响一个国家的政治生活。当一个法国将领向马基雅维里吹嘘说任何同教皇势力的军事冲突都会演变成一次去罗马的短途旅行而不是一场战争时，他反驳道："这确实是大家愿意的事情，因为那样的话神甫们就要吞下这个世界苦涩的药片了"。

然而马基雅维里最不喜欢的是教皇的处事方法和动机。与此不同，他很钦佩恺撒·波吉亚的冷静，他将这个人看作最高的统帅，是权力的主导者和君主。在他垮台之前，作为一个几乎是被精神疾病缠绕的人，瓦伦蒂诺公爵显得无情、会算计并且异常聪明。尤利乌斯拥有所有这一切，但他的行为却由于个人性格的不稳定而变得异常阴暗。他缺乏耐心，没有纪律性，陷入狂怒之后做出糟糕透顶的决定，所有这一切让马基雅维里认识到尤利乌斯真正的也是唯一重要的价值只在于他是精神领袖。这就决定了他的地位，正如奎恰迪尼对他的定位，"是病态意大利的不幸工具"。如果没有这份精神世界的礼物，那他就是一个完全不起作用的人。

　　马基雅维里很清楚这一点，当他写到教皇的时候说："教皇尤利乌斯二世事事顺意，他发现时间和形势都按照他的意愿来发展，他总能获得胜利……这种简单的自以为是的生活没有让他经历过逆境。如果真的有一天形势要求他必须顺势而为而他又是随心所欲，那么悲伤就降临了。"

　　到了1510年，尤利乌斯的狂怒已人尽皆知，许多罗马和周边的人都认为他反复无常的个性遮蔽了他的视界。1509—1510年间，法国与罗马的关系变得日益紧张，萨伏伊的公爵派了一名外交官到教皇那里表示愿意协商。这个不幸的人在被送回去之前受到了牢狱之苦，被施以酷刑。不久之前，诗人阿里奥斯托作为费拉里斯的大使也差点被处死刑，这仅仅是因为他送去了尤利乌斯不希望听到的消息。

　　在罗马，马基雅维里的朋友弗兰西斯科·维托利也亲见了教皇每天的放纵行为，并报道了教皇的决定和性格特点等。在一封公文中他告诉马基雅维里，"让我们来说说教皇吧……他挑起了同法国国王之间的战端，现在看起来似乎除了招架不住、危难中的威尼斯人之外没有人站在他这边。他开始使用对国王侮辱性的举动，因此和平不会这么快来临。他首先像抓一个贼那样抓了德·奥赫——一位法国的红衣教主（曾经被尤利乌斯拘留并投入声名狼藉的圣安吉罗城堡地牢），而他则是国王的宠臣。他还找茬来使热那亚叛乱，并且在他派遣一支舰队或做其他事情之前，他就在公开场合所说热那亚会叛乱，这好像说给国王听是'守卫它'。当他第一次失败之后，又说会尝试第二次。他袭击了在罗曼亚地区的费拉拉公爵的领地,由于对方顽强的防御，他只占领了其中一部分。那里还留下炮轰后的卢果要塞:法国派600名骑兵从费拉拉前往支援，但法国还只是口头上说说，教皇的军队就扔下大炮逃走了，于是法国收回失地。结论是，我无法理解这位教皇。"

确实似乎很少有人能够理解这名教皇，但最后欧洲其他国家的领袖对他都很谨慎。共和国正义旗手皮耶罗·索德里尼肯定是受到马基雅维里的直感和劝诫语言所鼓动，称尤利乌斯二世"尽管教皇作为一名朋友并没有很大的价值，但作为一名军人却会产生很大的破坏力。"这种哲学最初鼓动佛罗伦萨去尝试绥靖做法。1510年7月初政府做了一个冒险的决定，允许曾经为他们工作过的雇佣军马坎托尼奥·柯洛那去帮助教皇占领热那亚。而且当他的军队南下回罗马的时候，允许他穿越佛罗伦萨的领土。

表面上好像是尤利乌斯希望佛罗伦萨能帮忙。教皇真想看到的是意大利彻底摆脱法国的影响，他还引经据典地说自己的责任是"将意大利从奴隶制和法国的手掌中解脱出来。"他的野心受到以下事实刺激，即1509年5月，卢恩的红衣主教乔治·德·昂布瓦去世了。这名教士曾经是路易十二最信任、最能干的顾问，并且在君主和教皇的关系中扮演着至关重要的外交角色。

佛罗伦萨当然不会去热爱法国，而是将其视为只会捕食弱小者的秃鹰。路易、他的顾问和大臣们完全只顾自己的利益，把佛罗伦萨军队弄得疲弱不堪长达10年。此外，佛罗伦萨像所有的意大利人一样，憎恶所有当下的外国占有者，并且当威尼斯12个月前遭受麦克西米连建立的联盟连续打击的时候，许多意大利的城邦由于法国占领了越来越多的意大利领土而变得谨慎。更有甚者，他们也不信任罗马的力量和西班牙的崛起，后者对于意大利的兴趣正在与日俱增。而最现实的恐惧是法国能够同另外强有力的城邦结盟以控制整个意大利。然后他们分享战利品，摧毁整个国家。

　　佛罗伦萨正处在一个十分微妙的位置。它不会成为教皇的同盟因为它依赖法国。如果有任何微小的暗示显示共和国有逆心，路易的军队必定会将它摧毁。除了这个，尤利乌斯不支持索德里尼，因为他听说佛罗伦萨不会和罗马结盟。

　　但与此同时，由于没有公开反对尤利乌斯并帮助法国打胜仗，执政团开始让路易感到烦躁不安了。为了安抚双方，索德里尼一方面继续向尤利乌斯表示友好；另一方面派马基雅维里去法国告诉国王佛罗伦萨仍然是他们最紧密的同盟。

　　马基雅维里6月17日到达布罗瓦，那天晚上他收到一封发自索德里尼的带有指导性意见的信，信上有些失望的情感，"你必须告诉国王除了这三件事我对生活已经没有了期望：上帝的荣耀、家乡的福利和陛下——法国国王的繁荣和荣耀。"这样的大臣使命是复杂微妙的。几周过后，形势变得对佛罗伦萨的福祉愈来愈关键了。马基雅维里再次感到了自己被政府当作二等公民看待的情形，因为执政团不能供应政府特使足够的资金来雇用骑士将这份重要的文件送到意大利，或者提供他足够的资金使他在法国宫廷里应酬自如。

　　到了1510年的夏末，许多意大利的国家已经越来越难拒绝表明自己的立场了。首先，尤利乌斯要求他的同盟履行他们的宗教义务并视他为精神领袖。当这一企图失败之后，他采用强硬的手段威胁要开除所有公民的教籍，并设计煽动国内的反对派造反。在布罗瓦的外国政治家、政治顾问和将军们发现法国宫廷也笼罩在阴影之下，"这里的所有人都对教皇感到失望……"马基雅维里向十人战事委员会报告："他们似乎要摧毁教皇国，打下毁灭意大利的牢固基础。"

　　在这种逐渐紧张和暴力的气氛下，法国希望佛罗伦萨作出公开声明，表示反对教皇并且保证在即将到来的战争中支援法国。他们同时希望佛罗伦萨政府派遣自己的军队和雇佣军同法国一起战斗。但执政团不欢迎这场战争，原因有二：首先它花费昂贵；其次也是更大的原因是如果前去协助法国的话，佛罗伦萨将变得十分容易受到攻击。

马基雅维里花了两个月的时间来确定他如何将文件送到法国宫廷。在他之前一些更有名气并更有政治影响力的外交官在迫切等候觐见，但最后到了8月的末周，他等来在法国战争委员会进行演讲的机会。

这个演讲是马基雅维里最重要的演讲之一，他运用了技巧和流利的口才，给大臣和顾问们留下了深刻的印象。他整个演讲的核心就是执政团制定的政策（他完全同意的政策）是：佛罗伦萨是一个信得过的忠诚盟国，它必定与法国站在一起，但如果派遣它那微弱的军队去南部同教皇作战是完全错误的。原因很明显：这会使共和国完全暴露在外并受到攻击和侵占，这不仅仅对于佛罗伦萨的人们来说是灾难，对于法国的雄心来说也是灾难。

甚至是执政团也希望通过马基雅维里尝试与法国保持良好关系，并继续玩两面人的游戏，以缓和教皇对佛罗伦萨政府不断增加的不良感觉。但到了这个阶段，共和国的政治家们应该了解到这做法无法安抚尤利乌斯。他根本就反对索德里尼政府，并且和他的前辈亚历山大六世一样，他希望恢复美狄奇家族在佛罗伦萨的统治地位，因为他相信他能够控制他们并且将这个城市变成罗马的辖地。

但1510年最后一个月过后，法国和教皇之间不可避免的战争的爆发愈发明朗化了，共和国正义旗手和他的支持者继续做着他们通常做的事：坐着等待时间的流逝，相信公开同法国宣战是不明智的，同时发现现在已经不可能站在梵蒂冈这边。目光短浅、缺乏手段的政治只能导致灾难。

佛罗伦萨并未表现出明显的不妥协，教皇还是在1511年的夏天得出结论：执政团是叛徒和合谋者的联合体。当佛罗伦斯政府支持路易设立全球基督教理事会（一个有效对抗神圣同盟的天主教组织）并将这一保守的机构设立在比萨的时候，教皇的上述想法被强化了。当意识到对法国的支持不可避免地会使它与法国之间的中立观察地位转为盟友时，9月佛罗伦萨政府开始惊慌起来，并要求马基雅维里（当时他正在布罗瓦试着等候接见）去说服路易重新考虑一下他想建立那个具有反叛性质的理事会计划。

那个夏天，一场泛意大利战争一触即发。许多城邦已经开始动员军队并草率地批准了些条约，其时佛罗伦萨政府也清楚地向那些它统治下的、有可能反叛的城邦表明，佛罗伦萨政府绝不会对叛乱心慈手软。所有来自南方的路都有侦察员密切监视，新的公民兵也进入最高戒备状态。马基雅维里利用宝贵的冬季从环佛罗伦萨的乡间征召了一批步兵，还拨款给公民兵，建立了一支轻骑兵部队以更好地增强城市的防御力。

马基雅维里在法国宫廷的使命只是部分地取得了成功。他在试图说服路易取消建立一个反叛的枢机主教理事会这一点上则完全失败了。甚至佛罗伦萨提出的将理事会迁址这一妥协方案也未获成功。但他成功地说服了法国国王将理事会的首次会议延期三个月召开，其理由是这将给佛罗伦萨政府充裕的时间来加强防御，以更好地辅助法国。

这是一个聪明的举动，而且显得十分真诚，但结果证明没有什么必要。虽然国王路易对建立理事会充满了热情，但只有少数法国、西班牙的反叛主教们追随他，其中包括最重要的耶路撒冷红衣主教贝尔纳迪诺·卡瓦亚。这些主教虽然被路易的豪言壮语激发了热情，但引诱他们的只不过是人尽皆知的私利而已。

不过，这一小撮狂热分子还是下定了决心。在布罗瓦做了所能做的一切后，马基雅维里被派去与枢机主教们会面，劝阻他们不要继续他们的想法。他极度讨厌这些人。对他来说，这些人甚至比卑劣的教皇还令人讨厌。每个枢机主教都只关注于免除尤利乌斯的职务。这样，他们自己就有更大的机会摘得教皇的桂冠，并尽可能地利用宗教权利去提高他们的世俗地位。

当然枢机主教们是最难对付、难协商的家伙。他们清楚地知道他们的地位和影响力。他们也知道，佛罗伦萨政府答应筹划中的理事会首次在比萨开会就是将自己置于一种十分尴尬的境地。但马基雅维里作为游说者和谈判者的能力是非常强的，以至于他和枢机主教就会议延期达成协议，主教们将在小镇邦特雷莫利做短暂停留。在那里，他们渐渐意识到他们对这一行动还缺乏些热情。而且此时的路易也对这一计划失去了兴趣。两个月后，他们最终同意改变计划，前往米兰，因为那里距离共和国的距离更加适中。在那里，理事会仅仅于1511年11月开了一次，因为多数人对这次会议的冷淡，这导致会议迅速解散。

那时，一场由路易利用反叛枢机主教引起的"意识战争"就由"物质战争"取而代之。随后又进入新的狂热阶段。1511年10月，尤利乌斯成功地建立了后来所谓的"神圣同盟"。在上帝这一旗帜下，教皇促成了罗马、威尼斯、费拉拉和阿拉贡的联合。

11月，麦克西米连的神圣罗马帝国和英格兰亨利八世的军队加入了同盟，以期造就一支能够超越法国的庞大军队。而法军由于远离本土作战，后勤资源的运输补给极度匮乏。

　　不过战争最初对法国有利。在具有领导魅力的加斯东·德·弗瓦的领导下，他们占领了布雷西亚镇，并驱逐了同盟军队。随后法军在1512年4月的拉文纳战役中进而击溃了西班牙和罗马教皇的联军。

　　但这已经是法国在意大利能够取得的最好成绩了。弗瓦死于拉文纳。仅几周时间，瑞士也卷入了战争，并站在同盟一边。麦克西米连设法说服了一支德国雇佣军，使他们转而同法国开战。在接二连三的胜利中，瑞士人占领了米兰，教皇军则声称索取波伦拿、皮尔琴察和帕尔玛。当热那亚起来反抗法国占领军时，也就是最终一击到来了，5月3日，战争彻底结束，法国被驱逐出半岛。获胜的教皇无人能挡，权倾一时。

　　尤利乌斯通过拉特兰会议以示庆祝，这表面上是一个宗教性的事件，但实际上就是政治上的自鸣得意。奎恰迪尼当即就敏锐地指出，"这些可爱而神圣的仪式确实使人心动，其前提是你相信这些在出演的人的真实想法、目的和他们的言论是一致的。"

　　没有什么好奇怪的，法国的失利在佛罗伦萨制造了极大的恐慌。整个冬季和春季，马基雅维里都在为他的公民兵忙碌，在罗曼亚区招募新人并且帮助组织新的骑兵队。2月19日，这支新的军队已经在城市中巡游了，日记作者卢卡·兰杜奇迅速做了报道，"有300名弓箭手和枪手被征召，他们都来自我们地区。他们在执政团广场集合。"3月，马基雅维里被指派去着手准备第二个骑兵队。但几周后这些主意都显得多余了。佛罗伦萨的命运不再掌握在自己的手中了；它将由神圣同盟的领导人来决定，这些领导人于6月间（尤利乌斯召开拉特兰会议后的数周）在曼图亚秘密集会，商讨瓜分战利品并重新划分意大利政治蓝图问题。

　　罗马教皇现在不再考虑仁慈或者妥协了。他立即在佛罗伦萨颁布一项禁令，禁止在城中任何教堂内举行圣礼。拉特兰会议决定由美狄奇家族重新掌权，要么索德里尼主动认可，否则就要动用武力；为了压制舆论，一支约万人的西班牙军队快速进驻托斯卡纳。

马基雅维里事后不久写道："当曼图亚会议决定在佛罗伦萨复辟美狄奇统治时……佛罗伦萨人对西班牙军队即将进入托斯卡纳十分害怕。但既然至今没有人能够确信这一决定，因为事件已经在会议期间被秘密地处理了，而且既然许多人不愿相信教皇会允许西班牙军队骚扰这一地区……我们就踌躇地等待着，不做任何准备直到一切明朗化。"

再一次也是最后一次，共和国正义旗手搪塞了事。无论马基雅维里在这种情况下用什么方法去解释，面对明白无误的威胁，执政团成员们胆小如鼠，束手待捕。到了8月27日，西班牙人在他们总督拉蒙·德·卡尔多纳的要求下，已经在离佛罗伦萨几英里处的坎比盘根扎营了。在绝望中，索德里尼通过比阿吉奥·波拿柯尔西写信给马基雅维里，他此时正和他的公民兵驻扎在佛罗伦萨和波伦拿的边境，"尊敬的尼科洛，你知道是谁要我通知你迅速占领那里并做好准备，因为他一点也不喜欢敌军今晚来到坎比并驻扎在那里，他对此很惊讶。再见。去尽力而为吧，不要把时间浪费在讨论上。"

在这封不同寻常的信里，佛罗伦萨共和国的正义旗手只表现出政府怎么发现自己越来越混乱和他个人特别是在危机时刻对马基雅维里的倚重。的确，被包围了的共和国正义旗手认识到只有公使还能帮他些忙，而执政团根本就说不准什么。

在有机会从秘书那里得到回复前，索德里尼命令2000名马基雅维里的公民兵去费伦佐拉要塞。但也许是在马基雅维里的建议下，他改变了主意，决定撤回到距城市以北约10英里的帕雷托，在那里建立一个防御前线。政府相信这够强大了，可以争取时间和西班牙以及罗马教皇谈判。

8月28日，索德里尼召开了特别的大议事会会议，提议自己退位并建议城市让美狄奇（他已经在离西班牙防线几英里的地方等得不耐烦了）以私人的公民身份回来。第一项被拒绝了，但第二项获得了通过。几个小时内这些消息就传到了帕雷托。因此不需要再考虑什么，卡尔多纳的部队开始进攻了。

令人惊讶的是，第一次进攻被成功地抵挡住了，西班牙人被迫重编。有那么一瞬间，有人相信这可能会是一次拯救共和国的机会。佛罗伦萨的情报人员发现聚集在帕雷托城墙边的西班牙军队已经疲惫不堪，而它的补给线已经拉得过长了。它对卫戍部队的首次袭击是一心二意的尝试，由于他的军队处在如此糟糕的状况，卡尔多纳更愿意和索德里尼进行谈判议和，而不想演变成一场战斗。但公民兵在帕雷托的成功防御，加上因获得大议事会支持而高涨的自信心，这些给了索德里尼新的希望，并作出一个糟糕、愚蠢的决定。

遭到佛罗伦萨公民兵的意外抵抗后，卡尔多纳采取了大胆的非常规的举动，让佛罗伦萨人知道他的军队很饿，似乎他为了其军队愿意通过和平谈判来换取面包。一个公使被派往执政团，大议事会就在这里开会讨论这一建议。在这一宝贵的时刻，索德里尼作出了他一生中最坏的决定。壮胆之下，共和国正义旗手和他许多最亲密的顾问（除了马基雅维里，这时他正和公民兵在一起）决定行动，他们认为卡尔多纳不是出于好意或什么妥协的意愿，而是视卡尔多纳的要求是一种示弱的信号，现在就要使西班牙人脸上无光。

这个决定的代价是牺牲了超过4 000个男人、女人、小孩的生命，它终结了索德里尼的统治，使佛罗伦萨陷入彻底的混乱。8月

30日，既疯狂又饥饿的西班牙军队武装到了牙齿，以五倍于佛罗伦萨公民兵的兵力，席卷帕雷托要塞，沿途烧杀抢掠了一切。士兵强奸和杀害了数百个躲在防御工事内的妇女，然后摧毁了堡垒。马基雅维里写道："西班牙人闯进一些城墙，开始逼着防御者回去以及恐吓他们。因此在轻微的抵抗后他们都逃离了。然后西班牙人开始抢城市的财产，把它们装进麻袋里，屠杀城市的居民，这是一幅灾难性的可怜场景。超过4 000个人被杀，剩下的人被俘，通过不同的理由，要他们付赎金。西班牙人甚至不放过神圣的女修道院，在那里进行强奸和屠杀。"

在这些恐怖事件发生几年之后写下的《李维史论》中，马基雅维里描述了他从执政团在那个重要的日子作出的决定中学到的教训："当遭受攻击时，如果敌方的实力远胜于你，那么没有什么比国家统治者拒绝进行协商更错误的了，特别是当敌方提出投降的要求时：因为进行协商的话至少不会坏过谈判对方所提出的条件和利益程度，这在对方看来已经是胜利了。西班牙人提出了那么多的要求但这不是说只是满足西班牙自己的要求，其中也包含了满足佛罗伦萨人要求的成分。西班牙军队想要改变的是佛罗伦萨政府的模式，结束它对法国的依附，征收些贡赋。如果西班牙人实现了这三个愿望中的后两件，而佛罗伦萨人则从头一件事情中获利即保留他们的政府模式，那么各方都获得了某种荣誉和满意。"

对于索德里尼领导的佛罗伦萨共和国来说，那是一个不光彩的结束。帕雷托大屠杀的消息很快传到了城里，并引起了大范围的恐慌。8月30日晚上8点，拉蒙·德·卡尔多纳已经给索德里尼下了最后通牒：或者是共和国正义旗手下台，或者是西班牙军队对佛罗伦萨城展开破坏性的攻击。

　　这一次，共和国正义旗手和他的顾问们知道，他们只尊崇一条行动原则：索德里尼不能再拿人民的生命冒险了。匆匆忙忙间，执政团的代表被派往西班牙人驻地，告诉卡尔多纳佛罗伦萨政府会无条件地顺从西班牙人提出的条件。

　　在答复还没作出之前，马基雅维里和弗兰西斯科·维托利起草了索德里尼的辞职书，并规划他的出逃流放。深夜，在重兵保护下，这位正义旗手仓皇出逃锡耶纳。

　　马基雅维里从未重视过索德里尼，即使这位长官曾是他权力的生命线，他对索德里尼掌权从未表示过尊重。索德里尼处理他任期间最后危机的方式让马基雅维里充满了嫌恶，他在《李维史论》中评论道："皮耶罗·索德里尼认为通过耐心和善意就可以压抚'布鲁图斯的儿子'（任何暴力激进的反对者）回到另一种政府模式，不过他在这里错了。虽然是一个精明人，也意识到行动的必要性，意识到那些野心家会置他于死地，但他还是不不了决心去做应该做的事。"

　　索德里尼的领导能力正好与恺撒·波吉亚的能力相反。他犹豫软弱，在该要让步时他想着去抵抗，而当需要他显示其实力时他又让步了。对于马基雅维里来说，这位佛罗伦萨共和国前正义旗手就是最好的一个例子：一个领导者基于自认为是高贵的原则而作出的抉择最终导致不稳定和失败。很简单，索德里尼显示出他不是一个合适的国家领导人，当1522年这位前正义旗手去世时，马基雅维里甚至狠心地写道："索德里尼死去的那天夜里，/他的灵魂来到了地狱之口；/布鲁托咆哮道，'为何来此？愚蠢的灵魂，/和其他孩儿一起去那个地狱吧。'"

　　正如马基雅维里所言，地狱正是强大而且成功的政治家所待的地方，而他的前领导人皮耶罗·索德里尼还不够资格。

在1512年9月最初的日子里，马基雅维里为之服务了14年的共和国面临着真正的政治考验。他也知道自己被抛向了不确定的未来。他曾经比佛罗伦萨任何政治家都要更靠近那位正义旗手和他的政策，当这个老化的政体以曲折的方式延续时，他还是安全的。然而现在这个支撑他政治生涯的支柱倒塌了：先是法国人、再是正义旗手和旧秩序都已经完结了，留下马基雅维里暴露在攻击中。

佛罗伦萨开始了急速的变化。美狄奇长期流放后回来了，他似乎精准地把握住了人民的情绪，没有立即作任何权力布局。相反地，他们选择了一个傀儡领导（看上去一副严厉相的吉安巴蒂斯塔·里多尔费），他曾经是1490年代后期萨沃纳洛拉的得力助手。他当过任期一年的正义旗手，而且一直被当作过渡人物。人民大会（Parlamento）又召开了，很多曾为索德里尼和他执政团服务的佛罗伦萨政府机构被废除或彻底改造。一夜之间，佛罗伦萨秩序和军事委员会的九位官员被解职，当然也包括马基雅维里的公民兵。大议事会也被解散，共和国正义旗手的位置不复存在。

当这一系列事件还在喧嚣，马基雅维里在一封信中这样写道："这个月（9月）的16日，执政团在官邸召集了许多市民，和他们站在一起的是尊贵的朱利亚诺（德·美狄奇）。他们在讨论政府改革时，官邸内正好有一场骚动，因此，拉马佐蒂（一个为美狄奇服役的雇佣兵队长）和他的士兵以及其他一些人控制了官邸内的呼声 'Palle, palle'（对美狄奇家族的传统欢呼声）。整个城市突然武装起来，这个名字在城市四处回响。因此，执政团被迫召集平民来参加我们称之为议会的集会，一项法令公布出来了：遵循他们祖辈的荣誉和尊贵，伟大的美狄奇复位了。"

新政府在50名富有市民组成的议会的主持下开始运作，他们全是美狄奇的支持者。家族首领36岁的乔万尼·德·美狄奇主教和弟弟朱利亚诺现在是共和国的实际管理者。（皮耶罗·德·美狄奇，有时被称为"不幸的皮耶罗"，死于1503年）。暴乱和8月30日的屠杀之后，老谋深算、老奸巨猾的他们知道，现在最明智的做法是去尽力鼓动他们在佛罗伦萨的追随者的情绪。为了达到这个目的，他们营造奢华的狂欢和庆典气氛。披挂着奇异兽皮的公牛和骏马在装扮着金色衣装的彩车前面游行。军队里的人穿着闪亮的盔甲，一辆皇家打扮的彩车上数十位侍女伴着一位参议员，穿过广场。人们扮成怪兽和魔鬼在人群中嬉戏。

在所有这些政治变革的过程中，马基雅维里的的确确被忽略了。他每天早晨出现在国务部他的办公室里，继续他平凡的工作，政府的管理仍在继续着，即使周围处在意识形态的潮流中。接着9月底，受时势敦促，美狄奇家族再度扮演国家掌舵人的角色，并获得了基本公众的支持，这时马基雅维里写了一封"劝诫信"给乔万尼·德·美狄奇主教。马基雅维里在信中表示，有些人在1494年美狄奇家族遭逐时曾没收其家族地产，现在最好对那些人施以仁慈和温和。

那封信被忽略了。几星期之后，马基雅维里写了另一篇更长、更详尽的文章给美狄奇家族。在这篇现在以《美狄奇家族支持者备忘录》（*Ai palleschi*）而闻名的论文中，他仍然旗帜鲜明地评说。他批评许多美狄奇家族的追随者并谴责说，过深过快的革命是极端愚蠢的，对旧政体诽谤会使新政体失去信用，"因此我相信，对你的家族来说必须做的是将朋友聚拢到你身旁而不是拒绝他们。"这之前还添加了一句："我重申我会愿意同你的家族交朋友，而不是成为敌人。"

这一次马基雅维里收到了回复。1512年11月7日，他被从所有的职权中"解聘，剥夺权力并完全撤职"。他一定料到了这个结果，但真的结果来临了他还是感到震惊。他曾忠贞地服务于他的祖国，并且从未公开反对美狄奇家族，但对他们来说，他被认为是一位堕落天使，一个他们曾经支持过的人、事实上也为他们工作过的人，到头来却成为他们敌人的亲密同盟者。正如索德里尼和美狄奇家族曾帮助马基雅维里成就了自己的生涯，但他们也毁了一切。

因此马基雅维里开始迅速丧失权力。将马基雅维里从其喜爱的工作岗位上赶走后，美狄奇家族还决定拿他做典型，于是开始了一系列的残酷行动。11月10日，他被执政团判刑，刑罚是12个月内不得越出佛罗伦萨领土，并逼他交出1 000金佛罗令作为保证金。接下来的一星期里，这位前秘书被禁止进入维奇奥官邸。

对于一个整个生活都围绕着其工作而转又十分喜欢逍遥自在的人来讲，上述惩罚是一种痛苦的限制。毫无疑问，这些惩罚不仅羞辱了这位前秘书，而且使他断了还想使用什么政治手段的念头，而这些手段很可能惹美狄奇政府的麻烦。

执政团觉得这样的惩罚还不过瘾，于是在11月底开展了一次对马基雅维里账目的调查，并控告他在担任第二国务部秘书期间盗用公款。这项调查要求美狄奇当局打破一下规矩，让马基雅维里在维奇奥官邸出席一系列听证会。有四周时间马基雅维里在接受提问并被一些曾和他一同工作过十多年的下属反复调查。这些人中包括尼科洛·米开洛齐——一位投靠美狄奇家族的人和一位以前的助手，由他主持列次听证会并负责司法调查。尽管费尽周折，调查员仍找不到任何可以举证马基雅维里有罪的材料，最后就给了一小笔钱作为补偿而收场，而事实上那笔钱还是几年前对他薪酬发放不足的部分。

对于马基雅维里来说，1512年在痛苦中结束了。尼科洛、玛丽爱塔和孩子们移住到圣·卡西亚诺附近的圣·安德里亚乡间住所。在佛罗伦萨，美狄奇家族的复辟几近完成。而在罗马，乔万尼·德·美狄奇主教此时获得了新朋友，并对教皇政策施加影响。看来美狄奇家族的发展势头是挡不住了。

但在佛罗伦萨，新的统治者也有许多敌人。对于反对他们政权的潜在阴谋，他们是万分警觉的。在1513年初，四个反美狄奇激进分子皮耶特罗·保罗·波斯柯利、阿格斯蒂诺·卡波尼、尼科洛·瓦洛利和乔万尼·佛尔希就发动了一场密谋，但对朱利亚诺和乔万尼来说幸运的是，这群人表现出的狂热恰好印证了他们不适宜干这种事。在一次出其不意地检点不称职分子的过程中，阴谋策划者之一（很可能是波斯柯利）丢失了一份名单。那份名单中列有阴谋集团中那些一旦爆发反美狄奇兄弟起义就确信会加入行动的所有的人。由于马基雅维里是一位非常知名的新政权的受害者，毋庸置疑地他的名字也在这份名单上。

那份文件落到了当局者的手中，所有名单上的人都被奥托·迪·瓜尔迪亚拘留起来。在向公众宣布缉捕马基雅维里的公告中写道："任何知情者或窝藏者，或是知道谁窝藏了尼科洛——贝尔纳多·马基雅维里之子的人，必须在一小时之内揭发他，不然就要受谋反的痛苦，并没收其全部财产。"

马基雅维里几乎可以确定还留在他乡村住所，在发布通缉令和他听到通缉令之间还耽搁了一段时间。但他很快自首了。在2月8日晚上，他被投入佛罗伦萨的巴尔吉罗监狱等待审讯。

牢房阴飕飕的，几乎不通气。马基雅维里处于半肌不饱状态，那老鼠日夜围着乱窜，任何人都不准探视。毫无疑问，这是他生命中的最低谷，有一声哭喊从他几个月曾占着的世界中远远传来。大多的烦闷来自于他想不通自己为什么被关押。他几乎不知道那些同谋者，而且不明白他的名字为什么会在那份名单上。但如果美狄奇家族痛恨他，那么只要有蛛丝马迹能显示他在反对他们，他就死定了。

接着拷问开始了。马基雅维里被逼迫受吊刑：他的手臂被反捆在背后，吊在天花板上，突然掉下又在快接近地板时被拉回去。他委屈地总共六次被施予这种刑罚，但他既不承认自己有罪也不承认那些没做过的事。他也正是有勇气，他根本不知道是否那些真正的阴谋者在说谎，把他的名字也放在帮凶之列，以便开脱他们自己的案情。只是后来他听说了波斯柯利和卡波尼确实提到他的名字，但他们能够控告的充其量是马基雅维里对美狄奇家族的信念进行蔑视罢了。

拘捕后的两星期，经过几次拷问，谋反者的两位领导波斯柯利和卡波尼被判死刑。2月23日黎明时分，马基雅维里在他的监狱里被铁链的叮当声和赞美诗的演唱声弄醒。那两个人正在走向断头台，而一边是修士们和康帕尼亚·德·内利（一个致力囚犯后事的慈善组织）的会员们在唱着赞美诗。

听着这些声音，马基雅维里对自己遭受审判甚感懊悔。他最难控的情绪现在就是愤怒和自责了，他决定用十四行诗来表达他的感受。他在监狱里写下的那首诗是为了他所认为的唯一能救他的人而作，那人就是朱利亚诺·德·美狄奇。

多么奇怪的念头：马基雅维里在监狱里写下一首十四行诗并计划把它投寄到佛罗伦萨政府的头目那里，这样做为的就是乞求缓刑。不要忽略了他个性中基本的一面，他毕竟是一位诗人、一位文笔流畅自然的作家。更重要的是，当他还是年轻人的时候，他就结识了朱利亚诺·德·美狄奇，并被当作1490年代美狄奇朝上出版过诗作的诗人。他一定相信他能捕获朱利亚诺的想象力，并使他记起他小时候的样子，使他明白他的才华天赋，让他想到把他投入监狱是荒谬的。诗是这样的："朱利亚诺，我腿上有一双镣铐，/我背上有六处吊伤，/其他的不幸我不该说，/也许那是磨炼诗人的方式。/墙上爬满了肥大的虱子和耗子，/他们似乎就像蝴蝶一样，/朗斯瓦勒从未有过这样的臭气，/萨丁尼亚的丛林中也不会有，/我的牢房充满这样的臭气，/有个声音听起来就像朱比特神，/就像火浆岩倾泻满地，/一个囚犯被锁着，另一个被松开了，/挂锁，钥匙，螺钉合在了一起，/另有一声呼喊：'你太高了呵！'/最使我忧心的是，当我睡着，已破晓/我开始听到'我们为你祈祷'，/现在，就让这一切过去吧。/我祈祷着是否你的慈悲能投向我，/甚至超过你父亲及祖父的盛名。"

毫无疑问，这是一封乞求信，但它是用才华与独特风格写成。诗里行间一切言语都指向最后的一句："我开始听到，我们为你祈祷，让这一切过去吧"。这里，马基雅维里提到了他听到波斯柯利和卡波尼被执行死刑的声音的经历。这一方面也是对他的考验，结果却促使他第一时间给朱利亚诺写了诗。许多评论者声明这是首平淡的作品，只是对事实的一种表达。但正是那些人在自己的命运上刻着愚蠢的行为，也是他们使马基雅维里走入险境，他为什么不能对他们表示蔑视呢？

毫不奇怪，朱利亚诺·德·美狄奇没有屈尊地去回复这首诗。事实上，他连收都没有收到。但马基雅维里仍旧很大胆，他除了又试了一次之外，没有采取其他求助行动。于是他又写了一首更自嘲的诗。在这一首诗里，他想象了一位来监狱看望他的女神，女神赐给他权力："你不是尼科洛，而是达佐（一位没有天赋但却有很多人赞赏的佛罗伦萨诗人），你的腿脚被束缚着，就像个傻子。"

如果朱利亚诺收到这第二首诗，一定会使他发笑，但没有任何迹象表明它可以改变马基雅维里的命运。2月21日，就是波斯柯利和卡波尼受刑的两天前，69岁的尤利乌斯突然死了。3月6日，红衣主教召开秘密会议。11日，新的教皇被选举出来，取名利奥十世，即那时还是红衣主教的乔万尼·德·美狄奇，他是佛罗伦萨两位领导人之一，朱利亚诺·德·美狄奇的兄弟。

　　佛罗伦萨从未有什么能与得到这一消息后的庆典相媲美。全城的商业活动停止了，似乎社区的每个部分都在为一位佛罗伦萨教皇的当选而充满生机、兴奋难抑。贸易家和银行家很快明白一系列的变化会对经济产生巨大推进作用。虔诚的人对新的教会组织表示感谢。美狄奇家族会使人感到安全和自信，这样的情况美狄奇家族在洛伦佐以后还未出现过呢。朱利亚诺和乔万尼在佛罗伦萨和罗马一下子获得了民心。

　　马基雅维里也有欣喜的理由。作为佛罗伦萨庆典的一部分，除了那两名还幸存的谋反主犯瓦洛利和佛尔希，所有的囚犯都被释放了。3月12日，马基雅维里成为从巴尔吉罗监狱走出来的自由人之一。

　　回到他的乡村住所后，他首先做的一件事就是给他的朋友弗兰西斯科·维托利写信，那时他是佛罗伦萨驻梵蒂冈的大使，曾用他在罗马微弱的影响力保释马基雅维里早点出狱。维托利的努力虽然失败了，但马基雅维里知道他是为数不多的为他打开未来之路的人。马基雅维里想对他曾作出的努力表示感谢，并想告诉他自己是如何凭着坚韧的毅力在忍受酷刑，"当我抬头面向命运，"他写道："我想你应该为我的麻烦经历而感到愉快，我一往无前地战胜它们，我也为我自己的行为而感到骄傲，因为我发现原来自己比那个自我还大着呢。如果我们的这些新主人不让我躺在地板上，我会感到幸福，并相信我应该做那些使自己感到骄傲的举动。"

　　对于马基雅维里来说，这一段插曲已经成为他生命中的关键经历。马基雅维里在监狱里用斯多葛主义的听天由命去面对伤痛与临近的死亡。他以坚强的意志对付那些巨大的痛苦，因此，他有理由为自己感到骄傲。但更重要的是，正是在写作中使他对心灵和未来产生了最大的慰藉。也许他从不认为为朱利亚诺·德·美狄奇创作十四行诗要比用自己与命运抗争去获得自由更重要，他将内心和灵魂都倾注给了写作。也就是说，在他人生处于最低谷的时候，他把热情都转移到了写作上。他对文学有一种深沉的爱，那些读过他信件和散文的人们都钦佩他、尊敬他。作为索德里尼演讲稿的撰写人，在那些世界强权的面前，他运用了贴切的词汇，在一些场合也确实引人关注。现在，他发现了创造力是保护自己灵魂的法宝，这是他在这个变幻莫测、不可信赖的世界中唯一可以依靠的仅有的一些东西，并且这会成为他生存的最基本的部分。

第九章
放逐

肉体的折磨是一回事，但前景黯淡、未来失去意义，这些又是一回事。这一切就是马基雅维里1513年5月离开监狱时明摆在其面前的事情。他失去了工作，只有很少的钱财，可还有好些人要依靠他。他已经失去了大人物的信任，在佛罗伦萨的统治者那里，马基雅维里几乎没有有点影响的朋友。他快要到44岁生日的时光了，那是一个因经历而受人尊敬的年龄段，而不是随随便便说要从头越就能从头越的岁数。

看上去马基雅维里释放后的一小段时间里在庆祝自己的自由，并与一些也失去了工作、失去了权贵们宠信的朋友们相互安慰。这些朋友中有志向高远者，如比阿吉奥·波拿柯尔西，他正忍受着不久前钟爱的妻子离去的痛苦。在这帮人中还有腓力蒲·达·卡萨维奇亚（后来是第一个读到《君主论》的人）、托马索·德·比尼（前国务部的雇员）和颇有名声的自由主义者兼店主唐纳托·德·柯尔诺。马基雅维里对正在罗马的其好友弗兰西斯科·维托利说："所有这伙人都给你关照，每天我们串串姑娘的门，去寻找生命活力。"

但不久马基雅维里就想离开佛罗伦萨，站到后台去做观察，将那些污蔑、嘲讽、攻击都抛在脑后。最好的躲藏之地当然还是离佛罗伦萨仅七英里的圣·安德里亚乡下那间陋室。它离城市很近，那沿着阿诺河边的屋脊从邻近农舍的山顶上就能瞅见。同时它又远得足以让马基雅维里感觉到能够完全离开那些令人不愉快的记忆。从某种意义来说，他就是被放逐了。但对他自己来说，至少部分是有意想离群索居。如果再像过去15年那样，得不到自己的一部分空间，那么他宁肯在身体上要排除掉那痛苦的根源。他想"远离每一张熟悉的脸"。

　　隐居乡间对于马基雅维里来说是一种生活方式的改变，虽然这种改变并不是那么容易。在过去的15年中，马基雅维里在家中度过的时间远比他在佛罗伦萨权力部门供职的时间少。他也关心自己的家庭，但做个好丈夫、好父亲并不是他的天性。他太自我关注，把注意力太多地集中在他擅长的思考上。另一方面，他全神贯注于天天发生的大事上，而且迷恋于男人们的一些爱好（如喝酒、狎妓和赌博等事情）。他有巨大的能量，这些都倾注到处理世界上发生的重大事件上。因此他觉得几乎不可能去关注日常生活的事情。

　　马基雅维里在一封信里写到了他自我流放的9个月和不久携家返回佛罗伦萨那段时期的事情，他详细地描述了由自己建立起的新生活。"我现在住在自己的农屋里。那次灾祸发生后，我在佛罗伦萨总共没待上20天。到了现在，我已经在亲手捕捉画眉鸟了。我在破晓前起床，准备好鸟食，出门时背上一捆鸟笼，看起来就像《安费特龙故事集》（这是当时流行的故事书）中的盖塔（Geta）从港口回来时的模样。我最少能逮上两只，最多时有六只。整个11月我就这样度过了。尽管我对此感到蔑视和陌生，但就是这种转变才让我的遗憾最终慢慢地消退了。我将告诉你我的生活，我早上日出时分起床，然后到我的树林中去伐木；在那里我花一段时间检查前些日子所干的工作，有时和伐木工一起消磨时间。他们自己或跟他们的邻居之间总要动些肝火……离开树林，我去一处山泉，在那儿我悬挂好鸟网。我腋下会夹着一本书：但丁、彼特拉克或者一个不太重要的诗人如提布鲁斯、奥维德及诸如此类的书。我读着他们在书中表达出的爱的激情和他们的所爱，又想想自己，这些沉思使我得到片刻的欢愉。然后我沿着熟悉的小路去小酒馆，还与路人聊聊，打听一些他们那里的新闻，了解各种各样的事情。我还研究人本身：他们有各种趣味，有各种想象。到了吃饭的时间，我和家人一同进餐，我的食物都来自我那贫寒的农庄及祖传下的小家业上。吃完饭后，我又回到小酒馆。那儿通常有酒馆老板、一个屠夫、一个磨坊主和一对烧窑工。我一天中的休息时间都与他们混在一起，玩克里卡（cricca）和十五子棋。这些游戏总是伴随着许多争吵，无穷尽的攻击和谩骂。我们很少有不为一个小钱而争吵的时候，甚至远在圣·卡西亚诺的人们都有可能听见我们的吵闹声。与这些卑贱小人在一起，我就可以放松我的大脑，让倒霉的命运走开，即使这些消遣中真的又发现了那羞辱过我、捉弄过我的事情，我也让它们烟消云散。黄昏时分，我回到家里，进了书房。在门口，我脱下了沾满灰尘的白天的工作服，换上朝服，整束仪表，然后随书籍进入远古的宫廷。在那里我受到了古人热情的迎接，我享受着只属于我并且是为我而准备的'佳肴'，在那里我可以随心所欲谈古论今；询问古人的为人处世，他们也乐意作答。常常是4个小时，我毫不感到疲倦，我忘记了一切烦恼，我不怕穷困和死亡，我完全被古人迷住了。但丁说过，一个人只有自己理解了才能理解一切。我匆匆记下与他们谈话中的受益之处，并写成短论《君主论》（De principatibus），文中我尽可能深地钻研这个主题，讨论君主国的定义和分类，该如何获得，该如何保持下去，以及为什么会灭亡。"

马基雅维里如此清晰的自述让我们能够很容易地想象他在新的

陌生的环境下的生活状况，如他所说，这种生活方式对他来说是"既蔑视又陌生"。我们还可以想象他在樵夫们的争吵中是如何扮演成一个好的外交家，就像他曾经处理伯爵和公爵、君主和教皇之间的纠纷时一样。最打动人心的是他关于写作《君主论》的那段描述，盛装打扮只为与古人对话，而其他场合就换了个样，因为根本没有必要，他只需粗布简衣到农庄上去捕捉画眉。然而对于我们这些研究马基雅维里生活的当代人来说，即便是他自己在描述着这些亲历的事情，我们也会觉得如此奇怪，难以想象。马基雅维里这样一个现在如此出名当然也如此受误解的人，这个其思想因那本书而影响了整整5个世纪的人，怎么就简简单单地将自己包裹在他的农庄里呢？可面对正经历着的那种生活方式的突然改变，除了到酒馆去嬉戏、与工人们做些琐屑的吵闹并由此去取代以前的国王圈子，他又能做些什么呢？

回答是马基雅维里没有选择，他只能接受命运的安排。和他的夜晚相反，马基雅维里用注意身边小事来填充白天生活。与那些卑贱小人的厮混为马基雅维里某天一落笔就是文学大师级的创作打下了基础。

当马基雅维里的思绪又回到国王的宫廷和尊敬的古人那里，那些城邦事务又会浮现出来，尽管他从未亲历过那些事情。当他回到乡下家中的那个小世界，欧洲政治的大世界也并非微微抖动了一下。那些在佛罗伦萨所发生事件的消息通过朋友之间的来访、信件（特别是与弗兰西斯科·维托利的信件交流）源源不断地传来。可以毫不困难地想象，比阿吉奥·波拿柯尔西在以前的上司和同伴都陨落的同时也从其位置上被解雇了，但他们并不怕集体的暂时消退，他们互相信任着。通过这些途径也通过小道消息，就像他自己描述的那种闲谈，马基雅维里及时地把握着政治的动向。

马基雅维里知道，美狄奇家族很快成为在欧洲政治权力的中心。这个家族中有4个核心权力人物：在罗马，乔万尼·德·美狄奇1513年3月加冕为教皇利奥十世；在佛罗伦萨，朱利亚诺·德·美狄奇也做了短期看守政府的统治者；8月，兄弟俩的侄儿——21岁的洛伦佐·迪·皮耶罗·德·美狄奇被他的大伯乔万尼任命为佛罗伦萨的总督。这时的洛伦佐在教皇剥夺弗兰西斯科·德拉·罗伏尔拥有的公爵领地后成了乌尔比诺公爵，他是一个热衷于军事甚于一切的人，只知道去攫取领土和地位，并已经获得了一个与恺撒·波吉亚一样的"残忍武士"的称号。

朱利亚诺与他的侄儿正好相反。虽然后来他被授予尼莫公爵头衔，但他根本不是一个适合高层次政治的人。他有点女性化，是出了名的同性恋者，醉心于艺术远甚于城邦事务。即便如此，他还是在美狄奇权力结构中求得个位置。他所欲求的是责任小、有利可图的位置，而且名声显赫。他被授予罗马国父和教会军队统帅的称号。

这个精英集团的第四位成员是朱利亚诺和乔万尼的堂兄——35岁的朱里奥·德·美狄奇，他是四人中年纪最大的。在乔万尼加冕后的几个星期内，朱里奥从一个教士转而成为佛罗伦萨的大主教，4个月后的9月又荣升红衣主教。他后来继他的堂弟于1523年成为克莱门特七世。

处于新的政治权力中心的是教皇，这就意味着佛罗伦萨的事务几乎受罗马的绝对控制。实际上佛罗伦萨完全失去了它的独立，或者说已经没有任何政治独立性的形式，取而代之的是它成为教皇和教会权力广大网结上的一部分。这等于是利奥的屋内管理，不过总体来说也说得过去，因为至少在一段时间内，它将佛罗伦萨与那些一心想在意大利找立足点的国家隔离了开来。

　　早在1513年，这位曾受到利奥的前任教皇尤利乌斯和神圣同盟沉重打击的路易十二已成功地与威尼斯建立了一种不算很牢靠的联盟关系。6月的诺瓦拉之役，法国与威尼斯的盟军试图重新收回米兰，但被教皇的军队和米兰的前任统治者斯福查家族招募的雇佣兵打败。这使麦西米里亚诺·斯福查又恢复了原位。他是前任公爵路多维柯·斯福查和贝亚特莱斯·德·埃斯塔的儿子。

　　路易的军队从意大利战场撤退回法国时已太晚，以致不能再进行另一场战争。这场战争是由英王亨利八世以突然袭击的形式发动的，他曾在7月从麦克西米连一世皇帝治下的神圣同盟那里加入了另一个军事联盟体，他进入法国后就占领了皮卡第。8月，英国与皇帝的军队在卡莱附近的基尼盖特击败了意志消沉的法军，这场战斗由于法国骑兵的仓皇逃窜而得名"马刺之战"（Battle of the Spurs）。

　　为马基雅维里带来最有价值的政治信息和时事的是弗兰西斯科·维托利，他们是1507年诡端的萨尔维亚蒂带他们进入麦克西米连宫廷时成为朋友的。1512年12月30日，在马基雅维里卷入阴谋反叛美狄奇家族前不久，维托利被任命为派往罗马的3位常驻大使之一（随行的还有另外两人，雅柯波·萨尔维亚蒂和马太奥·斯特洛奇），这项任命延续了3年之久。在此期间，马基雅维里与维托利信件往来频繁，信中处处是精到细致的讨论和政治分析。

　　他们之间的通信是从马基雅维里在巴尔吉罗监狱释放后立即开始的，而大量信函上的时间则表明是马基雅维里待在圣·安德里亚时进行的，那时马基雅维里正在写作《君主论》、《李维史论》和许多为在重新执掌佛罗伦萨政权的美狄奇政权中某个职位而撰写的作品，当然这些愿望都无功而返。这些非常吸引人但更为奇特的信件充满了高瞻远瞩和唇枪舌剑的味道。在这些高尚的对话中，两位学者争论过许多事情，如流言飞语、爱情、性和罗马的社会场景等话题。在为马基雅维里提供有关欧洲核心国家最新的政治阴谋消息的同时，这些意见交换也让马基雅维里保持着政治活力。同时，维托利对马基雅维里渊博的知识和准确的判断怀着极大的崇敬，也把这些信件作为他自己在罗马过着无聊透顶的动荡生活时保持敏锐才智的方法。对马基雅维里来说，这些信件就是一条生命线，不过更多地还是对维托利的沉思和提问有启示作用，它们就像是火花点燃起《君主论》主体思想。

当马基雅维里从监狱中获释第一次在乡间安家时，他对这个世界感到极度厌倦，特别是想与政治断绝联系。他告诉维托利："我已决定不再更多地关心政治或讨论它们。"但是情况很快就发生了变化，因为政治早就融入他的血液之中，他如果要停止思考政治，这要比他选择停止呼吸还难。

整个1513年，两人都在讨论欧洲政治权力的起落，每人都对事态的发生和进展作出了预测。这些又让马基雅维里回想起自己的经历来，并重新点亮他的信念：从根本上来说，他那个时代人们的行为与古代人们的行为没有任何区别，在可预见的将来，人们的行为也不会与现在有什么不同。从这种信念中引出了对可能成为"理想领导"和可能导致政治成功和潜在失败的因素起作用的"普遍规律"、"格言"或"建议"。

1513年的8月既是马基雅维里生命中糟透的一个月，也是他一生中最感满意的经历开始的一个月。在8月4日马基雅维里写给他侄儿乔万尼·维尔那齐的信中称玛丽爱塔生了一个女儿，不幸的是3天后天折了。他继续说道："我身体还好，但其他方面很糟。"可能受这件伤心事和绝望心情的刺激，他开始了一个新的计划。在几个月的思想斗争中，他考虑起稍后开始写作的《李维史论》这部比《君主论》更全面的政治论著。正当马基雅维里在考虑哪一种领导者能在他们的城邦内维持住权力和思考一个真正的君主怎样才能找到抓住成功的方法时，他的思想突然被写一篇以"理想统治者"为题的简明扼要的短论的想法给牵住了。

《君主论》写于1513年8月至1514年1月之间。我们主要从马基雅维里与维托利通信透露出的评论和提示中得知其中一二。在11月，马基雅维里将第一稿的某些章节送给他在佛罗伦萨的一个亲友腓力蒲·卡萨维奇亚。他在圣诞前夜还准备送一份副本到罗马去。维托利最初的反应相当冷淡，好像对其中的想法有些困惑。只是在一封长聊的信函末尾简单地提了一下，"我读了您著作的一些章节……它们很让我高兴。"

虽然马基雅维里对维托利平淡的赞扬感到点泄气，但他对目前所写的著作仍充满热情，他已经把注意力从考虑文章的内容转到怎样来安排这些内容方面。1月，他收到弗兰西斯科·维托利的回信，那会儿马基雅维里正考虑在冬季关了乡下的住所，举家回到佛罗伦萨，行囊中就有他几近完成的《君主论》和部分《李维史论》的手稿。

马基雅维里是最清楚这一点了，即他在写作《君主论》时运用了许多在欧洲伟大统治者的宫廷中供职的经验。马基雅维里在1513年12月的一封长信中对此有明确的表示，在信中他还叙述了如何写作这本著作的情况。同一封信的后面他又重申了这样的评论："通过我的研究，如果有人能读到这本书的话那定会明白，这15年中我一直是清醒、明智地在研究国家治术。"与他过去的经历同样重要的是1513年下半年马基雅维里的生活境况。毋庸置疑，如果马基雅维里仍维持着他以前的那份工作，那么他的文学巨作就不可能问世。如果他的政治生涯有可能转回到美狄奇的政府中，那么他就不会有时间，更重要的是不会去想着去提炼他的思想，去吸取他长期政治服务的经验。在这点上他是步但丁的后尘。两个世纪前，但丁也是从佛罗伦萨被流放而创作了最负盛名的著作《神曲》。但丁这样描述他的经历："你将离开你的爱/那深深的爱，这就是那箭/由流放的弓射出的第一枝箭。/你将发现多么的苦涩/那别人给予的面包，/路途又是多么艰难/去上上下下别人的阶梯。"

完全能够理解，马基雅维里是多么希望他那部关于伟大权力和才气的书能够得到认可。1514年1月，马基雅维里全家回到佛罗伦萨，这实际上是由回避乡下冬寒的愿望所推动的，但还基于这样的事实，马基雅维里需要在佛罗伦萨监督他手稿的出版，并确定书稿对人们的影响。此外，在乡下住了这么长时间，他也想着与众人接触。他已经写好了他认为是一本佳作，这是一本浓缩了他在国务部任职期间所知、所为的论著，现在他希望人们能读到它。

虽然马基雅维里曾遭到美狄奇家族很大的曲解，但他还是认为如果没有美狄奇家族的帮助，那么佛罗伦萨就不可能取得有价值的成就，而且马基雅维里没有完全放弃这样一种想法，即他还会被美狄奇家族接纳并通过他们受到不错的任用。所以完全有理由去这么想，他把作品作为他天赋的展示，作为受到意大利最有影响力的家族青睐并重新被雇佣的一种手段。他通过两种方式来达到这个目的：第一，他希望维托利运用他的影响去劝说教皇用正面的眼光来看他；第二，他意图将他的书呈献给美狄奇家族的一员，以期他们中至少有一人能读到他的著作。

1514年全年，马基雅维里为他的论著出版做些扫尾工作，同时继续写作《李维史论》，并继续与在罗马的维托利书信往来。他已开始怀抱起真正的希望，希望时运再来。在去岁终了时他致信维托利宣称："我希望美狄奇家族的君主们能开始雇佣我，即使开始时只干些低档活，为的是那样还得不到他们的赏识，我只有责怪我自己了。如果他们读了我的著作，他们就会明白这15年我一直在研究政治，我没有虚度光阴或被赌博拖走。任何人都乐意去利用这样的人，这些人具备非常多的经验，能够以此为他人服务。我的诚实是毋庸置疑的，因为我一直都保持着这样一种信念即我不应该没有诚实。一个像我这样43年来始终有信念、有才气的人，是不会改变他的本性的。我的穷困就是我诚实和才气的最好证明。"

但维托利也只能提供有限的帮助。首先，他对教廷没有实质上的影响。其次，即使他有教皇的耳目，他也不会拿自己的地位开玩笑去冒险称赞一个人，而且这个人是因为被指控阴谋反对教皇家族刚从监狱释放出来。

美狄奇家族也可能意识到了马基雅维里的才能，他们知道马基雅维里是前政府忠实、爱国的一员。具有讽刺意味的是，像所有成功的领导者一样，他们的所想与马基雅维里在其政治著作中信奉的十分相同。马基雅维里在《君主论》中声称："应该承认，没有什么比对一个国家的制度进行根本的改变更难处理、更难成功和实施起来更危险的了。改革者会使所有在旧秩序下受惠的人成为自己的敌人，而只有那些即将在新秩序下受惠的人才是他并不热心的支持者。他们的支持之所以不热心，其部分原因是害怕对手仍握有现存的法律，另一些原因是那些人通常都疑心重重，他们从不相信新事物，除非通过经验亲自验证了新事物。所以不管什么时候，反对变革的人都始终拼命进攻，而防御者多半是不热心。因此改革者与其朋友会觉得很悲哀。"

冷静地看这件事，美狄奇家族冷落马基雅维里是聪明的选择。马基雅维里曾坚定地支持他们以前的敌人，即那个在帕雷托血战后立即策划政变的流亡政府。除了这些，还有其他原因让美狄奇家族不信任马基雅维里，因为马基雅维里的那种政治分析家和外交家的才能对目前的政府起不了什么作用。美狄奇家族是一个务实的家族，但他们也是虔诚加点伪善；他们把自己看作是最高道德标准的化身。显然马基雅维里关于性和宗教的众所周知的观点与他们的要求不符。

当然，这种不公平是很可笑的。朱利亚诺·德·美狄奇自己就是以喜欢与年轻男孩子在一起和由教皇自己书写的淫荡腐败历史而出名（这些也是马基雅维里为何会蔑视教会的原因）。但这位前任佛罗伦萨的国务秘书失去了他所有的权力、影响和话语权，他已经变成权力游戏的工具。

马基雅维里如果不执意要做的话那么也无所失。那时，马基雅维里的决定和冲动也使维托利很为难。很长一段时间，这位大使都不能明确地表示，即他的朋友可能过分信赖其襄助的能力了。直到1514年6月，也就是维托利开始获得美狄奇家族信任之后的一年，处于窘境的马基雅维里终于直接问维托利是否自己还真有机会获得教皇的赏识。

维托利也想趁这个时机使自己解脱出来，他告诉马基雅维里情况完全无望，而且就他看来美狄奇家族根本不可能再重新雇佣他。失败使马基雅维里难以平静。他回复道："我将仍然和这些卑贱小人待在一起，没有人记得我在很多事情上的贡献，或者相信我还能有各种作为。但我也不能像现在这样继续生活，因为闲散会腐蚀我，我知道如果上帝也不帮助我，那总有一天在我找不到任何工作的情况下，我会离家去找一份家庭教师的工作或是在某个长官那里做一名秘书，或者就到远离人烟的地方去教孩子们读书。那样的话我的家庭还在，就当我已不在人世。"

　　这真是泄气、失落的情态，但马基雅维里是不会完全放弃的，也不会去责怪他的朋友。在1514年年底，还发生了一件对他的士气有决定性鼓动的事情。12月中旬，维托利不乏惊奇地告诉他，确信他已经受到教皇亲自的高度关注。维托利指出，如果马基雅维里能够提供一个合理的解决方案，他就将此呈递给教廷，这或许就能打开一直期盼的大门。"我知道你是有这种才能的人，虽然你已有两年没有从事这项职业，但我相信你没有将你的技能忘掉。"然后他就解释起当时的一些问题。

　　教皇正在寻求针对欧洲敏感的政治形势的建议。支持威尼斯人的法国已经在重新努力要从斯福查家族手中得到米兰。联合起来反对法国的是西班牙、瑞士和神圣罗马帝国。维托利说，教皇正在意大利寻求联盟，并把他看作一名策划人和忠实的信使。但他不知道该支持哪一边。是把筹码压在法国先前的敌人这一边还是自己直接与法国为伍？如果他仍旧与神圣同盟的成员结合在一起，那他不就是在号召反对法国吗？或者他和他的国家完全不介入冲突，保持中立？

　　当然马基雅维里是不可能去抗拒这项智力挑战的。12月10日，他起草了一份又长、又详尽的形势分析报告，建议教皇与法国结盟。根据维托利的说法，这项研究报告转到了教皇的手上。教皇作出回复，并说"他们的想法真是不错，赞扬他们对形势的判断"。几天后，维托利写信给马基雅维里并向他承认，最初想起让他作这份分析的并不是维托利自己，而是利奥十世的意思。

　　马基雅维里多年来从未有如此的兴奋，他立即给教皇写了一份更长、更仔细的形势分析文章，阐明与法国联盟的理由。在随附的信件中，他又提醒维托利，虽然他们早些时候已经交流过想法，他现在还是希望得到美狄奇家族的雇佣，不管是在佛罗伦萨还是其他什么地方。

圣诞节、新年过后，在罗马的维托利与马基雅维里之间有更多的信件往来，马基雅维里还去圣·安德里亚作短暂停留。1515年1月初，维托利的兄弟保罗因公到达佛罗伦萨，拜访了马基雅维里，带来了弗兰西斯的鼓励。

保罗·维托利是一名有造诣的政治家，也是美狄奇家族的亲密合作者。他和朱利亚诺·德·美狄奇尤为亲近，后者是意大利4个小城邦的统治者，即帕尔马、皮亚琴察、摩底那和莱吉奥。前两座城市因其重要的战略地位由其兄长乔万尼购得，后两座城市则物归原主。作为朱利亚诺心腹的保罗·维托利既欣赏又喜欢马基雅维里。

从他与保罗·维托利的对话中，马基雅维里很快得出结论，教皇是在考验他。毕竟利奥知道这前任国务秘书是维托利兄弟俩的亲密朋友，他可以成为一位最合适的为新的教皇国提供建议的顾问。至少马基雅维里相信他自己是真心的，因为他受着解放和期待的心情之鼓舞。

1月31日，马基雅维里写信给维托利，说他已经与其兄弟保罗商讨了新政府的创建问题，以及朱利亚诺·德·美狄奇又接着如何与其在佛罗伦萨的顾问们一起详细地主持此事。他的信心又起来了，觉得受到了公正待遇，现在他只是等着来自罗马的邀请函让他重回向往已久的公众生活。

但这封邀请函从未发出。同时马基雅维里从不正规的途径打听到，教皇的计划已经改变。朱利亚诺和保罗不会去接管被指定的领土。想得到政府顾问这个职位的任何机会就这样泡汤了。

对马基雅维里新近的打击，这与他的朋友无关，因为维托利兄弟甚至朱利亚诺·德·美狄奇都一直看好马基雅维里。尽管几个星期前教皇对马基雅维里所作的当前政治形势分析表示赞赏，但他丝毫没有一点任用马基雅维里的意图。当可否任用索德里尼前任国务秘书的问题在梵蒂冈被提出讨论时，教皇的秘书皮耶罗·阿尔丁海利立即给朱利亚诺·德·美狄奇写了一份尖锐的反驳书，称"德·美狄奇主教昨天私下里问我是否知道考虑尼科洛·马基雅维里任职问题，我回答不知道，也不相信可以这么做。教皇说了这样一些话，'我也不相信，但由于佛罗伦萨有一些传闻，我要提醒他这件事对他、对我们都不利。这一定是保罗·维托利的主意……以我的名义写信给他，我建议他不要与尼科洛有任何关系。'"

很难判断马基雅维里是否能够按照他自己的政治理论来理解他的不幸，但他的处境太痛苦了，以致不能不带偏见地来思考这个个案或例证。然而，不管他怎么看自己的处境，他都需要去应对这种痛苦。马基雅维里通过两部手稿《君主论》和《李维史论》的写作来驱除他的苦楚，除此之外他还寻求其他形式的安慰。可能是为了寻找一份新职业而进行的无结果之争耗尽了他的智力，马基雅维里将自己从责任感解脱出来，切断了与那些体面的人和即将会发迹的人的来往，并一头扎进充满肉欲的世界。

马基雅维里一直都喜欢与妓女、情妇为伴。他在佛罗伦萨的时候就经常逛妓院，还有一些有名的淫荡的朋友（如放荡的两性人多那托·德·柯尔纳和妓女拉·莱齐娅）。同时他又是一个浪漫的人，经常会陷入爱情和拒绝爱情。在最近1514年8月与美狄奇之间的痛苦经历开始前的几个月，马基雅维里遇见一个年轻的姑娘，就住在他乡下住所的附近，他还试着给维托利描述过这位姑娘，看上去他动情地爱上了她。在信中，马基雅维里对朋友说起这位当地的美艳，他还从未这样有男子气地、大胆地去诉说他旅程中与那些官妓和轻佻女子发生关系的事情。现在他45岁了，倒开始像一个青春焕发的年轻人那样写起情书来了。"命运真的把我带到了我能够报答你的地方，在乡下我遇到了一个尤物，如此文雅，如此甜美，如此高贵——从内到外——我无论怎样赞美也无法达到她应有的程度，"马基雅维里写信给维托利说："我应该告诉你……这份爱是怎么发生的，我又是如何陷入爱情之网的，那是他撒出的网，也是他喜欢的网；你会意识到，那里撒满鲜花，那是由维纳斯编织的金网，它如此柔软、文雅，即使是毫无感觉的心怀也会为此颤动，不管怎样我是无法自拔了。我沉迷于其中，直到它们温柔的线变硬，不再能打结。真不可想象，爱情用它最平常的手段就捕获了我，因为意识到这些手段不够充分，爱情又调动起特别的招数来，这些多半是被我忽略的，也是我为了保护自己而反对的那些东西。满可以这么说，我已年近五旬（在他生命的这段时期马基雅维里经常夸大自己的年龄），不会有太阳的炎热来折磨我，不会有坎坷不平的路来为难我，不会有夜晚的黑暗来使我恐惧吧。每件事对我来说似乎都容易了：我适应着她的每一个怪念头，即使与我应该如何做是相反的或不同的。"

马基雅维里从来没有提到他情人的真名，只是一直称她拉·塔发尼。有证据表明她是尼科洛·塔发尼的小女儿，尼科洛·塔发尼是邻村马基雅维里家的一个旁亲。这个女子的丈夫抛弃了她，自己到罗马开始新生活。不过与这个年轻女人的美貌一样显而易见的是，马基雅维里给维托利的那些又长、又带着折磨意味的信件表明，他感觉到事情并没有那么容易。按照他的描述，拉·塔发尼取笑并玩弄了他，劝说他为她写十四行诗，为她买那些马基雅维里很难买得起的礼物。

不能确定玛丽爱塔知道这件事之后是否忍受了很长时间的痛苦。似乎她做了什么，但她又能够做什么来阻止这种事情呢？或者自从她了解了他的性需求后她与尼科洛之间就一直是这样的。不知道事情是怎么结束的。最大的可能是拉·塔发尼的丈夫回来把她带走了，或是她又结了婚。毋庸置疑的是，尽管还有这样那样的事情，马基雅维里正是靠了他的婚外恋情来摆脱巨大的不幸。他告诉维托利："即使现在我深陷痛苦之中，但我还是感觉如此甜蜜。因为这种欢愉是难得的，它带给了我平和的鼓励，也因为这种欢愉把我的痛苦记忆抛之脑后，并不是世上的任何事物都是我期盼的自由，即使我能够得到它。"

拉·塔发尼带给马基雅维里的快乐和痛苦慢慢在消退。在她走后，空虚重又回来，甚至比以前更加强烈，因此1516年至1517年或许是马基雅维里一生中最糟糕的两年。在这期间，他的命运没有丝毫转机，没有来自任何部门的工作邀约，也没有新的灵感。1516年2月15日，马基雅维里在带着哀婉之情致侄儿乔万尼·维尔那齐的一封信中叹息道："我最能引以为谈的是，现在留给我的也是我所拥有的最好的东西就是我的健康和我的家庭。我在等候时机，准备着去抓住好运，或许她来，或许她不来，我就耐心等待吧。"9月他又写了一封信，告诉侄儿说："对于我自己、我的家庭和我的朋友来说，我变得毫无用处。因为我那悲惨的命运太厉害了。"第二年夏天，情形仍然没有变化。1517年6月，在写给维尔那齐的信中，马基雅维里谈道："为已经忍受过的并还得忍受的灾难，我被迫留在了乡下。有时我一个月都在忘却一个真实的自我。"

马基雅维里失意的主要方面是他为《君主论》不被接受而感

到的巨大失望。他无法找到出版商来出版此书，而且已经为副本付了钱。（他的朋友和从前的助手比阿吉奥·波拿柯尔西曾为此书制作了清楚的副本，其中一个本子就给了他们的朋友弗兰西斯科·迪·贝尔纳多·夸拉特斯，现仍保存在法国皇家收藏室。）他苦苦想了良久，还是无法确定该把这本书献给哪位合适的、潜在的庇护人。在完成了《君主论》后不久，马基雅维里决定把它送给朱利亚诺·德·美狄奇。但是，在明了朱利亚诺已经远离政治，对时事失去影响后，马基雅维里很快不得不重新考虑此事。

佛罗伦萨新的统治者是洛伦佐·迪·皮耶罗·德·美狄奇，教皇的年轻侄儿。到1516年时，他已经表现出一副很威武的军队统帅样子了，并在佛罗伦萨政坛背后操控着一支强大军队。马基雅维里很清楚地认识到这个年轻人应该会欣赏他的言辞，在读过《君主论》后不会不意识到藏在书中的天赋。

过了一个月的老套的生活，到1517年初，马基雅维里最终得到了可以将他的著作呈献给洛伦佐的机会。弗兰西斯科·维托利也已经回到佛罗伦萨，成为美狄奇政权最信任的亲信之一。在马基雅维里的催促下，他同意将朋友的书亲自呈献给佛罗伦萨的统治者。然而他能够做的也只是将书递给他的上司，不可能使他明了其中的价值。有传言说，就在维托利向洛伦佐献书的同时，也有人在向洛伦佐献上一对赛狗。洛伦佐对那对狗真是把玩不已，这之前对书只是瞥了一眼，未做任何评论。

洛伦佐和他叔叔对马基雅维里的感觉一样。他是一个骄傲、缺乏教养的人，即使他读厌了《君主论》，也几乎不能理解书中的东西。而且他视马基雅维里为平民暴发户，根本没有资格给世上的大统治者提供"建议"。由于持有这种看法，洛伦佐效仿所有他们这一代美狄奇家族成员的情感，这种排外主义成为这个前任大使前途上的又一个障碍。马基雅维里曾被上一代美狄奇家族提拔上来，那些家族成员对公民责任和平等主义抱有好感。马基雅维里也被误解为他想在美狄奇家族的下一代那里获取第二个机会。对马基雅维里来说还有一个更要紧的问题，即美狄奇家族选择的都是他们喜欢的人，不可能去打破这种排外的内部圈子。

（马基雅维里并不是忍受这种痛苦的唯一人士，他的朋友列奥那多·达·芬奇也遇到过许多美狄奇家族成员类似的冷遇，从来没有受到像米开朗琪罗那样的荣幸待遇。有些历史学家曾推测，正是因为列奥那多公开的同性恋行为阻断了美狄奇家族对他的恩宠，但这种观点忽视了这样一个事实，即米开朗琪罗也是同性恋者。可能更有说服力的理由是，列奥那多不善交际，而且像马基雅维里一样不信宗教，不循常规，有时对刻板的美狄奇家族成员可能太刚愎自用了。）

与马基雅维里近年来所受到的痛苦比起来，洛伦佐对其表现出的忽视和全然漠不关心，这才让马基雅维里深陷沮丧的心境。现在不能否认这样的事实了，即命运、幸运（Fortuna）这些不管马基雅维里怎么叫着的东西都不站在他这一边。同时代其他人一样，马基雅维里相信命运和占星术，但是马基雅维里的想法和大多数人的区别在于，他认为一个人必须有所准备，等机遇降临时占据变化的有利位置。对他来说，一切事情无论是小事、私事还是大事、要事都顺从一种循环模式。有时命运不济，但随之否极泰来。成功者和失败者的区别就在于，成功者不在于顺当时做得怎样，而是在倒霉时他们却在为光明的到来做着准备。他在《君主论》中写道："一个人越少依赖命运，他造就自己前途的能力就越强。"

对马基雅维里来说，黑暗似乎永无尽头，前一个不幸刚刚有出头之日而另一个不幸又紧随而至，就像是一条无止尽的溪流。爱情和性使他暂时减缓了痛苦，但那是短期的逃避，他要靠希望和信念而活下去。但自从他被释放以来，4年中他所做的一切和努力尝试做的一切最终还是没有引领他重返光明路途。维托利无法打破马基雅维里与美狄奇家族之间的僵局，马基雅维里的政治著作最终也未能为他恢复职位开辟道路。

生命的转机最终来到了马基雅维里这里，但只是当马基雅维里为自己设计出一个完全不同方向，他将开掘自己的作家天赋而不是政治家和评论家天赋时，这种转机才到来的。他发现这条路会离那些不信任他的显贵很远，而与佛罗伦萨的文人更接近。在考虑这一转机是如何引导他开始新的有时是迷人的生活方式前，我们还是要插一句，马基雅维里所著《君主论》一书被他同时代人所忽视，但今人视其为意大利文艺复兴时期最重要的成就之一。

第十章
《君主论》

　　"虽然我思忖着摆放在你面前的这部作品没有多大价值，但我完全确信你有足够雅量来接受它。你知道，我献不出更有价值的礼品了，但我能够送出的是在特定的活动空间中如何处事的方法，这些方法是从多少年来太多的痛苦和历险中学会和明白过来的。……我也敢想象，如我这般地位低微卑下的人竟自说自话地想去讨论并记下君主该如何统治的法则；因为像绘制高地地形的人要置身平原去研究山峦和高地的特性，而研究低地的人则要置身高山一样，一个人如果要全面地理解其人民的本性，他就必须是君主；而要全面理解君主的本性，那人就必须是普通公民。"用这样的献词，马基雅维里将自己的著作献给了这样一个人，此人既是一位有能力的庇护人，又是一位能实践其著作中所阐述观点的理想人选，此人就是洛伦佐·德·美狄奇。如果我们忽视屈尊之类的因素，那么上述语言清楚地表明，马基雅维里真诚地期盼着：他认为君主最可能被"普通公民"认识。

　　马基雅维里不是普通公民，他献给洛伦佐·德·美狄奇及其子孙（这里要说明一下：洛伦佐·德·美狄奇祖孙同名同姓——译者注）的著作是他20多年来对君主国的思考和担任第二国务秘书期间积累经验的结晶。在索德里尼政府倒台前，马基雅维里就已经在考虑表达自己观点的形式，但他总是太忙，挤不出时间去付诸笔端。流放期间，带着仍旧鲜活的记忆，他发现1513年的秋冬正是他将自己的思想进行整合、定型的合适时间。

《君主论》共分26个篇幅很短的章节，起始章名为"君主国共有多少种类，是用什么方法获得的"，末章名为"奉劝将意大利从蛮族手中解放出来"。仅用3万字，马基雅维里就成功地解释了君主国之间的区别，它们是如何建立起来的，最重要的是一位君主怎样保有他的王国。

通常认为马基雅维里把瓦伦蒂诺公爵恺撒·波吉亚当作他心目中理想君主的模型，并通过这部著作为那些头脑中一直在考虑"完美统治者"的人直接或间接地提供参考。在书的前面部分他就写道，"我知道没有比从恺撒·波吉亚的行为中去汲取对新君主更有用的教益了……如果他学了却没有效果，那不能怪他，而是因为那恶毒的命运太超乎常理了"。稍后他又指出，"综观公爵的所为，我不可能去责怪他，相反我一直认为他是那些想通过好运和他人武力而获取权力的人中之典范"。

马基雅维里知道人总有其权势的顶点和低点，但《君主论》并不是简单地去说说恺撒·波吉亚，他想以此去开导另一个不希望在变化无常的命运潮流中被击溃的人。《君主论》末章是对美狄奇家族特别是对年轻的洛伦佐的劝说，期望他们拿起令棒，领导意大利走向统一和光荣。"现在，了无生气的意大利正等待着一个人的出现，此人能去医治她的创伤，终结伦巴第的围剿及其在王国和托斯卡纳的勒索，去清除那些让意大利长期忍痛的疮疤。看看吧，意大利是怎样祈求着上苍派一个人来将她从蛮族的残暴和侮辱中解放出来；又是如何期盼着只要有人举起旗子就愿意跟随着旗子走。现在意大利已经没有什么可期盼的了，唯有你显赫的王室还能伴随着幸运、威力并受着上帝和现在是领导的教会之恩宠，去拯救意大利。"

　　在某些方面，《君主论》并不是一本完全原创性的书，而是《劝诫书》这种在16世纪相当流行的形式之一。想象马基雅维里是第一个制造了"完美"或理想的国家和统治者的人，这也是错误的。中国哲学家孟子在公元前4世纪就描绘出政府形式的框架，这个政府由一个理想的君主（完全不同于马基雅维里的君主）作为统治者，他与人民一道共同建起一个稳定的社会。柏拉图的《理想国》是最著名的也是同时代西方的孟子想法的最具生命力的著述，其中也描述了理想政治和理想社会的结构。但必须重视这一点，虽然孟子对中国社会的演进影响很大，但他的思想在西方没留下什么印迹。同样，历史上也未见有政府是根据柏拉图的理想共和国原则来构建的，这些国家也是由一些受过高等教育、具备审美感的精英治理，他们纯粹通过智力上的优势来维持统治。（然而注意一下黑暗世纪和文艺复兴晚期中间的天主教会也是很有趣的，在那里可以看到与柏拉图想象中的国家相对应的一些因素。《理想国》启发了文学界的创作，可能最著名的就是1943年诺贝尔文学奖得主赫尔曼·黑塞的获奖小说《玻璃球游戏》。）

　　马基雅维里《君主论》和《李维史论》中所写的内容曾被归入传统意义上的"世俗人文主义"的范畴，在这种政治哲学里基督教只是偶尔有些作用罢了（因为在马基雅维里式的统治者作决定时基督教被认为是空洞的）。就社会平台而言，只有公民才在国家平稳的运作中起关键作用。

　　不过，马基雅维里这本最著名的著作与他以前的任何作品相比有两个显著的不同点：其一是他把古代的例子与他同时代的事件相结合。纵观《君主论》全书，我们会碰到像汉尼拔和公元前4世纪叙拉古国王阿伽托克勒斯这样的人物，在一处有10页的章节中，马基雅维里将"成功的"与"不成功的"罗马皇帝作了比较。在其他地方，他还刻画了文艺复兴时期欧洲大量有鲜明品格的人的思想和行为，其中许多人马基雅维里都亲自与其讨论过治国之道。

确实正因为马基雅维里描述的是他亲身了解的人和事件，这赋予《君主论》相当的可信性；如果缺乏这些，读者就只能看到些意见之类了。作为佛罗伦萨的国务秘书，马基雅维里认识并讨论了15世纪晚期和16世纪早期欧洲大大小小各种事务，所以他的著作充满了一位著名政治分析家的智慧、经验和深刻理解。

在描绘他与恺撒·波吉亚在1503年的一次谈话时，马基雅维里就这样写道："如果亚历山大死了，而他（波吉亚）自己一切安好，那么他就能很容易地处理每一件事情。而尤利乌斯当选的那天波吉亚自己对我说，他考虑着现在父亲死了则什么事情都有可能发生，并寻找着处理一切的方法，但唯独他没有去考虑当他要亲自去处理这些事情时也有死亡的威胁。"

在另一段，马基雅维里回忆起与乔治·德·昂布瓦枢机主教这位法国第二有权势人物交换意见时写道："当这位卢恩的枢机主教对我说意大利人不懂战争时，我反驳道，法国人不懂治术，如果他们懂的话，就不会让教会变得如此强大。"当马基雅维里称教皇尤利乌斯二世为"冲动的"、神圣罗马帝国皇帝麦克西米连一世为"隐秘的"和"听不进建议的"时，我们真要把这些话当回事，因为他在这些人的宫廷里待过，与他们谈过话，观察过他们并在送呈佛罗伦萨十人战事委员会的书面报告中描述过他们。

《君主论》另一与他之前著作的不同之处是其语气和风格。这本书经常被称为"第一篇近代政治论述"。这一描述是相当公正的，因为不像他以前所写，马基雅维里在这里写的"是什么"，"什么是真实的"，而不是那种寓言式的期盼。他在书中也谈到了这些问题，"我的意图是要写那些谁理解了它就有用的东西，对我来说，最合适的就是去书写事物真实的一面，而不要去做想象的事情。许多对共和国和君主国的描绘事实上都未被知悉，因为人们实际的生活和应该如何生活之间有相当的距离，谁只知道应该如何做而忽视去做些什么，那带给他的是毁灭而不是保存。在一个如此恶劣的世界里，一个人只想如何去表白自己的德性，那么毁灭离他就不远了。"

柏拉图和其他古代政治著作家想要描述一个理想化的国家，一个合意的国家，这个国家并不以人们的经验或任何现实的设想为基础，而这正是不断转回到马基雅维里后期著作中讨论的主题。他在《君主论》中声称要"与他人的原则相分离"。在他那本更详细完整的政治著述《李维史论》中，他宣布其用意是"进入一条新的途径，而此路还无人走过"。他自视为政治上的哥伦布，并意识到用文学和政治学来表述其思想会冒风险，就像那些要在自然世界中进行探险会遇到风险一样。他写道："去发现新的方式、新的方法所面临的危险不亚于动身去探索新航路和未知领域时具有的危险。"

不像柏拉图和其他前辈，马基雅维里立志写一部总括性的书，要创造出站得住脚的法则，并为这个真正的世界中受真正的人民推举去干事的人提供指导、规矩。他对于纯理论的构建没有太大兴趣，这些理论对于生活在有血有肉的世界上的人来说充其量是一个奇形怪状的妖魔而已。

在《君主论》中，马基雅维里主要关注六个方面的问题：第一，一位成功的君主，如果他是为人民和国家的共同利益着想，那么他采取的方法就是有道理的(尽管马基雅维里还认为即使君主在这样做时也是为了自己最大的利益);第二,君主不能让基督教来妨碍自己或影响自己的决策;第三,君主像所有凡人一样,也受制于命运的变化无常,为了保住自己的国土,必须在太平日子里考虑到不利的一面;第四,一位成功的君主必须既强有力又狡猾。为了说明这种欺诈的必要性,马基雅维里运用了狐狸与狮子的比喻;第五,君主只有创建并维持强有力的武装力量才能获得成功;最后,马基雅维里呼吁意大利的统治者能给半岛带来秩序并将分离战乱的意大利统一起来。

前四个论题或许比马基雅维里建立的其他原则引起了更多的争论,因为它们与今天读者(或者与《君主论》写出后任何时代的读者)心地里被灌输的信念不合拍,在他们的心地里,领导者被描写成按照"道德"来行事的。

在《君主论》第十七章"论残酷与仁慈:是否被人爱戴要比被人畏惧来得好些,或反之"中,马基雅维里宣称:"恺撒·波吉亚被认为是残忍的,尽管如此,他的残忍却制服、统一了罗曼亚地区,并且恢复它的和平与忠诚。如果好好地考虑这一点,他可要比佛罗伦萨人仁慈多了,这些佛罗伦萨人为避免残酷之名竟然使比斯托亚遭到毁灭。所以君主只要能使自己的臣民团结和忠诚,就不应该去说他残忍,因为除了极少数的例子,他比起那些由于过分仁慈并允许混乱及随之而来的凶杀抢劫发生的人来说,要仁慈多了,还因为他所做的事情并不伤害整体的人民,而后者所执行的一切从一开始就是君主仅仅在捍卫个别利益。"

此处马基雅维里想指出的是,大多数人认为"好的"、"道德的"行为或决策给众多老百姓造成的痛苦要比传统上认作残酷、杀戮、野蛮的行为造成的痛苦实际上要大得多。但他不是简单地陈述一下观点就了事，他用罗马、希腊和同时代欧洲历史的一个个事例来进行说明。这样做不仅使他的议论更有分量，而且证明了《君主论》中关键性强调的论说之一，即它是永恒性的。永恒是因为其描述的是事实，是一直就是这样的，或许将来也还是这样，而不是基督徒和大多数道德主义者相信的世界应该如何之类。在《李维史论》中，他又回到了这一观点："具有务实睿智的人都习惯于说，不要靠运气或有没有什么美德，谁想知道事物会如何，就去考察一下事物的实际样子吧，世界上每一个时代所发生的事情都在古代有相仿的例子。事情之所以会再次发生就因为这是人干的，而人总是情感相同、需求相同，由此产生同一个结果。"

对马基雅维里最广泛的批评之一是说他提倡邪恶、腐败和不诚实。这些意见来自于《君主论》中无数的段落，作者在那里似乎提倡与基督徒价值观和人们通常所认为的"善"、"高尚"、"光荣"的行为相反的观点。但这就误解了马基雅维里想要表达的意思。

马基雅维里确实对他的同类及人类生存于其中的社会评价不高。他在《君主论》中反复把人类的尊严贬为给自己装装面子的玩意。他在第十七章中写道："人们可以对人类作这样的概括：……他们忘恩负义，变化无常，说谎和欺骗；他们躲避危险，见钱眼开；他们有奶便是娘。"稍后他又提出一个观点："总的说来，一个君主必须放弃他人的财产，因为人们忘记自己父亲的死亡总要比忘记父亲遗产要快。"没过了几页他又评论道："人们总是一个劲地干坏事，除非他们迫不得已才行善。"

这些评论使许多读者感觉不舒服，这些人包括从16世纪的虔敬者到近代的批评家，但这种不舒服不过是出于虚荣心。马基雅维里只是将他所看见的也是我们大家所看见的这个世界写下来而已。不像其他许多社会评论家，马基雅维里没有丝毫疑虑就将那些观察所得不加润色地见诸笔端。

马基雅维里相信，确实是人们因为人类道德贫乏，所以为了人民的共同利益，一个成功的君主必须坚强，不为感情所动，要逆通常所谓"对"或"好"而动。但如果认为他在提倡不加思考的、不必要的暴力与权力滥用，那么这完全是一种误解。他写道："为君者不应背离善，但需要的话也应懂得如何做恶。"在另一处他强调："去杀害公民，背叛朋友，背信弃义，无情无义，反对宗教，这些都算不上威力。这些方法可以使君主获得权力但不能使其获得光荣。"接着又提到了阿伽托克勒斯——一个被认作与恺撒·波吉亚同样冷酷的人，但是马基雅维里并不认为此人具有人的正面品质，他说道："阿伽托克勒斯野蛮残忍，没有人性，他恶行累累，因此他不可能跻身于杰出人物之列。人不能只依赖陪伴他的好运或力量，还得有其他东西的帮助。"

与此相关，对马基雅维里的另一个指责是从某种意义来说他也在提倡现代类似希特勒和佛朗哥之类的行为。这当然不是事实。马基雅维里反对由一小撮人控制的军事政权，他认为公民与统治者合作才能造就一个良好的社会。这就需要有一个强有力的、有实践效应的领导，《君主论》的主要论题即此，但这自然与我们要列述的第二条线索有无法解脱的关系：马基雅维里看低基督教信条对建立并运作有成就的君主国之作用。

认为马基雅维里积极、公开地反基督教，这是错误的。他在有宗教矛盾的家庭氛围中长大。其母亲是虔敬的教堂礼拜者，然而其父亲私下里对教会采取玩世不恭的态度，也不相信基督教教义及其相关的内容。马基雅维里并不太明显地要脱离教会——那时这样做

是危险的——但他对教会好评不多。他很少去教堂，但他仍按传统
让他的孩子受洗礼（很大原因是不让玛丽爱塔唠叨），但私下他不是
一个信仰者，甚至从孩提时代起就一直不是。

他知道宗教自有其用处，如宗教在稳定社会秩序和告诫干坏事
要感到羞愧等方面有其作用。但他也宣称作为一名好的基督徒并不
意味着就是一位强有力的统治者。"事实上，一个人想在那么多不
具备德性的人群中做到事事有德性，那么他一定会懊悔的。因此一
个君主如果要维持其统治就必须学会怎样不讲德性，一切根据需要
去讲德性或不讲德性。"哲学家兼历史学家以赛亚·伯林总结马基雅
维里此处意思时写道，"人必须选择……一个人可以去拯救自己的灵
魂，或一个人可以去建立、维系、服务于一个伟大光荣的的国家，
但二者不可同时兼得。"

根据马基雅维里的意见，这种矛盾的缘由是基督教要求强化个
人，但这种强化仅仅是去忍受而不是为自己的信念去战斗。据他观
察，一个基督徒就是期待着"更能忍受而不是去干强出头的事情"。
他也清楚地知道，基督徒被设定的方式是关注死后生活的图景比关
注此时此地的现世生活欲求、现世成功更重要。进而言之，他声称
宗教是一种自私的信条，它鼓励每个人去思忖他们自己的得救，而
不是把注意力集中在共同的利益和承担起公民的责任。

对于马基雅维里来说，宗教冲动的更直接原因是异教的"才气"
（Virtù）观念，这种观念更强调将个人重要的能力都凝聚为内在的力
量。不过为了表达这一观点，马基雅维里抛弃了传统的Virtù定义，
即由西塞罗和其后的基督教哲学家所认定的说法，他们认为一个人
要做到有德性就必须一贯"诚实"、"有荣誉地"地行动。马基雅维里
所说的Virtù则完全不同，它代表着不可动摇的决心和真正君主的志

向。这是任何成功统治者人格中的基本要素。拥有这种品质不一定确保成功，但一个君主缺少了它就注定失败。

这种对Virtù的定义与通常的意思正好相对，由于这一概念受到了特别的强调，又避谈基督教的核心价值观，认为其对真正的领导者毫无用处，这样马基雅维里就引起了愤怒。他的反对者们不能容忍马基雅维里视基督教意识形态并不比其他旁流信仰体系为好的估价，这些旁流的信仰体系在经历了15个世纪后已经被基督教排挤掉，也不能容忍异教信念可以很好地解释人的行为。《君主论》中那种反正统伦理的内容成为此书出版后几乎所有反马基雅维里主义的思想家和作家引出的纷争核心。

像大多数人一样，马基雅维里也明显有命运观念，即他所说的Fortuna。当他开始写《君主论》时，马基雅维里正经历着一生中最不称心的时光。他经济上面临破产，感到失落并被抛弃。撰写这篇论著，他力图尽其所能控制自己的命运，想以自己的才能和多年经验来扭转坏运气。"时间可以卷走一切，可以带来好好坏坏，难以捉摸。"写这些话时他正独自在夜晚的书房里待着，喝几盅浊酒，面壁沉思。

马基雅维里曾密切关注恺撒·波吉亚如何成功地爬上权力顶峰，又如何可怕地迅速灭亡。他见证了意大利国家的兴衰和欧洲政治生活的流变。他看着人们在战斗中死去和在疾病中亡故；他失去过一个新生儿、一个姐姐、母亲、父亲、朋友和所爱的人。马基雅维里认为人就像漂浮物，我们的生命由命运执掌，我们的命运难以预测，在某种程度上超出自己的控制。

但"某种程度上"一词恰是此处的精妙之笔。马基雅维里知道，即使是国王和君主，无论其如何强有力和明达，也无论如何冷酷和精于算计，都不可能是不朽的和天下无敌的。国王和君主们像我们这些人一样的脆弱。但一位真正"完美"的君主是意识到这些并认真加以思考的人。真正的领导人懂得，与狡诈的命运进行斗争的唯一方法就是在一切顺利时做好充分的准备。

马基雅维里是如此重视这个观念，以致他在《君主论》中用了整整一章（第二十五章）来讨论"在多大程度上命运支配着人间事务和多大程度上人们可以对抗命运"。他在这个章节中总结道，命运不全由天意决定，成功和失败取决于"运气"与"个人行为"之间的相互作用，"我想这也许是对的，即命运只是我们所做事情一半的裁决者，留下的另一半则由我们自己掌控。"

所以神就不再是必须的了，"我把命运比作那些毁灭性的河流之一，当洪水涨起，淹没原野，卷走林屋，迁移土地。一切都在洪水面前溃逃，一切都屈服于它的暴虐，毫无能力抗拒它。尽管它有如此本性，但人们不能随口说出：当天气转好时，就不要去准备些什么了，如筑堤修坝之类。其实这样做了，将来河水再涨时，就让它顺河道而走，它的势头就不是控制不了或那么危险了。所以就该如此去对待命运……"

人正是他自己命运的裁决者，没必要去祈求凌驾万物的神祇，人只需要意识到他在宇宙中的位置，并在事前做好充分准备即可。具有讽刺意味的是，马基雅维里本人在时运好时并未如其所说做什么准备，也从未说自己将成为君主之类的话；他只是一名思考者，一位懂得人们应该如何行动并使自己成为和保住君主地位的作家。他缺乏额外的立身资本，又没有生来就有的特权，他很难控制自己的命运。

马基雅维里即使能成为君主也必定失败，因为他并不具备无情的手段和许多他认为一个领导人必须具备的素质。在《君主论》中，他首先确定一个想成为君主的人必须具备的条件，然后断言传统的道德、伦理与真正持久的世俗权力是不相容的。但像恺撒·波吉亚那样的人又需要怎样的才具呢？除了要无所顾忌和不受道德羁绊，使一个中和的人成为"超人"的根本是什么呢？

为了回答这个问题，马基雅维里曾用狐狸和狮子进行类比。以这两种动物的性格来比喻人们一般的智慧确实是颠覆性的想法，但这是马基雅维里精心选择的比喻。狐狸提醒着我们它是欺诈和狡猾的大师，但是战斗力不强；狮子则体态强大，但是狡猾和欺骗乏术。只有将这两种动物的优点集于一身，统治者才能保住他的权势和控制住他的领土。"所以，为君者必须知道如何像野兽那样行动，他必须向狐狸和狮子学习，"马基雅维里阐述道，"那些只是简单地效仿狮子而行是愚蠢的"。

此处原因很简单。有些处境下要使用力量，而有些处境下需要聪明的操控；那些只局限于上述一个方面能力的领导是有局限的，有欠缺的，因此不配当领导。马基雅维里重申："如果人们都是善良的……这种看法就不适当；但人类是恶劣的，他们不会对你信守诺言，你也不必对他们守信……但人们必须明白如何为自己的行为润色，如何成为出色的说谎者和骗子。人类就是如此简单，如此受着环境的制约，行骗者总是能找到行骗的对象。"

这就总结出一个君王应采取的立场，不过还有一个问题未谈。君主，无论他是国王、军事统师还是21世纪的工业巨头，必须以某种形式武装起来，武器有各种形式：剑、核弹头、钱、股票或者有伤害性的竞争信息。（这也就是马基雅维里为何在索德里尼那里失去职务后很少成功的另一个原因，即他没有"武器"，他不富裕，他具有的那种才干新政府又不需要，当然他不是贵族出身；他具有的只是才能，而在那样的环境中，他发现自己的那些没有获得财富、权势或影响的实际用途。）

　　马基雅维里总是强调军事力量的重要性。作为一个君主，他相信自己聪明、有想象力、无情和狡猾，但是没有武装保护则一事无成。《君主论》中整整三章谈的是军事问题，马基雅维里非常详细地解释使用雇佣兵的危险和建立公民兵的必要性，还有就是适当的资金、训练和部队扩充的重要性。他视军事威力强大为强大政府的基石，是任何社会中持久安全的关键。"每一个国家如新国家、古代国家或其他综合性国家等的基础是好的法律和好的武装二者兼备；因为没有好的武装不可能有好的法律，哪里有好的武装哪里就有好的法律随之而来，我将不讨论法律而专注于武装问题。"

　　如果说那许多君主的特质是马基雅维里与恺撒·波吉亚、教皇尤利乌斯二世和美狄奇家族打交道的经验中得来，那么他对于强大武装需求的坚定信念则直接来自于他在佛罗伦萨政府中的苦涩经历。确信多年来降临其国家的那些痛苦其根源就在于国家缺乏对武装问题的认识，这也是他写《君主论》的原因，马基雅维里呼吁所有他眼中的君主们再也不要犯类似的错误了。"雇佣兵和辅助类军队都是无用的……对这点我无须多加说明，因为意大利目前的衰败就是因为多年来只依靠雇佣兵……那些雇佣兵带来的是缓慢、延误和无力的征战，转而就是失败……结果他们使意大利陷入奴役和耻辱状态。"

　　带着这些原则性的观点，马基雅维里试图为那些重拾恺撒·波吉亚的遗志并完成其未尽事业的人提供一个范例。在写到一个伟大的领导者应具有什么特质和如何保有征服得来的领地时，马基雅维里在《君主论》最后一章呼吁洛伦佐来接受这个巨大的挑战："这个机会一定不要错过，它最终使意大利看到了她的救星。人们真难以去表达这种敬爱，他会到处感受到这种爱。那里，忍受过外国的蹂躏；那里，渴望着去复仇；那里，人们怀着深深的期盼、忠诚、热泪。还有什么门堂能锁得住他？又有谁会拒绝服从他？什么嫉妒能阻挡住他？有哪个意大利人不会对他表示敬意？我们所有的人再也不能去闻蛮族控制下的臭气。就请你显赫的王室承担起这个责任吧，由此人们在勇气和希望的鼓舞下去从事正义的事业，在它的旗帜下我们的国家就会光耀，在它的指示下就能去兑现诗人彼特拉克的诗句：反暴虐的力量去投入战斗吧，/战斗很快会解决一切；/古罗马的勇猛并未消去，/它也没有在今天意大利人的胸中消去。"

对于马基雅维里来说，人类历史上的政治体制和社会在罗马共和国时期是最接近完美的，那还在恺撒·尤利乌斯（马基雅维里在《君主论》和《李维史论》中无情地谴责过此人）使之堕落为帝国之前。马基雅维里认为他那个时代的意大利应按罗马鼎盛时期的样子重新铸成一个共和国的国家模式，这也是他写作《君主论》的重要考虑因素。

马基雅维里确实是在寻求美狄奇家族的垂青与雇佣，因为他要养活自己和家人。他的论述，他的那些想法不可能不影响深刻。但在这种实际需求的背后还藏有更宏大的设想、更巨大的驱动力，人们可以从马基雅维里这种深沉的、持久的爱国主义中吸取力量和感召。在索德里尼的统治下，他是佛罗伦萨忠诚和干练的仆人，同样如果美狄奇家族给他一个职权的话他也会干得很好。但更重要的是，他是意大利的爱国者，他死前没几天曾告诉他的一位朋友："我爱我的祖国（mia patria）胜于爱自己的灵魂。"在马基雅维里的头脑中，意大利作为一个统一国家的想象如同火光一直在闪耀，并浸透在《君主论》的写作之中。

最简单地说，写《君主论》是为了阐述当时的政治生活，是为那时的洛伦佐或其他合适的领导人写的指导手册。它要说明像美狄奇家族这样强有力的家族如何去创建一个统一的意大利。但它又超越这一主题。它是留存下来的最有影响力的政治著作之一，因为它讲述了永恒性的人的问题。写这样一本书，马基雅维里展示出纯粹的诚实和纯粹的逻辑性，这是一部语词犀利、极为理智的书，马基雅维里一再强调，情感与权力不能共存。

在这一点上，我们或许能找到《君主论》中最受嘲讽的因素。许多世纪以来，批评家们痛责马基雅维里关于统治者不必诚实、不必讲道德的信念，但马基雅维里的写作表明了其无比诚实和纯粹。这一点正是被那些对马基雅维里肺腑之言进行似是而非批评的人经常忽视的。无论你如何评价《君主论》中的政治观点，它的力量和明晰都是否定不了的。在有点蛊惑的和不考虑名声的情况下，还伴随着经常性的对理想性思考的绝对否定，马基雅维里提供了一套亲眼见证基础上的现实分析；它当然是一种有力度的、尖刻的分析，但是人们的视界被怪念、信仰和慈悲之心给蒙蔽住了。

第十一章
复出

1517年，马基雅维里在全力征服厄运的同时也在寻找新的出路，受其《君主论》成就的鼓舞，他开始将其精力转向文学。

在他的早期著作中，有一本诗歌和十四行诗的合集，其中包含了一部提名为"金驴"（*L'Asino*）的作品，这是他于1517年开始创作但从未完成的一个残篇。这部作品以2世纪罗马修辞学家和诗人阿普留斯创作的《金驴》（也被称作"变形"，*Metamorphoses*）为原型。马基雅维里又继续撰写一部名叫Belfagor arcidiavolo（其英文名为"偷走妻子的恶魔"）的小说。此作品可能写于1517年，但在30年后才得以出版，此时距马基雅维里逝世已有10年。

创作《金驴》对马基雅维里来说是一种心理治疗的形式。虽然他有充分的理由来为自己感到遗憾，但是他知道读者可能不会为作者呈现出的忧伤所感动。他做的只是在嘲笑自己，马基雅维里将自己描写成毛驴。作为主角，他写道："我们的驴啊，它曾踩踏了这个世界的那么多台阶想去观察世人的心灵……上天说什么也不可能去挡住它的叫声。"换句话说，我就是马基雅维里，我曾在那里，我曾领教了处世的方法。没有人可以不让我去描写这个世界。你们（佛罗伦萨的贵族们和大多数美狄奇家族的人）可以忽视我，但你们忽视不了我的思想。再则，也委婉地说说这头驴吧，他也在叫："在所有古代和近代的人群中……还没有人像我这样要承受那么大的绝情事和费劲事。"

　　小说中部分这方面的创作想法来自于马基雅维里的痛楚和将其表达出来的需要，不过他还受到了新近的朋友之巨大鼓励，正是与这些朋友在一起度过了他在佛罗伦萨的大部分时间。这些志趣相投的朋友们通常在城市郊外的卢塞雷花园相聚。有时此花园也被佛罗伦萨人叫作"美丽花园"，由贝尔纳多·卢塞雷创立并一直延续到1490年代。贝尔纳多来自一个人文主义者的家庭，他创立这个场所为的是能让哲学家、作家们相聚在一起进行讨论。在沙砾卵石铺成的小道旁有好许古代的雕像，花园中处处有引种来的奇草异木。马基雅维里描写这个地方是他的朋友们聚会的"最隐秘花园"。在这里，思想家们聚会时就坐在长凳或"四周葱绿"的草地上。

　　贝尔纳多·卢塞雷于1514年去世，那时马基雅维里参加了由贝尔纳多的侄子柯斯莫·卢塞雷领导的花园群体，从1516年起柯斯莫·卢塞雷就成为马基雅维里最亲密的朋友之一。其他参加花园的人员还有哲学家弗兰西斯科·达·迪亚切托和历史学家腓力蒲·德·内尔利等，这些都是马基雅维里认识多年的人士。另一位历史学家雅柯波·纳尔第是花园的核心成员，其他还有作家安东尼奥·布鲁奇奥利和安东·弗兰西斯科·德利·阿尔比奇、诗人瑞奇·阿拉曼尼·迪·皮耶罗、政治思想家扎诺比·邦德蒙第等。在这些人中，有三个是马基雅维里最亲近的朋友，即阿拉曼尼·迪·皮耶罗、邦德蒙第和柯斯莫·卢塞雷。

　　这个群体几乎都是来自贵族家庭的富裕青年。他们坚持人文主义的、自由的观点，他们不喜欢新的统治者乌尔比诺公爵（洛伦佐·德·美狄奇）采取的领导方法，那些人都非常明达，有志向。从其影响力和财富而言，这些年轻人有朝一日都会在佛罗伦萨叱咤风云。与此相对照，马基雅维里则是贫寒，没有工作，但他拥有丰富的经验。他有渊博的知识；是天才诗人和政治分析家；是出众的辩手和社交家；还具有上佳的幽默感。顺理成当地，他不久就把自己看成这个卢塞雷花园的青年人的导师，而那些年轻人也受着马基雅维里政治观念的启示和影响。

慢慢地，马基雅维里开始意识到，通过介入这个群体，他又找到了一个非常具有颠覆性的影响政治生活的途径。他从来不是一个革命者或叛乱的人，在他看来，想干那种事的人是不可能通过暴力和极端愚蠢的业余伎俩去获得政权的，不过他还是热衷于一个思想家用其观念去介入对那些有潜在权势的年轻人的政治教育事业。这种想法受到年轻朋友们的支持，推动着他去完成《李维史论》的创作，稍后又引领其创作《兵法七论》，它与《君主论》、《李维史论》一起成为有影响的三部曲。

马基雅维里几乎在《君主论》杀青之前就开始了《李维史论》的创作，大约在1514年年初又重新投入创作。受到卢塞雷花园中讨论的激励，他同意为他的朋友开设系列讲座，期间马基雅维里对以前著作中的观点重加提炼，稍后即1518年他完成《李维史论》的最后定稿，尽管这个稿子要到他去世后才发表。

《李维史论》可视为马基雅维里著作中与《君主论》最接近的作品。然而《君主论》主要谈论领导的处世方式，是有抱负的领导者的引导书。在《李维史论》中，马基雅维里关注的中心是普通群众和他们在运作、维持一个成功社会中应扮演的角色。这是一本篇幅更长、更具体也极具争议性的作品，完全有别于他先前任何的政治著述（《君主论》除外）。《李维史论》探讨了马基雅维里一生中萦绕其心中的主题，如好政体的运作方式、强大军事力量的需求、宗教的作用及其与其他政府治理因素的关系等。在撰写技巧方面，马基雅维里再次采用了从古典传统中提取事例并与当代政治经验相结合的方法，因为《李维史论》是建立在他对《提特乌斯·李维的前十书》的分析基础之上。在李维的书中，马基雅维里参考了罗马人的范例，从而自然而然地得出结论：对于任何国家来说，最好的政体形式就是共和国。（李维生活在公元前1世纪的年代，被认为是罗马时代最重要的史学家。）

在马基雅维里重开《李维史论》写作时，他称心自己作为教育者的新角色。他写道："持善者传善道……虽然时代和命运之恶毒，你可能无法实现善道，然而当许多人有可能去实现这种善道时，必有一位受老天青睐者能够实现它。"换言之，马基雅维里认为这是他的责任，去传授自己的学识和经验，因为如果许多人能够理解他所传达之言，至少其中一人会受到命运眷顾并合适地去实践其所学之道。

同时，马基雅维里很快意识到他欠卢塞雷花园朋友们的东西太多了。在很大程度上，正是由于他们的情谊和支持才使他重获自信和自尊；同时，他还开始意识到像洛伦佐·德·美狄奇这样无知而自满的人根本就不懂他的话和建议。或许，他在写作《李维史论》时脑子里还装着洛伦佐的名字："不讲声誉，专干怀事，这些都是有德性、有学问和一切能给人类带来实惠和荣耀之士的敌人，这些敌人还有不虔诚、暴力、无知、无用、懒惰和懦弱。"

所以他不再将此书提供给一位受着传统和商业本能支配的潜在庇护人，取而代之的是，他选择将书献给两位他值得承受的人，即柯斯莫·卢塞雷和扎诺比·邦德蒙第。在这些人的身上，马基雅维里看到了任何人都不可能给予的希望。

"致扎诺比·邦德蒙第和柯斯莫·卢塞雷。问候大安，"随即马基雅维里开始了献词："我送出的这份礼物可能还配不上我对于你们行的义务，但毫无疑问它是尼科洛·马基雅维里所能送出的最好礼物。因为在此礼中我已经表达了自己在长期的经验中和对世间事物不断的学习中所得出的学问。除此，你和其他人不要期望我更多的东西了，我也送不出更多的了。你可能会抱怨我才气贫乏，因为文中叙述词不达意，判断也有失精当，许多议论有自欺欺人之嫌。果真如此，我不知道我们中究竟是哪一方较少亏对了另一方：要么是我较少亏对了你们，因为是你们逼着我写下那些不该由我来写的内容；或是你们较少亏对于我，因为我正在写那些不会使你们感到满意的文字。就接受这份礼物吧，朋友之间的馈赠礼轻情谊深。相信我，即使我会在多种场合被欺骗，但仍对这点感到满足即我在众友中挑选你们作为《李维史论》奉献的对象，此举未错。说什么这也算是我受惠于你们那么多年后的一点心意。再则，我不是去做那种普通著述立说者的俗套，他们习惯于将著作献给君主们，那就只好昧着良心、带着私利地称颂君主的人品如何得好，而事实上那正是最该责难的方面。而对于我来说，是不会去犯那种错误的，所以我不去选那些君王而是选品质高尚值得我奉献的人；不是去选那些能够赐予我地位、荣耀和财富的人，而是选那些虽无此能力但是心中想着这些的人。对于想使自己的判断正确的人，应当去敬重有雅量的人，而不是只会在心中想着要有雅量的人；应当敬重实际统治着王国的人，而不是想统治而无统治术的人……只要如此做了，你们所需求之事就无所谓是好是坏。如果你们容忍自己的错误去接受我的思想，我就不会放弃我在开始部分就答应你们的《李维史论》写作。再见。"

在这本奉献的著作中，马基雅维里更多地谈的是坚持认为要高度区分如下两种人：一种是命运被不公正地眷顾的人，这些人"想统治而无统治术"；另一种人是有能力的人，即马基雅维里的朋友们，他们实际上"知道如何去统治王国"而没有去实施统治。马基雅维里提到的那些被认同者是其时任何有教养人士中的佼佼者，要有勇气去写他们。马基雅维里很掷地有声地对美狄奇家族和其他嘲笑过他的人说："那好啊，如果你们想冷漠我，如果你们宁愿要一条猎狗而不要我那些经验之谈和智慧，那你们上天入地都不可能读到它。"

马基雅维里政治、军事分析三部曲的第三部即《兵法七论》（*Dell' arte della guerra*），这是他生前唯一出版的著作。书可能开始创作于1518年，其写作受到他那些卢塞雷花园朋友以及他在那里从事的讲座、长时间讨论的启发。此书于1521年出版，并很快被公认为关于研究战争各个方面及其政治分支的权威著作。

有些人批评马基雅维里的著作，认为他没有提到火器，而火器稍早于此书的写作已传入欧洲。然而此种批评误解了马基雅维里试图在书中想表达的基本看法。《兵法七论》也仿效《君主论》和《李维史论》的写作样式，将其当作一本指导性质的书，是对广泛的做事要诀给出概略性看法的书。它用了一个文学性的对话体写作方式，即假想以马基雅维里在卢塞雷花园中的朋友和教皇军队的统帅柯朗纳·法布里奇奥为对话双方，从中展现了马基雅维里认为组织和管理一支强大军事力量的最佳方法。这本书适宜于任何时代和任何国家的军事人员去理解，去运用。历史学家帕斯奎尔·维拉利就《兵法七论》写道："这里表达出的想法不仅仅属于它的时代，而且是永恒的。"

但是马基雅维里不满足于仅仅去教导，或仅仅专注于写一些政治、军事方面的事情。他还有创造性的另一面，他性格中纯粹诗人的一面，它使马基雅维里易于坠入爱河，也让他在牢房里决定向美狄奇家族的统治者献十四行诗。正是这种强大的力量、人的恒久的一面和原始的创造精神注入其涉及各种主题的作品之中。也正是这种冲动使其创作出喜剧《曼陀罗花》（*The Mandrake*）。

《曼陀罗花》的写作是另一次心理理疗实践。马基雅维里忍俊不止，也想让他人一同去笑他眼中的世界和怪诞之事。但它又是一种武器，一把匕首，会机敏地刺向那些曾使其沦落的人。他宣称"如果谁对这样的剧作也不会发出笑声，那我赠其一瓶酒"，并继续写道，"假定有人嫌此剧主题平淡，配不上那些想表现出智慧和严肃的人，那么对不起了，他那些正经眼根本就减不了其痛苦，他也没有什么可指望的了，因为他的才气在哪里都发挥不了，他只能去做无用功"。

与马基雅维里每部作品一样，《曼陀罗花》也充满时代性，完全是近代的产物，还与马基雅维里喜欢称其作品为"严肃的"一样，此剧与当时的文学传统没有任何干系。从其呈现的样式来看，马基雅维里正是激进透了。他用托斯卡纳语写作，他强烈感觉到应该是方言而不是拉丁语将成为意大利文学的语言。在这一点上，他与其朋友列奥那多·达·芬奇持相同看法，达·芬奇也对依赖拉丁语的传统很反感。马基雅维里也喜欢用轻喜剧、小说、流行剧或诗歌来表达其哲学思想，同样在《曼陀罗花》中他成功地抨击了教会、佛罗伦萨那些虽然富有但是缺乏教养的势利小人、圣洁的婚姻、对纯洁和荣誉的社会要求等。

此剧情节虽很简单却富于颠覆性。故事说的是：有一个佛罗伦萨青年人叫卡里马科·瓜达诺，在国外学习多年后回到了故乡城市。他是一名花花公子，早打听得城里有一绝色少妇卢克蕾齐娅。此时卢克蕾齐娅已嫁给一个上了年纪但很富有、可能缺乏男性魅力的绅

士梅瑟·尼洽。卡里马科对夫人一见钟情，于是唯一的愿望就是能
尽快拥有她。但是卢克蕾齐娅有德性，又虔诚。在狡黠的朋友李古
獠的帮助下，卡里马科设下圈套去诱得心中美人。他们很快发现老
头因没有子嗣而沮丧，于是他们就利用这点让卡里马科进入卢克蕾
齐娅的卧房。

李古獠得到了尼洽的信任并告诉他，为了使卢克蕾齐娅怀孕，
他们必须引诱一个年轻人喝下一些曼陀罗花的草根，同时让他与卢
克蕾齐娅要好去。他的妻子会怀孕而曼陀花草根的毒性在当晚就会
要了年轻人的命。尼洽同意了，但他的妻子还需要去说服。卡里马
科和李古獠买通了一个神甫提莫窦修士，将夫人哄骗住了。

卡里马科当然没有被毒死而且如愿以偿得到了卢克蕾齐娅。马
基雅维里也没有用任何道德报应之类来总结故事或去迎合观众的习
惯想法（即卡里马科是不道德的）。相反，尼洽答应让这个年轻人和
他们夫妻一起住，合成了三口之家（menage a trios）。马基雅维里在全
剧结尾时也对教会进行嘲讽。在最后一幕，我们看到了帮凶提莫窦
修士还在从希望快快有产的这家人那里收取回扣。

此剧当然在1518年春或夏马基雅维里那帮人文主义者文学俱乐部
的众人面前朗诵过，也就是那年夏天在佛罗伦萨公演。它立刻取得了
成功，并于第二年在罗马教皇列奥十世那里演出。令人惊奇的是，教
皇非常喜爱这部戏，此戏也有助于改善马基雅维里在美狄奇家族中的
形象。很明显，列奥这个头脑简单、稚气十足而且对高雅艺术或思想
之类无甚兴趣的人是喜欢淫荡之类的事情的，几乎那些暗含着的反教
会、反美狄奇家族的内容等负面的故事内容都给忽略了。

对于马基雅维里来说，这种反应是出人意料的但满心欢喜，它表
明美狄奇家族对他的态度首次有了细微的变化。到那时止，他已经被

冷落了六年。这是他一生中最多产的一个阶段。在这个阶段，他被迫去开掘自身的创造力，使自己的精神自由地表达出来，不必去受以往担任第二国务秘书时的职责拖累。在1513年到1517年之间，他创作出几乎所有日后使其出名的作品，同时也为政治思想和军事哲学体系奠定了基础，这种体系已经延续了有500年之久。这段时期对马基雅维里来说是痛苦、懊丧的，但这种黑暗也是他扬名的催化剂。

到了1519年，事情看上去有了点苗头，新的前景正在展现，新的机会也在露面。即使马基雅维里不善于把握自己，也不是君世之才，但起码他知道做好准备的重要性。当索德里尼失势时，马基雅维里也受到厄运的困扰而且没有做好任何准备。现在，厄运已被善兆取代，他准备抓住机会并去施展一番他的拿手好戏。

1519年有两个人的去世对马基雅维里影响很大。马基雅维里甚为伤感的是其最亲近的好友——卢塞雷花园团体的创建者柯斯莫·卢塞雷的去世。马基雅维里欠他很多；正是他的关注、建议使马基雅维里重新振作起来，马基雅维里还赞赏他的批评。在马基雅维里从权力舞台失落后的日子里，柯斯莫·卢塞雷给出的帮助远非他人能比，他鼓励马基雅维里去写作，去教学。团队一直在老地方活动，因为这些智者的聚会从不缺富绰的庇护人和精力充沛的组织者。但1519年起，这个群体的精神发生了变化。

另一个人的死，即1519年5月4日洛伦佐·迪·皮耶罗·德·美狄奇在离他27岁生日仅几个月前去世，这对马基雅维里来说没有任何情感性的影响。不过对马基雅维里人生向好的转折则起到了相当作用。洛伦佐对马基雅维里很失望，这不是简单地因为马基雅维里对他的事业毫无贡献，并通过《君主论》去斥责他，更多地是因为他感觉自己失败了，并对他近六年统治的失望。洛伦佐滥用了其职权，自我困扰和腐败一天天增长，最终落得个大部分佛罗伦萨人都转而反对他的地步。

对于马基雅维里来讲，洛伦佐的早故使其如释重负，让他看到了新的希望。洛伦佐的死还威胁到美狄奇家族在佛罗伦萨的统治，这促使教皇列奥十世急忙派他的侄子朱里奥·德·美狄奇红衣主教前往，并迅速在政府中建立起威权。朱里奥有着他前任不曾拥有的东西即明智、有度、富于思想性，他是艺术的庇护人，其政治观点比他家族中任何人都更接近马基雅维里及其朋友的想法。在所有美狄奇家族成员中（朱利亚诺除外），他对这位前国务秘书最器重。

顺时而为是最重要的，马基雅维里对于这一点比其他人更清楚。马基雅维里被拘禁后立即掉入黑暗、无望的日子，他一定知道已经处在重新审视自己和缓慢、痛苦的变化阶段。这种变化很富戏剧性。他曾经把自己看成一个政客，但到1519年时他成为佛罗伦萨文学界的一员，一位剧作家，一位政治分析家和诗人。他离开政坛已经7年了。虽然他还难以接受，但事实上文学提供了他比以往任何职务时更好的介入公众生活的机会。

复出的机会在1520年的3月到来了。那时，马基雅维里最亲近的朋友也是意大利最有权势、最富有的家族成员之一洛伦佐·斯特劳齐为其安排了一次和佛罗伦萨新统治者朱里奥·德·美狄奇的简单会面。据证实，这次会面很好。然而最近痛苦的经历似乎使马基雅维里和他的朋友们对于这种接触的不可靠性比较敏感。所有的人都觉得不要过分相信这种简单的会面，他们也怀疑幕后真正的掌权者教皇列奥十世的态度。他们不想让1514年初那些不幸的事件重演，所以马基雅维里的另一位亲密朋友巴提斯塔·德拉·帕拉尽力在教廷美化马基雅维里的形象，那时他正在罗马，与教皇很亲近。德拉·帕拉向列奥描述了卢塞雷花园中的集会，并饶有情趣地谈到了那些文化人的绘画和他们在大理石与花丛中谈论高尚事情的情景，这几乎就是古典时代的学院场景。然后他又告诉教皇马基雅维里在这个群体中的领导作用和他如何以自己的学识使那些人迷恋。他还提到教皇及其教廷人员都非常喜欢看的马基雅维里所写之闹剧《曼陀罗花》。

这次有气色了。正在罗马的腓力蒲·斯特劳齐在给他弟弟洛伦佐的信中写道："我非常高兴你能把马基雅维里引见给美狄奇，因为如果他能得到大人的信任，他必定有所作为。"几个星期后，也就是1520年的初夏，马基雅维里接受了一些小任务，前去处理一些争吵和纷争，其中有些纷争涉及商业合同。他还受红衣主教朱里奥·德·美狄奇之托前去造访卢卡城为佛罗伦萨去解决细小的问题。其中之一牵涉铸币争议。另外他还受托去解决比萨学生引起的争端，这些学生反抗当局并逃离了城市。这些对于曾担任佛罗伦萨共和国最重要外交使节的人来说是降低身份的工作。但这些在马基雅维里看来是一种测试，以微小的付出为未来他期望的大事业铺平道路。

很难准确地判断在此生命阶段里马基雅维里究竟在图些什么。他曾热爱他的那份旧工作，现在已经整整七年没有去担那种旅途和职责的心事了。他忙着去找到解决争端的方法，他直率，外向，好凑热闹。他爱好权力，即使他已经是一个不起眼的人了，也意欲与权势者打交道。但世界已经变了，他也一样。美狄奇家族有自己忠诚的外交官，有自己老到的公务员。更何况马基雅维里从未被美狄奇家族信任过，不可能希冀在城市政治生活中得到一个扮演重要角色的位置。当1520年他重新与美狄奇家族建立起关系，时年已51岁，即使在16世纪，脱离政界七年是难以想象的。

　　他贫穷，在最好的人生10年中被放逐，但他还是存活了下来。他逐渐地去接受失败，他的思想和情感慢慢也在变化。大概这时他认为自己更像个作家而不是政治发言人或使节。是卢塞雷花园的年轻人使他有了观众，而他的成功又在簇拥新的观众。他的《兵法七论》已在印刷，即将出版。即使他在《君主论》和《李维史论》中表达的政治观点遭受广泛的误解，它们至少在思想界被讨论过并传播开来。综合考虑上述因素，显然他要走的路是迎接作为作家，历史学家和政治理论家的挑战。美狄奇家族及其顾问们也明显地考虑到了这些，因为在1520年7月马基雅维里再次受邀觐见红衣主教朱里奥·德·美狄奇，去讨论受任撰写《佛罗伦萨史》的可能性。

　　这一建议对于马基雅维里来说太完美了，他顿时激动起来。虽然相对来说收入微薄，但对于任何学者来说这都是巨大的荣誉。合同是两年，在对工作进度进行检查后才能批准下笔资助。正式地说，此次委任来自费奥伦蒂诺工作室和一个具体负责协商的"大学公事所"机构。但美狄奇是赞助人，对挑选接受此项任务的作者有最终决定权。马基雅维里被要求自己去起草合同的基本格式并送给负责委任事宜的助手和律师弗兰西斯科·德·尼禄。他写道："他（作者）被雇佣……年，每年……工资，条件是他必须也一直要坚持创作编年史和其他发生在佛罗伦萨国家、城市历史上的事情。由作者选定合适的撰写起始年份，究竟使用拉丁还是托斯卡纳语写作为好，这也由作者选定。"

　　马基雅维里每年的年薪是100代用券佛罗令（studio florin）。但代用券佛罗令是一种贬值货币，只值四个里拉，当时是一个金佛罗令值七个里拉。这意味着马基雅维里的薪水接近57个佛罗令，大概是他20多年前任佛罗伦萨国务秘书工资的三分之一。他应该有理由认为工资要更高些。但写佛罗伦萨史对他来说是个黄金机会，这个机会是一刻也容不得放弃的。他的历史一直写到最近的时代，其线索包括过去由有威望的、有力度的人写的东西，至少包括3位前执政团的首脑。

马基雅维里旋即开始工作。一年中的大部分时间他都在圣·安德里亚的乡下居处从事写作，就像他当年写作《君主论》时的情景一样。在1513年至1514年的写作期间，他到佛罗伦萨旅行了一次，为的是料理一些人际来往和从学究网中解脱点什么。但这一次情况有很大的不同。他仍旧贫穷，他仍旧未被欧洲最有权势的人看重，但他有他要做的工作，这些工作也需要他做，也正是这些工作给他带来了欣慰。在他回到佛罗伦萨的一两天或一个星期中他又老习惯地去寻花问柳、赌博和酗酒，因为他喜爱这些事情。但这个正在写佛罗伦萨史的与以前那个用自己的悲愤去结束《君主论》的人在很多方面已大不一样。马基雅维里至少得到了美狄奇家族的宽待，他也有有权势而且忠诚的朋友。在1520年，他有了生活的希望和目标，伴随着而来的是新的自信。

关于马基雅维里1520年生活所起的变化，其最好的证明可以从他对一则惊异的消息、一封信和一封邀请函的回应中见出。1521年4月，前正义旗手皮耶罗·索德里尼写信给马基雅维里，想把那时他在亚德里亚沿岸一个小省即拉古萨共和国（现代的杜布洛夫涅克）的国务秘书一职提供给马基雅维里。此职位将带来诱人的薪水、舒适的住处和这位前外交家所渴望的权限。

马基雅维里自然很高兴，不过还是拒绝了邀请。但索德里尼也不是那么好打发的。我们猜想他是否还有隐秘的动机，想让马基雅维里在美狄奇家族日益器重他时离开佛罗伦萨。索德里尼很快又提高了待遇，但马基雅维里还是拒绝了这份职酬。

　　几周后，索德里尼又提供其第二份工作。这次要马基雅维里担任罗马权贵普洛斯佩罗·柯洛纳（马基雅维里将《兵法七论》献予的那位雇佣兵队长法布里奇奥·柯朗纳的堂兄弟）的顾问，薪水是200金杜卡斯加其他补贴。这是相当惊人的出价。200金杜卡斯相当于马基雅维里在佛罗伦萨政府中事业顶峰时薪水的好几倍。这职位也等于给了他家庭舒适、快活和安全的生活。他可以把妻儿送到罗马，一洗以往的痛楚。虽然他想必被深深地吸引了，但马基雅维里还是拒绝了邀请，仍留在佛罗伦萨去完成他的著作。

　　他是考虑到荣誉问题才那么快就作出决定，因为他已经同意撰写佛罗伦萨史了。这将是高尚的、重要的事业，这将名垂青史。他还认为，以此清楚地表明他将继续为美狄奇家族工作，而不是三心二意地想去干其他工作，他的忠诚值得称颂。马基雅维里也知道，他可以在舒适的柯朗纳宫廷里度日，他也部分地感觉到应当去享这份清福，但现在的他已经被更伟大的心志鼓动着。如果这份邀请早来一年，或许他的决定就整个地不同了。现在他正充溢在坚强和自信之中。他已经获得了新的动力，新的激情，他知道自己最应该从事的事业。在这点上，他仅仅是部分地正确，因为他最后的岁月充满着金子和宝藏、欢呼和荣耀，也充满着不幸和悲痛。

第十二章
最后的岁月

在美狄奇家族和学术机构的支持下，马基雅维里现在是一名专业作家了。他的《兵法七论》于1551年由佛罗伦萨人腓力蒲·迪·吉恩特主持出版，得到军事分析家和政治评论家的相当好评。最早得到副本之一的名人、红衣主教乔万尼·萨尔维亚蒂曾自豪地说："我是在罗马最早读到这本佳作的人。"

与此同时，马基雅维里正在进行《佛罗伦萨史》的写作，这既带给他思想上的满足也使他遇到各种困难。其中最困难的是此著作要满足委托者即美狄奇家族的心意，同时又要讲究历史著作的真实性、正确性。这就意味着马基雅维里在某些时候会被迫扭曲事实，并有损于其思想的完整性。1521年，他经常与那些有权势的朋友和教廷督管弗兰西斯科·奎恰迪尼进行互有启发和密切的通信。马基雅维里在信中袒露："至于卡比地区公民的谎言（他刚从这个城镇的教区参观回来），我可以把它们一一揭穿，因为现在我是一名研究这类东西的内行，我来做这些就足够有余了，用不着再去要求弗兰西斯科·马特利（那时的说故事人）来当传达者了；所以，现在有时候我不会去说什么相信或从不相信那些我说过的事情，如果确实有时要说说真话，我也会把它们隐藏在许多谎言后面，叫人难以发现。"

这确实很有讽刺性：马基雅维里是一名忠诚的共和主义者却受美

狄奇家族委任去撰写其城市的历史，但他又不能去拒绝写这部著作的邀请；当然以其聪明才智完全可以找到一种既迎合他君主虚荣心又不与自己的诚实相违背的方法。1524年，当他即将完成这部著作时，他告诉奎恰迪尼，"在这个国家里，我正在使自己去适应它，并且会继续这样做，去写写历史，我会花上十个索尔第（但不会再多了）让你支持我，因此我会告诉你我正写到哪里，因为我正在仔细地进行些润色。我无论如何应该好好向你讨教，因为我太讨厌著作中那些夸大的或淡化的事实。然而我还得继续在我自己身上去寻找建议，并且继续尽我最大的努力去处理好那些事实，不要让人去抱怨。"

当马基雅维里写上述话的时候，在他国家之外的世界都在排挤政客，国王和教皇正从事于他们通常的游戏和制造事件，希望能够在以后的历史中留名。总是十分微妙的欧洲均势因为两个人的死而得以暂时确立。一个是1516年费尔德南二世（亦称天主教徒费尔德南）的去世，他曾是阿拉贡、卡斯提利、西西里和里昂的国王，从1504年起也是那不勒斯的统治者。另一个紧跟着费尔德南之后于1519年去世的是神圣罗马帝国国王麦克西米连。

那年，费尔德南和麦克西米连的19岁的孙辈，即后来腓力一世和卡斯提利乔安娜的儿子成为神圣罗马帝国国王即查理五世，他在3年前已经加冕为西班牙国王。这次欧洲两大权势集团的结合是对法国不能忍受的威胁。自1521年起就磨出了系列战争的火花，让一代人都拖入了战争。意大利则因为利奥十世（乔万尼·德·美狄奇）起的一个个无能的教皇在位而被无情地卷入这些战争，他们都想当骑墙派。

利奥十世死于1521年12月，他死后由托尔托萨的红衣主教乌特勒支的阿德里安·伯雅斯继任，历史上称为阿德里安六世。红衣主教伯雅斯曾是查理五世的家庭教师，这个孩子成人后就成了西班牙和神圣罗马帝国的国王，由于他们之间还签订有密切的协议，从理论上来说阿德里安的当选应该使意大利在政治上稳定下来。但是事实恰恰相反。

阿德里安的当选对于美狄奇家族来说是一个坏消息，因为它给了那些反美狄奇家族的人一个意想不到的鼓动。这些人中最起劲的就是皮耶罗·索德里尼，他一直以来都希冀着能有机会重返佛罗伦萨，同时他的弟弟红衣主教弗兰西斯科·索德里尼也正尽力帮他在罗马制造声势。但如果这些美狄奇家族的反对者们希望在1522年可以取胜并在意大利重新崛起，那么他们就错了。等待着他们的将是死亡。

1522年的那个夏天格外炎热，在5月爆发了一场较以往势头更猛的瘟疫。佛罗伦萨是意大利城市中受影响最惨重的。城市瞬间失去了生气，很多富人都躲到了他们乡下的小别墅里，那年城里没有了选举，也没有法律在维系。那些怀疑染病的人被强制穿上白色的衣服，他们的家也被打上印记。马基雅维里的弟弟托托就是这场瘟疫的受害者之一。在正义旗手罗伯特·普奇于1522年6月8日写的信中，尼科洛听说他弟弟已经病入膏肓，一直到他弟弟去世前一天他都没设法去探望，他弟弟死时年仅47岁。

6月14日，多少年来一直是马基雅维里上司的正义旗手皮耶罗·索德里尼在罗马去世，可能也是瘟疫的牺牲品。索德里尼与他弟弟一起从没有完全放弃废黜美狄奇家族和恢复佛罗伦萨荣誉的梦想，在他生命的最后日子里，其弟弗兰西斯科也卷入推翻教皇的密谋之中，皮耶罗正是死于密谋败露前的一两天。弗兰西斯科是被劲敌红衣主教出卖的，在他可以逃到罗马之前被捕，被关在圣·安吉罗监狱，被拷打至死。

与此同时，这些密谋者在罗马每周都要进行一次活动，佛罗伦萨的叛乱者则在行刺朱里奥·德·美狄奇之前阴谋败露，最让马基雅维里担忧的是此次密谋是由其卢塞雷花园的两个好友扎诺比·邦德蒙第和瑞奇·阿拉曼尼·迪·皮耶罗领导的。尽管密谋失败后他们成功逃出佛罗伦萨，但是他们的两个合谋者瑞奇·阿拉曼尼·迪·托马索和雅柯波·达·迪亚切托不幸被抓获，受到百般折磨，直到他们供出计划的每个细节，随即在执政团广场被斩首。

奇怪的是，马基雅维里从未被怀疑卷入这场密谋之中。这真是不可思议，在那群卢塞雷花园的人文主义学人中，马基雅维里是一位重要人物。他是个著名的共和主义者，更为重要的是，他10年前曾涉嫌参加反对美狄奇家族的阴谋。他有足够的动机去参加这次反叛。事实上这些煽动暴乱的人甚至在严刑拷打之下都没有提及马基雅维里的名字，想必他是清白的。

1523年对马基雅维里的传记作家来说是空白的一年。在那个时候，只有三封保留下来的关于马基雅维里的信件（有两封是同母异父兄弟弗兰西斯科·德·尼禄写来，另一封是弗兰西斯科·维托利写来），看起来他好像在圣·安德里亚过起了隐居生活，并继续写他的《佛罗伦萨史》。在卢塞雷花园的集会早在密谋败露前的一年就结束了，马基雅维里没有在政府部门工作，也没有关于他的佛罗伦萨周边旅行的记录。

当他生活在一个自我封闭的状态中时，佛罗伦萨和罗马发生了很大的变化。教皇阿德里安六世于9月去世，1524年10月中旬神圣同盟选举朱利奥·德·美狄奇作为新教皇，历史上称克莱门特七世，他尽管不像以前的教皇那样贪污，但是一个比较固执和好斗的人，他行事优柔寡断，政治上很单纯。

1520代年是教会急需一个强有力的教皇的时期，因为这时它遭受到各方面的攻击。1517年马丁·路德将他的《九十五条论纲》贴在维登堡教堂的门口。这致使列奥十世将其开除教籍，但对天主教的攻击仍从四面八方袭来，而且愈演愈烈。思想家们在贬损教义，或许这些到处泛滥的印刷本对教会来说是最大的威胁，因为这些用方言译成的作品给大量的群众提供了受教育的机会。像人道主义者伊拉斯谟那些开始批判天主教会的传统、对人的思想有解放作用的著作如《愚人颂》（1509）和《意志自由》（1524）等就十分有趣而且易于诵读。

一个更为直接的危险来自于政治。罗马再一次受到欧洲两大强国西班牙和法国的觊觎。克莱门特试图像教皇尤利乌斯二世那样作为一个中间人尽力与两国在军事上保持一定距离。教皇尤利乌斯二世在其计划受挫之前曾在短时期内取得了些成功，但是克莱门特的性格与尤利乌斯二世截然相反，并且政治上犹豫不决，这使意大利陷入大屠杀和耻辱当中。

1523年马基雅维里一直以孤独和学者般的安静隐匿着自己，但是这种情况没有维持很久。在他给朋友的信中可以看出，到了1524年的第一个星期，他就开始在圣·安德里亚露面了，并且在佛罗伦萨开始了许多社交活动和愉快的活动。也就是在那一时期，一个非常富有的商人雅柯波·福尔纳奇埃奥走进了马基雅维里的视界。

雅柯波·福尔纳奇埃奥非常不同于马基雅维里的其他朋友，而且这种新的关系恰好说明了马基雅维里结识三教九流的特点。马基雅维里喜欢与有智慧者相伍，但也能与各方人士相处。甚至他最亲密的朋友亦来自广泛的背景。他与曼图亚和莱吉奥的教皇督管（1524年又被教皇任命为罗曼亚"首长"）的弗兰西斯科·奎恰迪尼保持着密切的联系。马基雅维里在卢塞雷花园的朋友大都是来自佛罗伦萨最富有而且最有权势家庭的年轻人。马基雅维里曾与索德里尼的兄弟们私交甚密，他们都是些巨富和有影响力的大家族的儿子。然而马基雅维里也能随便地与低层出身的农工劳动者交流，他们经常在马基雅维里农屋边的小酒馆酌饮。他很珍惜这份社会平等之情，也包括像比阿吉奥·波拿柯尔西这样的人，现在他又准备与商人兼富有"平民"如福尔纳奇埃奥这样的人打交道。

　　这种社会网在16世纪的佛罗伦萨是很平常的。很多富贵人都会与小康市民以及在艺术、政治或宗教上有成就者互通在一起；那些出自底层的成功人士也可以由此脱开等级樊篱得到社会承认。正因为如此，像雅柯波·福尔纳奇埃奥这样在佛罗伦萨外围有一个大的住处就可以很平常地召开一个集会，许多托斯卡纳的著名人士都会来参加，这些摩肩接踵的人中有成功的艺术家、演员、作家以及像马基雅维里这样的名流。正是1524年1月在一次福尔纳奇埃奥家举行的盛大集会上，马基雅维里结识了令人销魂的女演员芭芭拉·萨卢塔第·拉法卡尼。

　　就像经常发生的那样，马基雅维里很快地喜欢上了芭芭拉并陷入爱河，他把自己所有内在激情都投射其中。10年前他曾给朋友维托利去函，写道："爱情对那些非常容易触景生情的人来讲确实是件折磨人的事。但他是个年轻人，一个轻浮的男孩，他是能为那些人凿出双眼、心肝的人。但那些人喜欢上了他的倾慕又纵容他，并让他随心所欲，让他一而再、再而三地光顾，他所求之不得的就是这些：一切如愿。"

　　马基雅维里写下了那么多精到的语词，但他纸上的思想很少去指导他的行动。在他的生平中无疑与一打甚至20个女人自由爱过，有过私交，但是他从来没有出现过信函或小说中设定的那种情景，在那里会出现爱慕如初的话语"呵，马基雅"之类。随着年龄的增长，他的感情伤痛也愈发严重，他已经迷恋上了拉法卡尼这个比他年轻一半的女人，他也承受着这种没有结果的爱情。现在，他快到55岁生日了，又被美丽的芭芭拉深深吸引住了。

众所周知，芭芭拉是个很容易被爱情捕捉的人。她自信，有才华，并且很漂亮，是一个很有舞台表演欲的人，马基雅维里不会愚蠢、幼稚地认为他只是芭芭拉唯一的爱慕者。他能够给她的也只是他的名望、智慧和佛罗伦萨的聪明人、开明思想者对他的崇拜而已。他已经是有把岁数的人了，又穷，是普通人，在很多方面已经达不到芭芭拉的要求了。

然而很多存留下来的信件证明，马基雅维里确实与芭芭拉保持了一段很长时间的关系。事实上，听说这些事情的人都被他的古怪行为所震惊，并且试图警告他不要去做这种嬉戏的事情了。一些人甚至想去干涉。一位老朋友、律师腓力蒲·德·内尔利写信给弗兰西斯科·德·尼禄："因为'马基雅'是你的亲戚，也是我的朋友……但我还是不得不告诉你在摩底那每个人都在谈论他以及这位'有家室的人'整个地掉入与那个'我不愿提及姓名的人'的爱河之中。"

很难确信德·内尔利写这封信的目的。他被认为是一个友善、忠实的朋友，他在国务部结识马基雅维里并且是卢塞雷花园群体的一名积极分子，但通过把这些评论直接告诉玛丽爱塔的兄弟，他意识到他可能会给马基雅维里带来些麻烦。极有可能内尔利试图迫使马基雅维里陷入与家人的冲突并以此来改变他，但不好听地说也有可能是出于妒忌。

不管德·内尔利的动机如何，马基雅维里对他不理不睬。确实我们只能认为玛丽爱塔已经忍受惯了她丈夫的这种生活习性，她已经将此当作马基雅维里性格中不可能改变的事实接受下来。没有迹象表明德·内尔利的干涉改变了什么。

1524年春天期间，马基雅维里很少不是带着他的爱神在公共场合露面的。在1520年代的早期，福尔纳奇埃奥是佛罗伦萨的重要人物，他喜欢出头露面。他非常富有并且喜欢在党派中有像芭芭拉这样的美女。他也喜欢像马基雅维里这样著名、有光彩的人士来捧捧场。在马基雅维里这边，社会对他的接受度要经过很长时间才会缓解他内心的怨愤，不过这种接受还是给他些期待。不可避免的是，在马基雅维里认识芭芭拉几个月之后，她就成为他的"缪斯女神"，致使他提笔为她写剧本。这对福尔纳奇埃奥同时也是个启发，他没花费什么就在他富丽堂皇的房子里为这个剧本安排了一个公共演出。

《克丽奇娅》一剧于1525年1月13日首次公演。福尔纳奇埃奥雇佣了一名著名的舞台设计师巴斯提亚诺·达·桑·伽罗设计布景，其花园的大部分区域被搭建成舞台，托斯卡纳区最著名的音乐人和演员都被邀请来为芭芭拉任主角捧场。据一位当事人所言，"所有主要的公民及政府权势人物都来了"。甚至刚被教皇任命为佛罗伦萨新领导人伊波利托·德·美狄奇（即朱利亚诺的非婚生儿子）也来了。

《克丽奇娅》的情节比《曼陀罗花》更富于性刺激。故事围绕着一个富裕老男人尼哥马可展开。他对年轻女孩克丽奇娅有强烈的爱欲，并将其带到家抚养成人，由其控制。同时，尼哥马可的儿子克里安德也爱上了克丽奇娅，并希望与她结婚，但是老人予以拒绝，坚持让尼哥马可的佃户皮罗与她结婚，因为尼哥马可和皮罗达成协议，他可以被允许与新娘发生尽可能多的性关系。

在婚礼当晚，尼哥马可吞咽了药剂师给他的一袋特效药片，占据好新郎的位置，等待克丽奇娅的到来。然而尼哥马可狡猾的妻子索福洛尼娅花钱雇了一个男仆穿上了新娘的衣服装扮成新娘等在那里。在新娘黑乎乎的卧室里，尼哥马可想重复地用其办法来占用他所认为的克丽奇娅，但遭到男仆的痛打，最终他不得不放弃，并想回去睡觉，不料那个男仆鸡奸了他。这个转折构成了剧本双重的可恶性来，在某种程度上说是歇斯底里的滑稽，因为一个老人允许自己充当同性恋中的被动角色这种想法是当时的佛罗伦萨人所不齿的。

最后的场景是克丽奇娅的父亲出乎意料地出现了，我们发现他不但富有而且通情达理，他坚持把他的女儿许配给她所爱之人克里安德，最终他们幸福地生活在一起。

这部剧作立即在意大利名声大噪，广为流传。德·内尔利感动地写道："你的喜剧名声到处流传，不要以为我是从朋友的信中得到点内情的，而是从旅行者的口中得到的，他们到处传颂这上乘的演出和绝妙的佛罗伦萨之门游戏（佛罗伦萨的城门靠近福尔纳齐埃奥的家）。我相信如此伟大的创作不会只流传于托斯卡纳，它会传播开去，会越传越远……"

如果我们不要太较真的话就得承认《克丽奇娅》获得了巨大的成功，另外马基雅维里和他的亲密朋友之间经常用上述语气交流。就像它之前的《曼陀罗花》一样，剧情简洁又出人意料，让观众去环视社会。事实上，在他的一生中，马基雅维里更被当作一个喜剧家。（就在《克丽奇娅》首次出演的那会儿，《曼陀罗花》在威尼斯被禁演了，因为观众过分的情感化宣泄使演员很难顺当地演出。）

《克丽奇娅》是马基雅维里作品中最具自传性、自嘲性的剧作。其主要人物的特性当然来自于克丽奇娅的扮演者芭芭拉，而马基雅维里把那个老男人命名为尼哥马可充分地表明，他就是把自己视为那个尽管努力还是当不了情场英雄的老男人。这个剧本也加剧马基雅维里所承受的痛苦，因为他不会有好结果地爱着芭芭拉。但与那个创造出的可怜人物尼哥马可不同，马基雅维里几乎成功地实现了他与这个漂亮女演员的性欲望，尽管他们的关系不可能发展为正常关系。

在马基雅维里身上就部分显示出，他把自己想象成悲情者和怀才不遇者。有段时间他写给朋友的信中采用"尼科洛·马基雅维里，历史学家、喜剧作家和悲剧作家"这样一些署名。他当然知道芭芭拉同时也在与其他人发生关系。在芭芭拉的眼中，他和另一些做床上戏时自称是崇拜者的那些人没有什么不同。在给他朋友奎恰迪尼的信中他写道："关于芭芭拉和歌手（其剧作新演出时增加的歌手），我确信给个15索尔第到1里拉就能带上他们，除非还有其他一些考虑而伸不出手。我这样说着是因为她还有情人横隔在其中，这就需要算计好一切事宜。"

与此同时，当他的朋友不想再劝说他把和芭芭拉的事情公诸于世时，他们也给了他各种摆脱忧愁的帮助。奎恰迪尼在1525年8月给马基雅维里的信中就这样建议："你已经习惯了那个逢人就讨好的芭芭拉，你就别真当回事。"

马基雅维里总是用感情来驾驭他的理智，并受着放荡的东西驱使，以致不顾形式和习气如何，不过明显的是，他在掌控着女人。芭芭拉就从未遗弃他，直到1527年7月他去世时他俩一直保持着情人关系，这从他们第一次相见算起要有3年以上的时间，1527年春天当马基雅维里因国家事务离开佛罗伦萨期间她仍频繁地写信给马基雅维里。当然马基雅维里不只爱着芭芭拉一人。他至少还有其他情人，在公共场合出现时会有女演员陪伴，其中对他最重要的一个年轻妇女名叫玛丽斯考塔，是他1525年夏去法恩扎旅行时结识的。

那年是马基雅维里命运真正的转机。它是从《克丽奇娅》在佛罗伦萨上演获巨大成功开始的，并且几周之后他就完成了《佛罗伦萨史》的写作（一直写到1492年大洛伦佐去世为止）。他突然自信心又来了，认为应该以个人名义将此书呈现给教皇，为此他写信给刚回罗马的维托利寻求建议，维托利与克莱门特七世关系甚密。维托利告诉他时机不是很成熟并把此事拖了下来。但不久，在3月初他又改变了想法，并致函说："我亲爱的朋友，关于你是否应该献书的问题我无法给你建议，因为还未到阅读和承受你礼物的时候。另外，在我回去的第一个晚上，当我与教皇谈及一些我不得不谈的事情时，他亲自向我问起了你，询问我你是否完成了《佛罗伦萨史》的写作，问我是否看见书了。当我告诉他我已经看到这本书的部分内容并说你已经在洛伦佐之死处收笔时，这似乎比较令人满意，并说你希望亲自将此书带来呈送给他，不过我劝说暂时不要考虑，因为这有个时机问题。教皇对我说：'他应该来，我觉得这本著作将会令人满意、值得一阅的。'他还跟我讲了许多话，但我还是想提醒你不要太对前来呈书抱太大的希望，以免到时一场空欢喜。"

为何维托利那么忽视他朋友早先的建议并让马基雅维里待在佛罗伦萨，个中原委无法确定。最合理的解释就是他妒忌马基雅维里。10年前因为害怕自己的名声被伙伴玷污而拒绝帮忙马基雅维里。现在马基雅维里星斗闪耀，他不仅有剧作家的名声，还再次得到了美狄奇家族的赏识，这使维托利感到妒忌。

有一点是很确定的，即1525年的年头克莱门特七世十分困扰。他在查理·波旁和法王弗兰西斯一世之间摇摆不定，弗兰西斯一世于1515年继承王位，结果克莱门特站错了队，去支持法国，而法国刚刚在2月24日的帕维亚一战中被击败。那天，波旁率领1.2万人的军队，其架势远远大过法军。（波旁是前法国的卫队长。在1523

年他转而投靠查理五世，成为其最信任的将军和神圣罗马帝国的英雄。）成千上万的法国步兵在帕维亚一战中阵亡，对于克莱门特而言，这场战役的最大灾难就是弗兰西斯的被俘，并作为战俘被押解到马德里。

当这个羞辱性的消息传到梵蒂冈时，克莱门特立即决定改变他的结盟立场，准备将外交亲善转向查理五世。意识到这种转变会在查理的智囊团中引起怀疑，教皇派了外交使者去马德里，他相信此举能表现出他的真诚并证明其支持是明智的。在1525年4月，克莱门特命令他的侄子，红衣主教格乔万尼·萨尔维亚蒂去马德里寻找合适的秘书，这位秘书要有经验和专门知识，能协助红衣主教完成微妙的任务。

乔万尼·萨尔维亚蒂十分崇拜马基雅维里，这位前国务秘书曾隐忍巨痛去培养与主教的关系。这位红衣主教也是最早得到《兵法七论》的人之一，他被马基雅维里表现出的姿态所打动。或许更为重要的是萨尔维亚蒂的父亲——年老的雅柯波长期高度赏识马基雅维里。雅柯波非常愿意尽其所能去帮助马基雅维里，所以他出面向儿子力荐马基雅维里作为合适的秘书人选。雅柯波在5月3日给乔万尼的信中写道："无论从秘书的角度还是从人品的角度来看，马基雅维里都是你顾问的合适人选。马基雅维里是我最称心的人。我已经向教皇提及此事，但他无法决定能给马基雅维里这样一个机会。"但是两周后雅柯波失望了，再次写信给他的儿子告诉他："我们不得不放弃对马基雅维里的选择，因为我发现教皇很不原意。"

直至这事结束，马基雅维里对此交易一无所知，并且对事情的来龙去脉也不清楚。当然最好的解释是克莱门特还没有想好提供马基雅维里这样一个重要的角色。这对马基雅维里来说是不幸的，如果他当初没有听从维托利的建议而在1525年初就去罗马的话，那么情况与现在可能就不一样了。后来发生的事实也证明了这一点，马基雅维里于1525年6月找人把《佛罗伦萨史》呈献给克莱门特之后，教皇对这部著作很满意并给了马基雅维里120金杜卡斯作为奖赏。

克莱门特对马基雅维里的作品真是很赞赏，有迹象表明，到了与马基雅维里面对面地谈论历史和政治时，教皇的心被这个人的非凡魅力和天生的政治分析家的才能给捕获住了。在马基雅维里离开罗马之前，克莱门特恢复了他顾问和使者的职务，并将薪水增加到100佛罗令。

随着政治形势整个地陷入混乱状态，克莱门特愈发需要建议了。那时弗兰西斯仍囚禁在马德里，查理五世的日耳曼军队集结在北部地区，威胁日益严重，一场泛意大利的战争迫在眉睫。在这个当口，教皇开始听得进马基雅维里的建议，即意大利必须建立自己的公民兵军队，那些易受攻击的城市之布防（像佛罗伦萨一样直接在预计到的前线进行布防）必须得到加强，教皇军队必须好好加以组织和训练。

1525年6月，马基雅维里的政治和外交生涯又重新开始了。从那时起直至两年后他去世，他很少写东西，将自己的全部激情在政治活动中爆发了出来，并将理论用之于实践。他再未对《佛罗伦萨史》作任何改动。说得过头点，《佛罗伦萨史》被认为是15和16世纪最有趣、最有文采的一部著作，它在今天仍被广泛阅读，500多年来一版再版。1526年狂欢节时，《曼陀罗花》在威尼斯上演，博得观众喝彩。随后在马基雅维里的有生之年又在其他地方上演，不过到了《克丽奇娅》出演后就不再有其他剧作出现了。马基雅维里停止了十四行诗的写作，也没有了政治分析著作。取而代之的是，他恢复了使者、云游外交家和军事顾问的身份，当意大利即将陷入战争深渊之际，他又回到了政治、军事事务的前线。

1526年初，欧洲两大列强的军事纷争急剧恶化。1月，弗兰西斯签署了由查理五世起草的《马德里条约》。这个条约使他获得了自由，但同时他要遵从四项条件：第一，他必须同意放弃在意大利的所有权益。第二，娶查理的姐姐即奥地利的埃丽娜为妻，埃丽娜是葡萄牙国王伊曼努尔大帝（五年前去世）的遗孀。第三，将勃艮第归还给帝国国王。第四，他必须将其两个儿子弗兰西斯和亨利作为人质留在马德里。但作为一个"马基雅维里主义"的信奉者，弗兰西斯一回到巴黎就撕毁了与查理签订的条约，并声称那些是在被迫的情况下签订的，因此无论在道义上还是事实上都是无效的。

对查理而言这是宣战的好借口，而从未对神圣罗马帝国抱有好感的克莱门特则见此情形立刻宽恕了弗兰西斯毁约的举动，将方向又一次作出调整，并于1526年结成了科涅克同盟，（即由法国、罗马、威尼斯、米兰和佛罗伦萨结成的同盟）。

这个新同盟本应成为帝国的强大对手，但是同盟的战略、计划和行动从一开始就很糟糕，成员国在政治上达成的协议不但没有给意大利带来好处，相反却使它陷入混乱和灾难之中。马基雅维里比任何人都心急火燎，同时对同盟的行动很警觉，认为意大利尚未对无法避免的战争做好准备。1526年3月他在给奎恰迪尼的信中这样写道："无论事态如何发展，在意大利的战争是不可避免了，并已经迫在眉睫。"欧洲形势的这种演变使两个人都十分的沮丧，因为他们无法信任克莱门特会作出一个正确的决定和切实可行的计划。奎恰迪尼在1525年年底给马基雅维里的信中对教皇作出这样一个评价："我从未听说有这样的人，当看到暴风雨即将到来还视而不见，而我们这些人就只好坐以待毙。因此我们不能说我们的主权被别人抢走，而只能脸红地说毁在我们自己手里。"

克莱门特正是靠两面取宠的方法才登上了教皇的宝座。他之所以雇用马基雅维里就是因为他觉得马基雅维里具备一种对意大利来说是适宜的攻击性观点。这位教皇同时也使用像奎恰迪尼这样有智慧、善观察和有能力的人，并将他们放在有实权的位置上。可现在面临的问题并不在马基雅维里他们所能解决的职责范围，而应该拿出注意的克莱门特又一筹莫展。过去克莱门特在敌友双方都站错了队，加上他的骑墙态度，故大家都不信任他。糟糕的是，他作出许多极端错误的决定，还让那些背理的建议来搅乱自己。于是更为危险的是，在他接受了那种建议之后每每又采取错误的行动。这不仅使他面临来自同盟内部的小国的困扰（最使他不快的是1524年乌尔比诺公爵弗兰西斯科·德拉·罗伏尔竟为了托斯卡纳一块有争议的地盘而用刺激的语言去冒犯教皇），而且他还被强迫去迎合法王的意愿，法王帕维亚一役受挫后急于想复仇。

对马基雅维里而言，历史好像在重复。不在佛罗伦萨政府首脑，即那个优柔寡断的索德里尼的秘书一职，取而代之的是又供职于教皇克莱门特七世，他既是教会首脑又是佛罗伦萨的统治者。他的司令官任务再度要处理与法国的事务并去建立些不会有好结果的同盟。马基雅维里引以为豪的、战无不胜的军队在美狄奇手里毫无作为，托斯卡纳再一次陷入真正无防备状态。意大利的安全现在掌握在那些无能的政治家手里，这些人名不副实，当欧洲的最强权的人物要打进意大利时他们仍在钩心斗角。

马基雅维里意识到时间紧迫，也只能在一片混乱中勉力而为。4月他受教皇指派去视察佛罗伦萨的城防，之后他写了一份名为"关于设置佛罗伦萨城防五人委员会的规定"的报告，这使教皇设立一名新的行政长官，即城防官。马基雅维里被任命为新长官的秘书，马基雅维里的儿子贝尔纳多则被任命为助手。几周后，这个新政府部门就募集了一批资金去视察并修缮佛罗伦萨周边城墙及城防设施。

13年来，马基雅维里第一次发现自己处在官方的政府位置上，并在维奇奥官邸有自己的办公室。在1526年春夏之交，马基雅维里踌躇满志，到处可以见到其身影，他几乎走遍伦巴第和托斯卡纳，一个人做着几个人的事情。

教皇的军队则在佛罗伦萨西北部伦巴第的皮亚琴察集结，在那里奎洽迪尼写信给佛罗伦萨大使罗伯特·阿齐埃沃利说："马基雅维里正在此地。他是来重新组织军队，但看到军队如此腐败堕落，他也没了任何希望或敬重。想想无法医治人类天性上的缺点，他除了对此一笑置之外毫无他法。"

几天后大使回复道："我很高兴看到马基雅维里发令调教步兵团。感谢上帝，他想必一切如愿……但对我来说还是他回佛罗伦萨去好些，以便担负起构筑城防的职责，因为允许我们去做这种防御工事的时间已经不多了。"

这里可以很容易察觉到阿齐埃沃利身上反映出的一种恐慌情绪，但他反映出的是这个黑暗时期佛罗伦萨人的普遍感受。从1526年的夏天到秋天，随着查理军队从北部向南步步逼近，战争阴云密布。伦巴第区域的小城邦国家及罗曼亚地区在数个月中几次易手，而那个还算贯穿整个意大利的科涅克同盟也在解体，神圣罗马帝国的军队则联合上西班牙的力量，十分强固。

这种看法在6月夺取西班牙占领下的米兰未果的情形下得到了强化。乌尔比诺公爵（他只是三心二意地应付这场战争）的军队联合威尼斯的一支小规模军队，在没有等待法国援军到来的情况下就向北逼近袭击米兰。正要占领米兰时，乌尔比诺却又难以理解地命令撤退，这整个过程就这样让同盟感到困窘和羞辱的情况下收场了。

两个月后，当米兰之耻还未消退，同盟庆祝了一次少有的胜利。在长时间的围攻后，他们终于夺取了克莱莫纳这个靠近皮亚琴察的城市。马基雅维里亲眼目击了这次胜利，当法国、威尼斯、佛罗伦萨的士兵狂攻城门时，他正站在城墙边上。但克莱莫纳的胜利是短暂的，因为当这个城市陷落时，南面400英里处的教皇正面临着一场灾难。

当战争变得愈加糟糕时，克莱门特的无能也越来越暴露于众，一些很有权势的红衣主教和他们那些显赫的家族开始准备在梵蒂冈发动一次叛变。9月19日，也就是离克莱莫纳胜利前的第四个晚上，柯朗纳家族即罗马最有势力的家族之一联合雨果·德·蒙卡达（皇帝的一个代理人）试图废除教皇。帝国的军队则猛攻城市，克莱门特被迫躲到圣安吉罗城堡（梵蒂冈外围一个固若金汤的堡垒）进行防御。为了获得自由，他不得不与神圣罗马帝国和西班牙签订一份不牢靠的协议。这份协议包括完全撤出伦巴第以及同盟退还一年来通过战争所获得的领土。

马基雅维里对此感到非常气愤。在一封写自10月正值战争进行中的信里，他对一个朋友巴托罗米欧·卡凡坎第说，教皇已把自己置于一个"像婴儿般任由别人摆布"的境地。他没有像一个教皇应该做的那样行事，因为他没有为他的军队筹集资金，又非常错误地待在罗马使自己易受攻击。他进而解释道，那些受教皇雇佣的在北部作战的雇佣兵全都"充满野心和不堪一击，又缺少一个知道如何去调教这反复无常的部队并将他们整合起来，结果他们就成为一群乱叫乱嚷的野狗"。

克莱门特从安吉罗城堡获得自由还不到两个月，查理就不满足已获得的领土了，并继续向南推进威胁着佛罗伦萨本土。他的部队来自阿尔卑斯山外更寒冷的地带，一路上还扩充了瑞士雇佣兵，即将到来的冬天对他们来说没有任何影响，他们不会因此停住前进的脚步，佛罗伦萨的大多数人相信这座城市在年底前将会被占领。

教皇在罗马签订了令人不齿的投降条款，并由此建立起临时性的和平，但是这种和平很快就在他重获自由的那一刻被打碎了。柯朗纳家族很快地被他的同谋者所抛弃，愤怒的教皇则在摩底那（在佛罗伦萨以北50英里）重组其军队前派出一支部队摧毁了柯朗纳家族占有的所有地盘。去年夏天时，那条原初的、又在不断变化的前线还显得很长，但现在同盟的军队正在不断后撤。11月25日，在曼图亚附近的波格佛特战役中，同盟军最好的战士——雇佣兵队长乔万尼·美狄奇（大洛伦佐的重孙和卡特琳娜·斯福查的儿子）被步枪射中了大腿并在5天后死亡。这是致命的打击，它使本已残败不堪的意大利守军更加衰弱下去。

几年后，弗兰西斯科·奎恰迪尼在其《意大利史》中将1527年描述为"充满了暴行和几个世纪来闻所未闻的事情：政府被推翻、君主们腐败堕落、城市遭暴力洗劫、瘟疫和大饥荒肆虐整个意大利；一切都陷入死亡、流散和掠夺之中"。

在这个恐怖年份的最初几个月中，马基雅维里离开了家，来到了前线，感觉着岁月的凄惨和苍老。同盟这奇怪的窝里斗走到如此可怕、不可收拾的地步，让人感到失望和焦虑，这怎么能不叫马基雅维里和他的同胞担心佛罗伦萨将遭到查理军队的摧残。自从尤利乌斯二世首度威胁佛罗伦萨共和国以来，这次新的冲突不仅威胁到佛罗伦萨的主权，还会危及到他家人的身家性命。

在这个恐怖时期，马基雅维里经常写信给他的家人，信中充满着以往少有的对他们的关爱。玛丽爱塔和他们不到六个月大的小儿子托托（几个月后便在那年夭折了）住在乡间的住所中。住在一起的还有他们的女儿巴托罗米娅，大儿子贝尔纳多。另外两个较小的儿子奎多和皮耶罗正在城里上学；他们的二儿子路多维柯在勒旺做生意。

对于马基雅维里的家庭我们所知甚少，只能从残留的政府档案记录和500多年幸存下来的很少信件中对他们的生平有一个大概的了解，不过这些在困难时期写的信函却使我们一睹那时的家庭情景。奎多（托托外的最小儿子）在1527年时大概11或12岁大。虽然详细记载其生辰的文件已经丢失，我们仍然可以知道他是一个体质赢弱、勤奋好学的人。他在马基雅维里的孩子中最聪明而且最像他的父亲，奎多思想早熟并且爱好文学。其他孩子中，贝尔纳多被认为是比较笨拙，反应迟钝的。对于皮耶罗的记述几乎没有，只知道1527年时他13岁。他的兄弟路多维柯则是孩子中最具商业头脑的一个，又被认为是一个雄心勃勃的人，他在1520年代中期与当局有不少的纠葛。巴托罗米娅是马基雅维里唯一的女儿后来嫁得不错，她丈夫奎恰迪尼·里奇后来成为马基雅维里的文稿执行人。

马基雅维里在前线给他的妻子和他最喜欢的儿子奎多写了一系列信函。伴随着一些唠唠叨叨的忠告建议和关于家庭事务的交流，如承诺在他回去时带给他们骡和其他礼物，在信中，他让奎多替他好好爱他的母亲并且照顾好自己。他同样劝告这个男孩要坚持不懈地学习，并且向他保证如果他这样做了终有一天会"出人头地"。他也让家人放心地知道战争的进程。奎多在回信中写道，"我们不再担心那些帝国雇佣兵了，因为你答应我们如果有什么事情发生你会和我们在一起的……"在结尾写道，"麦当娜·玛丽爱塔也不再担心了"。

但到4月初，马基雅维里对整个不利的事态发展感到非常沮丧，急切希望从混乱和残酷的前线中回来。他要奎多"代我向麦当娜·玛丽爱塔问候……告诉她我一直是现在也希望能够尽快离开这里，我从未像现在那样希望能早日回到佛罗伦萨，但我有点力不从心"。

马基雅维里对此确实无能为力。他抗争过，据理力争过，曾尽一切努力使这个愚蠢、做事优柔寡断的教皇能明白事理。他还拼命回后方组织起一支军队以便能用自己的抵抗力量迎战来敌。但是所有这些都收效甚微。于是就像他在分析战争和政治的那本《论命运》中所描述的那样，他的这个比克莱门特要好得多的战略安排会使事情发生迅速变化，也会使他、他的家庭和佛罗伦萨（事实上是整个欧洲）的命运有所改变。

部分要归功于马基雅维里，帝国军队没有像大多数人预料的那样来袭击佛罗伦萨。在春天，马基雅维里和他最好的盟友奎恰迪尼一起成功地从前线调集了大批部队来保卫佛罗伦萨。与此同时，通过马基雅维里与城防官的工作，马基雅维里使人相信佛罗伦萨城防提供了一个能够阻止查理军队任何企图攻击的强大屏障。这两个因素是使佛罗伦萨作出强硬选择的基本条件。波旁军队在4月底沿着阿诺河行进，来到了离佛罗伦萨城墙40英里远的蒙特瓦奇。令大多数人惊奇的是，他们在那里突然掉头向南，直奔罗马。

波旁军队对罗马的洗劫被认为是天主教信仰世界中仅可与公元5世纪蛮族入侵相匹配的一场最突出的大灾难和暴行。事实上，这一事件的出现是忽视历史、宗教和人类生活相互关系的结果，这与1 000年前哥特人和西哥特人的入侵情况十分相近。但没有人能郑重地否定这是教皇招致的。

波旁向南行进四天后，也就是先头部队到达后的第四天，即5月4日到达罗马，但那时他已经有2天面对着由同盟指挥官派出的两个重武装师团。5月6日在袭击罗马城门波尔哥和桑托·斯比里托时，遭到了一小股护城军的抵抗，波旁在第一波冲击中就被杀死了。但攻城的部队没有停止，顽强冲击后终于攻进了罗马，在罗马他们几乎没有遇到什么抵抗。奸淫、放火、掠夺，到处可见侵略军的野蛮暴行。根据当时一个匿名官方记录："那些路德兵（神圣罗马帝国在德国等地区是路德新教开展的地方，故有此名——译者注）以焚毁和践踏世人崇敬的神圣之物为乐。教堂被亵渎，妇女甚至是修女遭到强暴，大使们受到抢劫，红衣主教们被敲诈，教会的高僧和圣礼器物受嘲弄，士兵们到处为非作歹。"

瑞奇·奎恰迪尼（弗兰西斯科·奎恰迪尼的兄弟）亲眼目睹了这些事例，并写道："不少人被军队悬挂着有几小时，许多被残忍地捆绑在私宅中，还有不少人被吊起时其双脚离路面或水面有一英尺距离，同时那些施刑者还威胁说要砍断绳子。另外还有一些人被半埋在地窖中，有一些被钉在了木桶里，而更多的人则被残忍地鞭打拷问，有不少人被烧红的钢铁刺痛全身。有些人遭受极度干渴的摧残，也有人受难忍的声响摧残，还有很多人被残忍地拔下牙齿。另外还有一些人被迫去吃他们自己的耳朵、鼻子或烧烤过的他们自己的睾丸。"

克莱门特在第一次进攻发起前就躲了起来，九个月内第二次把自己锁进了圣·安吉罗城堡，同时整个罗马正遭受着烧杀掠夺。入侵者对罗马城洗掠了八天，但这一行动并没有得到神圣罗马帝国皇帝查理五世的批准，查理五世甚至来到罗马拯救被围困的教皇，并给这个遭受破坏的城市带来了少许秩序。

当有关教皇命运的消息传到佛罗伦萨时，这也意味着美狄奇家族统治的结束。几个月来，克莱门特在他家乡把持的权势逐渐消失了。他在佛罗伦萨的代表即柯尔通那红衣主教塞尔维奥·帕瑟里尼（他是美狄奇两个继承者、私生子伊波利托和阿里桑德罗的摄政）则在4月底幸运地摆脱了全城革命的威胁，这主要归功于大外交家弗兰西斯科·奎恰迪尼的机智干预。奎恰迪尼还成功地消除了一次针对美狄奇家族的血腥叛乱，但双方美狄奇家族和叛乱者（主要由学生和佛罗伦萨一些权势家族的年轻子嗣组成）均不认同他的做法。由于这个原因，佛罗伦萨始终弥漫着高度紧张的气氛，当罗马遭劫的消息在5月11日最终传来时，佛罗伦萨人感到异常惶恐。柯尔通那很快被迫交出政权，同时一个改革过的、效仿萨沃纳洛拉政权形式的大议会迅速地召集起来。

还在迷惑中的克莱门特想就事件发表些意见，说"同意佛罗伦萨政权机构的改变"。对于这个声明，马基雅维里冷酷地嘲笑道，愚蠢的教皇其实放弃了他无法再拥有的东西。5月17号，柯尔通那和年幼的美狄奇子嗣被驱逐出佛罗伦萨，尼科洛·卡波尼当选为正义旗手，任期1年。那个落满了灰尘、被关闭几乎有14年之久的议会大厅再次打开，佛罗伦萨也重新成为一个共和国。

马基雅维里目睹了罗马的摧残。与奎恰迪尼一起，他扮演着城市和平的牵线人角色，并设法恢复教皇的职位，此时教皇正受罗马的征服者被认为是世界上最有权势的查理五世的监护。当这项工作完成后，在5月的最后一个星期，马基雅维里被准予返回佛罗伦萨，他与一小群政府官员和武装人员一起慢慢地返回故乡。

马基雅维里是一个非常聪明的人，具有超乎常人的判断政治事件结果的能力。虽然这是一个极度混乱、极不稳定的时期，但毫无疑问他对最近发生在佛罗伦萨的政权变动感到极其不安。他本应该为佛罗伦萨重回共和状态感到高兴，但他知道他不可能从这个新的、年轻的共和国掌门人那里期盼什么。据说在他回佛罗伦萨的途中，当经过托斯卡纳和佛罗伦萨城外的村庄时，大多数市民正在庆祝美狄奇家族的下台。据说此时的马基雅维里在叹息，他的神情很凝重。

回到佛罗伦萨对他来说既痛苦又欣慰。能够在长时间的分离后重新与家人团聚他感到很高兴，同时也为他们没有在战争中受到伤害而感到欣慰。但与此同时，他也很快觉察在新的佛罗伦萨领导者眼里自己很不受欢迎。有一位历史学家阐述道："所有人因为《君主论》而憎恨他……皮亚格诺尼这位萨沃纳洛拉的支持者就将他视为异端，好人认为他是有罪的，坏人则认为他更加坏或可以比他们做出更坏的事情来，因此所有人憎恨他。"更糟糕的是，新政府不仅仅因为他的那本恶俗的书而憎恨他，并且认为他是美狄奇家族的一个朋友。

这是一个最残酷的讽刺。此处的这个人是十足的共和主义者并为此献出了整个生命；他为共和国做了力所能及的一切；他被美狄奇家族拷打过、怀疑过并遭到驱逐；由于新政府遭驱逐时的那些人的怪念（即当时的一些阴谋。——译者注）而使他失去生计和很有前途的职业，总而言之，这是一个始终在为佛罗伦萨工作的人。虽然马基雅维里肯定想到他回佛罗伦萨会面临羞辱和许多痛苦，但当6月10日打击真的来临时，其意志还是被击垮了。那天，美狄奇家族的一个盟友、前第一国务秘书接替刚刚死去的奥托·迪·帕拉蒂卡，被授予第二国务秘书一职，而马基雅维里落选了。

马基雅维里早在回家之前很有可能已经患病。在阻击查理军队的18个月中，他到处奔波，几乎没有喘息的时机。在同盟军围攻城墙之前，他身陷战场，生活在污秽和病虐之中。他经历的死亡和灾难程度至少是一代人未曾见证过的。他经历了瘟疫和敌人炮火的威胁，目睹了他的计划和思想如何被那些无所作为的统治者弃置。

如果命运女神站在他的一边，如果他的同胞能够理解他，明白他真正在为谁而做，那么马基雅维里也许会活得更长一些。但事实不是这样。在他最后被拒绝的日子里，大多数佛罗伦萨的权势人物都将他视为贱民，他也忍受着现在所谓的因溃疡感染而引起的急性腹膜炎的痛苦。他死于6月21日，只受到家人和少数亲密朋友的临终关爱。

第十三章
马基雅维里的遗产

在尼科洛·马基雅维里的书信集里有一封奇怪的信件，被认为是由其儿子皮耶罗在父亲去世后所写。信是皮耶罗写给他二堂弟弗兰西斯科·内利的，其中写道："我亲爱的弗兰西斯科，我非常哀伤地告诉你，家父尼科洛于本月22日（原文如此）去世，主要是20日吃了些药引起腹部疼痛所致。（在马基雅维里最后的18个月里，他抱怨那些由一位朋友推荐给他的所谓神丹灵药——作者注）他让一直陪伴到生命终点的胞弟马太奥听其临终忏悔。你知道，父亲留给我们的是一贫如洗。等你回来后，我会面对面一五一十告诉你。我现在心如乱麻，也不知道说些什么为好，就问候一下吧。皮耶罗·马基雅维里。"

最奇怪的就是信中皮耶罗提到尼科洛·马基雅维里要做临终忏悔的事宜，因为从我们所知道的马基雅维里对宗教的态度来看，这种行为显然是违背其性格的。

据说这封信是捏造的，以弱化马基雅维里死后作为一个反基督徒的邪恶形象。的确，这类事情在16世纪并不稀奇。最有名的例子就是一封曾被认作萨沃纳洛拉写给他父亲的信，可在18世纪时被揭为赝品。肯定这种行为是作伪的人认为，写这封信的作者搞错了马基雅维里的死亡日期，并假定这个错误更像是出自一个行骗艺术家之笔，而非出自死者的儿子。

尽管这里有些具体情况方面的问题，但没有有力的事实能断定皮耶罗的信是假的。如果它是假的，那也一定是马基雅维里的一个追随者写的，或许是他的一个远房子孙发现他或她的祖上的道德与宗教倾向之间不太一致。马基雅维里的直系家族并没有介入这种作伪。在他们看来，尼科洛不是那位"邪恶"、"腐败"名声的《君主论》作者，那个人是被误说和误导成兽行和无法无天权力游戏的倡导者。对于玛丽爱塔来说，尼科洛即使是有点隔阂和不忠诚的丈夫，但还是充满着爱意。对其儿子和女儿来说，他是一个有点神秘但又懂关爱的人，他在他们生活的狭小圈子里也算是撑得起门面的人。

对这种不协调情况的最佳解释是这封信根本不是捏造的，皮耶罗只是在报告真相即他父亲确实做临终忏悔，不过简单地将日期给弄错了，因为那时他心烦意乱。根据马基雅维里的个性，他会拒绝去接纳神甫。马基雅维里对教会也不存敬意。但他确实尊敬、热爱他的家庭，要特别提及的是，玛丽爱塔是个虔诚的敬畏上帝的女人。在这些情况下，尼科洛可能通过一个例行仪式（几乎是那个时代普遍接受的习俗）去简单地安抚一下他的家庭，因为他们会担心他的灵魂升天问题，纵然他自己并不为之担心。

当然，绝大多数人认为马基雅维里与那种想法是不相干的。甚至在他死前，他那本最著名的作品《君主论》还在给他的名字抹黑，当然不公正地说，使他拥有了异教徒和恶魔的名声。

在知识界流行的《君主论》第一版是1524年在那不勒斯印行的盗版拉丁文本，题名"On Principalities"，直到1532年即马基雅维里死后五年才有正版面世。这时，他的《李维史论》已经在1531年出版，使他已出版的著述增加到了三本。《兵法七论》（与官方文件的说法有明显不同）是他唯一在生前出版的著作。但从一开始就是《君主论》引起了人们极大的兴趣，并招来最明显的误解。

很容易就能明白为什么《君主论》成为马基雅维里最著名的作品。它简短而有说服力；它激进而又一针见血。虽然它肯定会引起争议，但实际的情况是仅仅当那些有侵略性、有影响力的领袖和政治家们在利用这本书的说法后，大众才开始认为它是本如何教坏读者、如何鼓励邪恶欲望的书。

有一位历史学家这样评论《君主论》："最初它并未引起什么反应；对它的直接感觉也很难说是好是坏；它是出版后才慢慢地、自然地引起了人们的重视；随即宗教发出了声音，开了谩骂的先河；同时一些出于好意的人（但我认为是）作出错误的努力去替该书开脱，认为书中还有隐秘的道理：于是批评家又回头重新审视作家，画出了玩世不恭和流氓骗子的形象。"

同时期另一历史学家本尼迪托·瓦尔奇（一个受美狄奇家族资助的作家）愤怒地说："恶名不仅归咎于他放荡的生活，还由于一本名叫《君主论》的小书。"

正如另一位观察家所指出的那样，马基雅维里被"当作一种罪恶的标志，是因为他作为伟人，因为他的不幸"。另一种极端说法是，认为马基雅维里的第一个传记作者帕斯奎尔·维拉利甚至就不喜欢其研究的对象。稍晚的编年史家比斯特利评论道，"（他）尊敬其作品中的主角，却又不为其动"。这些就是误读的结果。

也许下面的考虑是适合的，马基雅维里的名声和他最出名的书与他1527年死后的欧洲政治和宗教结构所发生的变化是紧密联系在一起。在罗马遭洗劫后，克莱门特七世被迫答应将土地和权力让给获胜的查理五世。直到这时，天主教会还没有正式承认西班牙国王为神圣罗马帝国皇帝，但与克莱门特休战的条件之一就是必须修正上述看法。结果，1530年克莱门特在波伦拿亲自为查理加冕。

佛罗伦萨第三共和国没有持续很久。克莱门特一取得他在政治上的平衡就马上机智地做一切能与查理保持友善关系的事，并且将佛罗伦萨重归美狄奇家族统治作为他的首选目标。在历经一场漫长、可怕的围困之后，第三共和国在1530年8月被奥伦治费尔伯特亲王率领的西班牙军队打败了。然后，教皇任命他的侄子（私生的阿里桑德罗·德·美狄奇）作为城市的新统治者。

但16世纪早期欧洲的最大变化是由马丁·路德引出的宗教连锁反应结果，即英格兰亨利八世对罗马的反叛、反宗教改革运动（这是天主教会对宗教改革革命浪潮所做的无效果的逆势而动）等。在这个新的欧洲中，马雅维里为天主教所憎恨，因为他的想法被认为是反基督教的。同时，他也被新教徒所厌恶，因为他们相信天主教领袖（特别是激进的凯瑟琳·德·美狄奇）是依照马基雅维里的言论来制定他们的血腥政策。这里得出的是一种奇怪的结论，因为早在1572年凯瑟琳·德·美狄奇策动法国圣巴托罗缪大屠杀并杀害五万新教徒之前13年，《君主论》就已经被教皇保罗四世列在禁书目录上了。

这预示着劣质版《君主论》在泛滥（令人惊奇的是，它还在一些地区泛滥）。在1569年，也就是美狄奇家族批准在法国屠杀新教徒的前三年，"马基雅维里主义"一词出现在一本英语字典上，那里将其定义为"在权术或一般品行上要阴谋"。而且大约从16世纪后最后三分之一年份开始，对于世界范围内的人来说，"马基雅维里"这一名字就与他上述思想联系在一起。也就在那时，《君主论》正式被译为英语。1640年，可怜的尼科洛被说成是恶魔"老尼科"。

尽管《君主论》在英国直到马基雅维里死后1个世纪才出版，但它确实早就以意大利文和拉丁文的文本形式广为传播了。有两条证据可以证明：首先，80多年前，"马基雅维里主义"一词就出现在英语字典之中；第二，在16世纪晚期和17世纪早期，一些主要的英国作家和剧作家就很清楚地提到了马基雅维里和他的理论。

克里斯托弗·马洛也许是第一个提到马基雅维里的英国剧作家。在写于1590年的《马耳他岛的犹太人》中，他将马基雅维里写进剧本，让一个演员作这样的开场白："我是马基雅维里，/不看重人，因而也不看重人们的言语。/请尊重我这个为大家最憎恨的人；/虽然有人公开反对我的书，/然而他们还读我的书，并因此获得/《彼得的椅子》；而当他们抛弃我时，/为我的追随者所加害。/我不过是把宗教看成小孩的玩具，/认为那无所谓罪孽而只是忽略。"

有意思的是，尽管这时马基雅维里的形象被玷污和严重扭曲，但是马洛对于马基雅维里及其观点并没有作清晰的评价。令人吃惊的是，这个剧作家似乎理解了马基雅维里的宗教理论并真正洞悉了他个人的哲学：马基雅维里确实认为"那无所谓罪孽而只是忽略"。

对马基雅维里最感兴趣的剧作家是莎士比亚。他不仅在三部剧作里直接提及马基雅维里，而且以马基雅维里描绘的理想君主形象为基础来创造数个最有力度的角色。此外他还使用马基雅维里关于才气和幸运的观念，其中的主要观点接近马基雅维里的想法，符合其政治著作中的哲学基础。

对于马基雅维里来说，才气和幸运的理念并不仅仅简单地影响到个人，而且能通过那些领导人在运用这种力量时的成功得失与否来掌控国家的命运（无论是共和制还是君主制）。莎士比亚十分赞赏这种观点。在他的剧本中最能体现马基雅维里主义特征的例子是《哈姆雷特》一剧中的福丁布拉斯。像马基雅维里时代意大利的某些雇佣

兵队长一样，此人也被才气主导着。他发动反丹麦的活动，并因克
劳狄乌斯的政治手段而踌躇。然而，尽管面临这样的困境，他仍义
无反顾，坚持斗争，依靠幸运光顾，最终在最适合的时机一举夺得
丹麦王位。

　　莎士比亚剧作中总有这样一些角色，他们看上去是在跟从马基
雅维里的原则。我们只需要想想理查二世、理查三世或那个麦克白
女士。但可能他们中最好的一个例子是《奥塞罗》中的那个恶棍伊阿
古，他是这样一个男人，能使用他的意志力量克服所有的障碍。当
伊阿古想使有点天真的罗德里哥继续与其干那个勾当时，罗德里哥
抗议道："我应该做什么？我坦白如此受欢迎是我的耻辱；但要去修
正它则不在我的德性里。"伊阿古回复道："德性！那有何用！我们是
什么就在于我们自己。我们的身体是我们的花园，我们的意志是我
们的园艺工。因此，如果我们要种植荨麻或播种莴苣，栽下牛膝草
和撒下白里香，去培植一种药草或播撒满园的种子，要么让它贫瘠
闲置，要么辛勤施肥耕耘，为什么，那些权力和可驾驭的局面就依
赖于我们的意志。如果我们的生命不是以理智和感觉平衡为尺度，
那么我们自然本性中的血气和卑鄙就会将我们导向最荒唐的结果。
但我们有理智，可以去冲淡我们汹涌的感情、肉体的刺激以及我们
的欢欲。我以为你所说的爱情也就是那一流的东西。"

　　如果马基雅维里在他的喜剧作品《曼陀罗花》和《克丽奇娅》成功
之后尝试写一部正剧的话，他有可能写出一些表示自己有转变的东
西。他对莎士比亚的影响力在诗人著作中的两个最重要的角色理查二
世和理查三世身上显得更清晰。他们的狡诈和野心可以与《君主论》
中的语录相比。例如，莎士比亚十分留意马基雅维里的建议，即"君
主总是被迫去伤害那些使他成为新统治的人……因为（他）无法按他

们的要求使他们满足"。他借理查二世的口道出这样的言语："诺森伯兰，你是野心的波林勃罗克升上我的御座的阶梯，你们的罪恶早已贯盈，不久就要在你们中间分化的现象。你的心里将要这样想，虽然他把国土一分为二，把一半给了你，可是你有帮助他君临全国的大功，这样的报酬还嫌太轻；他的心里却是这样想，你既然知道怎样扶立非法的君王，当然也知道怎样从僭窃的御座上把他推倒。"①

在《亨利六世》中，莎士比亚以马基雅维里式的君主为模版设计了葛罗切斯特公爵的行为。这次使用了马基雅维里有关一个成功的领导者和统治者必须如何展现他的多才多艺和灵活性的描述。马基雅维里写道："他（一个君主）应该显得有同情心，忠于诺言，仁慈，坦率和虔诚。确实他应该这样。但他的客观情况要求他如此这般，如果他也需要做相反的事情，那么他应该知道如何去做……这时他就应该随机应变，随运气和情境的变化行事。"作为戏的旁白，莎士比亚让葛罗切斯特宣布："我的口才赛过涅斯托，我的诡计赛过俄底修斯，我能像西农一样计取特洛亚城。我比蜥蜴更会变色，我比普洛透斯更会变形，连那杀人不眨眼的马基雅维里也要向我学习。我有这样的本领，难道一顶王冠还不能弄到手吗？嘿，即便它离我更远，我也要把它摘下来。"②

我们不应该太惊异于莎士比亚剧作中有那么多马基雅维里的影子，因为正如我们所了解的那样，他想描述亲眼所见的实况。他是人类弱点和力量的记录者。莎士比亚这个人类世界的牧羊人，这个剖析人类状况的大师，在其剧作中充满了最典型的人类特征，无论

①William Shakespeare, *Richard II*（《理查二世》），5.1.55–65. 译者这里借用了《莎士比亚全集》第4分卷（人民文学出版社1978年版）中的译文，特此说明。

②William Shakespeare, *Henry VI*（《亨利六世》），Part III, 3.2.188–95. 译者这里借用了《莎士比亚全集》第6分卷（人民文学出版社1978年版）中的译文，特此说明。

是好的、恶的或是有些瑕疵。

在17世纪时，马基雅维里的著作除了被讽刺和仇视外，也开始有了拥护者。17世纪晚期作家詹姆士·哈林顿和阿尔杰农·西德尼都公开表示支持马基雅维里，如哈林顿在《大洋国》（1656年）和西德尼在《政府评论》（1698年）中的评论等。在稍后的一代人中，受人尊重的知识分子约翰·特仁查在《加图来信》中抛弃了对马基雅维里传统的观念。在考虑《君主论》时，还要考虑这位意大利人的其他重要作品，尤其是《李维史论》和《兵法七论》，为此特仁查要使他的同代人明白，马基雅维里除了那本最重要的被误读的著作外，还有许多作品。

对于那些为后来启蒙运动创始人提供启示的自由思想家如斯宾诺莎、蒙田和弗兰西斯·培根而言，马基雅维里已经揭露出他们在分析人类天性和人类社会时被视为"第一原理"的东西。才气，幸运，最特别的是马基雅维里指出由于人天生是自私和无原则的，因而社会总是趋向腐败和堕落，这些在他们听来都是真实的。不再受那些古典哲学家的主观愿望、想法束缚，特别是从宗教正统信仰的限制中解放出来，许多这些富于革命性的思想家看见了马基雅维里作品中的正直和透明，而这些明摆在他们眼前的品质曾受到多少忽视或误解。

然而，即使在17世纪末至18世纪初的启蒙运动时期，还有许多人认为马基雅维里的思想是完全负面的和有害的。1739年，著名政治专权者弗雷德里希大帝写了一本言辞贬损、名为《批驳马基雅维里君主说》（有时简称《反马基雅维里》）的小册子。但这个举动在当时是司马昭之心路人皆知，其企图是使人民相信他比起实际上的开明领导还要更开明。其实，在很大程度上弗雷德里希是在步马基雅维里的后尘，只不过被那些浓厚的启蒙思想外表遮掩住了。洛克、霍布斯和休谟则以赞成的态度书写马基雅维里的思想，在保持他们自己哲学精神的框架下都认同这样一个观点，即他所描述的那个世界要超出人们所希望的样式。

马基雅维里一定会预计到这点，因为他比任何人都意识到他思想的永恒性质。由于他指出了人的特性，描会了其所见所闻，他的思想不仅没有被前进的时代所超越，而且被一代代后来者按照他们的要求去设问、裁减。

黑格尔这个国家至上的拥护者用他自己的观点将马基雅维里的共和主义当作一种范本。但马基雅维里想必在主要的思想原则上与黑格尔有区别。黑格尔认为民族国家是人类的最高成就，是精神、政治和实践的合成物。

弗兰西斯·培根这位科学进步的拥护者和"征服自然"的信仰者也把马基雅维里的思想应用到自己的新潮哲学中。1620年时他写道："事物由于回归其本来的性质而得以幸存下来，这是一条物理学定律，这同样也适用于政治（如同马基雅维里所正确观察的那样），因为很少有这样的情况：一定要让国家从毁灭中拯救出来，而不是将其改革、引导到古代形式中而存在下去。"

法国大革命的领导人和英国内战的发动者都用他们自己的方式来运用培根关于"改革、引导……到古代形式"的想法。像另一些他们以前和往后的人一样，他们用适合自己的眼光来看马基雅维里。卡尔·马克思也从马基雅维里主义的观念形态中挑选精义。他那工人阶级解放的目标也许就根植于马基雅维里感兴趣的授权公民的观点，此观点曾在《李维史论》中有过周详的解释。

但是马克思试图去改造利用的马基雅维里主义有两个根本性的

问题（不过要注意：马基雅维里主义和马基雅维里本人的想法之间是有区别的——译者注）：第一，也是最重要的，马基雅维里不认为国家应由人民控制。他的民主观点是有局限性的和初始性的，并且在很大程度上保留着初始民主时代的运作特点。16世纪佛罗伦萨和威尼斯拥有当时形成的最有效率的政治体系，但这些政府的民主体制与我们现在21世纪所说的民主体制之间相距甚远。那两个国家都被一小群精英控制着，这批人是从自己那个等级中获益的巨富和土地拥有者。人民，如工人、农民、商人、军人（当然还有妇女）则被排除在外。

在马基雅维里理想政府的看法中，人民与统治者共同工作。市民的美德和骄傲就是保持社区的稳定。统治者公平对待人民，但如果形势需要，统治者也需要用威胁性的铁腕来治理。按照现代的说法，马基雅维里的理想国家看法就是一种共产主义的形式。这种看法也适用于通过自由民主的生长（如英国议会模式演变的政治体制）去构建许多21世纪社会的基础。马基雅维里的理想国家与今天现代西方民主的主要不同是公众在政府中的参与程度。马基雅维里没有设想出一个体制化的东西，其中每个成年人都有权投票选举领导人，而这些领导人仰仗人民以维持他们的政治生涯。

马基雅维里与马克思的另一个很大不同是他们采取的是属于各自独特价值判断范围的政治观。对于马克思来说，有一种也只有一种能使一个国家保持繁荣稳定的方法，即需要所有的政治力量都掌握在无产阶级的手中。马基雅维里从未提出他的理想社会中只有一种方法能使国家有效运作。在他的方针中，出现许多种政府形式都是可能的。就此而言，他的思想已经比他的时代超前了好几个世纪。在今天，相对主义、实用主义、多元主义都是自由民主的口号，这种自由民主（很少有过错地）维持着稳固的西方超过了半个世纪的时光。

在近几十年里，马基雅维里又被工业领导人征用了，这促使大量的出版物将他的哲学应用到商业世界和大型商业活动中。快速浏览亚马逊图书网站，有一页页的书名提供你去找马基雅维里的途径。这些书籍有：宾格《马基雅维里式的处世之道》、伯斯太恩《反败为胜：对付日本的马基雅维里策略》、根里克斯《马基雅维里式的成功管理手册》、巴雷特《马基雅维里式管理》、克里斯蒂《马基雅维里主义者：是谁那么让你信》，等等。

这些书籍的畅销又从一个侧面导致马基雅维里主义的运用，呈现在我们眼前的是：卡莎诺娃《女性交际的马基雅维里主义指导》、富兰克林《父亲的小姑娘如何在新千纪生存和成长》，还有一本谁看了都会特别赞同马基雅维里的书，即卢福利《马基雅维里主义的为官之道：自愿组织的专业领导者指导手册》。

其中的一些书很有趣，还有一些的确对大志向的经纪人很有裨益，但对于传记作家来说，它们只是简单地强调了写书者的智慧而已。他们说明了马基雅维里思想的广泛性和从人性、基本动机提炼出的闪光点。他们重申了马基雅维里思想的永恒性和他看待处理万事万物方法的普遍适用性。

更大的误导莫过于将马基雅维里主义的思想运用在商业之中，还说什么这些特性在历史上和特殊事件中就是如此，并声称是受《君主论》、《李维史论》中观点的直接影响。只有很少人去作这种比较，还以为这不是肤浅的探究。

最早声称有这种联系的是一个英国红衣主教雷金纳德·波尔，他在1538年也就是马基雅维里死后11年时宣称，他相信亨利八世试图与罗马决裂的想法是由于《君主论》中就有这种观念。波尔相信亨利的大法官托马斯·克伦威尔早在1529年，即《君主论》正式出版之前就读过它，并且十分赞同其中的观点，同时建议国王也去读一读这本书。波尔宣称，正是马基雅维里的书使亨利鼓足勇气去对抗克莱门特七世反对其与阿拉贡的凯瑟琳离婚的愿望，并使他大胆要求解散修道院，为安立甘教会的产生埋下了种子。

一代人以后，法国雨格诺教徒英诺森·金蒂利出版了一本广为流行的书，名为《反马基雅维里》，书中指责圣巴托洛缪大屠杀正是受到马基雅维里思想的影响。而主要的恐怖煽动者凯瑟琳·德·美狄奇也被认为对这个意大利人的言论着迷不浅。

虽然他们在玩一场有趣的不动干戈的游戏，但宣称希特勒、墨索里尼兴致盎然地干坏事并声名狼藉是因为他们都受到《君主论》的影响，这种观点则是误导。确实拿破仑曾宣称，《君主论》是唯一一本值得读的书，据说他的枕头下还放有该书的抄本；但实际上，所有被认为与马基雅维里有关的暴君都是先成了暴君然后才读《君主论》的。但永远必须记住，马基雅维里描述着他许多年政治服务中所观察的东西，并将其与古典历史中的特别知识结合起来。荒谬的是，上面所述将问题颠倒了过来，似乎强势人物都在读《君主论》后受到浅薄的影响。他们中没有一个人受到马基雅维里的影响要比受到他们自己对世界历史知识和已故激进领导人的行为影响要大。为了明白这个事实，我们只需要考虑这点，即马基雅维里主义的手段在今天并不比马基雅维里生活的时代或马基雅维里生前那漫长、肮脏、虚伪的人类生活中更流行。

不可否认的是，马基雅维里的政治科学和对人类社会历史之分析影响巨大。如果不深入对此问题加以研究，就不可能懂得马基雅维里的著作给了我们理解这个世界的两件有价值的工具。第一，我们以马基雅维里的哲学知识来武装自己，就能像他一样观察出尤其是那些马基雅维里主义者在世界舞台上表演的步骤和战略。第二，与现代政治理论不同，马基雅维里的政治哲学在历史上有其支持者。我们可以看见社会的潮起潮落、文明演变的趋势，我们也会注意到在500年的历程中，发展趋势总是遵循着马基雅维里主义的规律。

有一个解释这点的方法，那就是打开《君主论》和《李维史论》。我的意思是用这种方法就能知道马基雅维里所写之著作是直接根据经验和多年研究而来。正是从那里他提炼出普遍的规律。这些原则是普遍性的，而且如我所说，建议任何政治家或商业领导人去向马基雅维里学习，好像在读他的那些言论前从未想象过马基雅维里主义式的变动，那真是太幼稚了。但幼稚的事情过后，再用科学的方法去观察一下那天体实验室中的亚原子分子运动或显微镜下的细菌，我们或许就能知道人们是如何在按照马基雅维里主义规律的那一套在行事的。

有七条显而易见的马基雅维里主义规律我们可以好好加以考虑：

1. 历史是由胜利者书写的。这就像引自马基雅维里那里的所有教训一样，可以由满满一个图书馆的例子来解释，最近美国2000年的总统大选就是最好的例子之一。乔治·W·布什的胜出被普遍认为是得自于其有争议的合法地位上，许多人相信并且仍然相信他本不应该入主白宫。不过事后也就是布什就任第四十三届总统后，他究竟如何当选的问题就变得无足轻重了。那些反对布什的人会争辩说，他获得权利的方法不是一个枝节问题，还有一些人则进了坟墓也会坚称民主党人遭到抢

劫，或者说大多数美国人的意愿被忽视了，民主失败了。但是
这种抗议毫无价值。历史就是由胜利者书写的。

2. 永远不能信任大众。这是许多人在他们日常生活中加以
运用的格言，不过这也是政客和商业行家的指导原则。保密和
间谍能追溯到人类文明的起源。为了保持国家的稳定，领导人
不能对信任他人问题有奢望。这就是为何协定概念会创立的理
由。但当文明变得更通达，所谓控制也就奠定在协议和条约的
基础之上。要在政府间造就信任和维系政治诚信就是国联建立
的初衷，也是其继承者联合国建立的初衷。当然，这些组织只
是部分地取得了成功。

3. 一个成功的领导必须同时是一头狮子和一只狐狸。一些
领导者将这种复杂的性格伪装得很好，而有些则差劲些。阿道
夫·希特勒是一头狮子，他利用其军事实力去摧毁、制服他的敌
人；但他又是一只狐狸，用狐狸的方法控制其政党和德国人民。
玛格丽特·撒切尔在处理1982年福克兰群岛战争时最充分地显示
出一个领导人是如何运用武力和欺诈的。那场争吵还悬置在阿根
廷船只"贝尔格拉诺"的沉没问题上（正是这个问题将阿根廷和
英国推向了战争）。然而许多人相信，是英国领导人下命令发动
了攻击，因为他们知道英国的军事力量可以在任何军事冲突中获
胜，而胜利就可以一改她在下院的低票率并赢得第二任英国首
相。如果这是真实的，那么这就是高超的狡诈行动。

4. 一个领导人必须有运气站在他或她的一边，同时要准备
好使运气能为你所用。马基雅维里完美地用恺撒·波吉亚的例
子来解释这一点。恺撒·波吉亚由于其父亲意想不到的死而
走向毁灭。虽然恺撒小心防备着几乎任何的不测，但在1503年

他还是遭到了掌控不住的更大不幸之攻击。在现代，一个领导人要有运气在身并以资利用的最大例子是1940年的敦克尔克大撤退。英国和法国军队被希特勒的职业军队围困在法国的西北角。希特勒没有前进去捕杀，反倒撤退了，这使丘吉尔能够实施其难以想象的撤退方案，从而挽救了英国和法国军队。

5. 一个社会会有依靠一个强有力领导人的时候。这已经在很多场合表明是正确的。危急时刻常常把伟大的领导人推到前面，使极少数个人能够抓住这个机会成为君王，并领导其国家走出危急。温斯顿·丘吉尔就是这种君王的一个很好例子，他个人的作用对1940年大不列颠的幸存下来是关键性的。

6. 要始终维持一支强大的军队，并且始终让你自己的人民去当士兵。这条普遍规律也已经在历史中被验证为无可辩驳的真理。当一个国家纯粹是为了领土扩张的目的或作难以预计的军事活动时，军队必须训练有素并且富有经验，但关键是他们必须被管束好。除非一支军队是在为他们的生命或者国家的自由而战，否则他们就需要其他理由去作战。这也会来自严格的纪律、教化或经济刺激。极少有战士是为理想而战的。相似地，当阻挡敌人进攻时，如果防守力量是由被攻击国家的公民所组成，他们会用比雇佣军有更巨大的能量和紧迫性来保护这个国家。这在公民对领导人有信心、国家稳固而且战前人民生活幸福的情况下尤为正确。

7. 一个国家必须统一以维持强大。任何一个内部不稳定的国家都会在战争时处于致命的劣势地位，而且不会在和平繁荣时期获得最大的利益。马基雅维里认为没有什么事比国家的持续稳定更重要的了。今天我们可以清楚地看到，世界上最富有、最成功的国家都具有最稳定的政治体制。一个被部落冲突和种族纷争所分裂的国家根本无望与稳定国家进行竞争，而且会被很快地甩在后面。

马基雅维里未能在生前看到一个统一的意大利，这个梦想像刺激物始终在其主要的著作中触动着。确实，意大利要到1871年在共和爱国之士马志尼和加里波第领导的复兴运动下才获得统一和独立。不过，马基雅维里的思想对其他国家的发展有至关重要的影响。最有意义的事例就是美国政体的创立，其政体的出发点就是马基雅维里坚持的观点，即所有人的行为都是自私的，都首先照顾自己的利益。于是那些开国元勋们意识到创建混合政体的重要性，在这样一种政体下，无论是相对少量的阔人还是人数众多的平民都不可能操纵权力。正因为如此，政体就像一个制动机，会很自然地从各个方向进行牵引，这帮助美国避开了法西斯主义或共产主义。

美国开国元勋之一的亚历山大·汉密尔顿曾在其作于1775年的小册中对此作了很好的表达，他征引苏格兰哲学家大卫·休谟的话论道："政治学作者们(尤其是马基雅维里)已经建立起一种信条，即设计任何政府体制和配置多种政体的监控，都必须想到每个人是混蛋，其行为的最终目的就是为求一己私利。"

马基雅维里对理想国家和创建、维持这种国家所必需的统治手段之描述，都是为了他自己的祖国，他所热爱的意大利。但事实是，他的分析被500年来的历史证明是真理，他成功地道出了许多社会都在实施的方法，一些人就此称其为先知。第一个这样说的人是他的朋友腓力蒲·达·卡萨维奇亚。他宣称，马基雅维里是"犹太族和其他民族曾经有过的最伟大的先知"。

不过我相信，尽管卡萨维奇亚说了些谄媚的话，马基雅维里自己未必想领受它。在我看来，对马基雅维里著作真正本质的这种错误理解是多少世纪来使他领受恶名的根源。马基雅维里没有发明过马基雅维里主义，他观察了其中的内涵，只要人一如其旧，他们还会像马基雅维里所描述的那样行动。正如一位现代历史学家所言："如果现代马基雅维里主义有什么问题的话，也确实是有问题的，那么问题始自现代性本身。这里有一个问题需要澄清，人们用攻击马基雅维里的方法并不能使自己从现代性的马基雅维里主义世界中拯救出来。"

所以，解析了马基雅维里著作和思想的遗产，我们不就得出了马基雅维里是人这样一个结论吗？

我的主张是，马基雅维里是非常诚实的一个人。对讲究偶尔事例的人来说，我的看法也许是可笑的，因为我们谈论的这个人毕竟对其妻子不忠诚，为自己效劳过的政府的敌人帮过忙，还写过美化欺诈的语词。我不想重复地去为每一件此类不协调的事情作解释，但我要再次肯定自己的观点，即马基雅维里是诚实的，因为他实践着最重要的诚实形式：他对自己是诚实的。

马基雅维里是有缺点的，他知道这一点。马基雅维里爱女人，可能对他关心过并尽力而为的玛丽爱塔从不忠诚。他表现出的是一个独立的心灵，他首先是诗人，其次是外交家，他是人文主义理想的化身。他不相信正统的神，他不崇敬所谓正统的宗教，事实上他将此看作一种毒瘤。

不可避免的情况是，这样的人会做出使自己出名的原则。他的经历和教育，还有就是他信仰总体意义上的思想自由，再加上亲近人文的境界，这些都清楚不过地表明他对自己、对弱点和对一切的反思。其哲学的中心概念是，我们只有一次生命，我们应当享受自己，身后世界是不存在的，没有天堂，也没有地狱，有的是物质的世界。

马基雅维里可能也想到了，他的著作会在他的后辈中引起共鸣。在他的时代，几乎没有人意识到他的光芒，或许到了弥留之际，他仅有的希望还是这样一种信念，即他的思想总有一天会使意大利变得更好，使世界变得更好。然而最大的讽刺是，后代描绘的马基雅维里形象从一开始就是扭曲的和不公正的。我在想，尽管马基雅维里可能也知道未来会带给他什么名声，但尼科洛·马基雅维里会简单地对此耸一耸肩，一笑置之，因为他知道世界的模样。

后 记

　　黑龙江教育出版社编辑吴迪知悉我涉足马基雅维里思想研究多年，便雅意托付我翻译迈克尔·怀特所著《马基雅维里——一个被误解的人》一书。迈克尔·怀特写过多种传记作品，其文字生动流畅，其观点独树一帜。在西方，这类传记作品通常不能归入Fiction，即文学味极浓的作品之列，所以翻译时须格外小心。另外正如原书副标题所示，阅读马基雅维里的书、悟其思想、品其人生，稍有疏忽就会有"误解"产生。所以接到译事后，时间虽紧，仍然不能心急，我采取"1日1页、节假日3页"的速度原则，细细翻译，半年有余，译稿方成。在这一过程中，我受惠良多：其中我的研究生曾试译过部分章节，他们的译文从不同角度有助于我对原文的理解。在一些经典语段翻译方面，还参考了国内已有的学术成果，在此一并表示深深的谢意。

　　马基雅维里的有些概念（如Virtù等）很难翻译，我在不同场合作出不同的处理，其中的道理可参见拙著《马基雅维里思想研究》。文中还有许多意大利文和专业名词，这些要做到大家都认同确有难度，译文尽量做到自我统一。至于一些文艺复兴时期的历史概念也只好按照译者多年研究的心得和理解程度作出适当的翻译处理。此外，在文本格式上也略有改动。凡此种种均有可能导致出现不够完美之处，敬请专家和读者不吝指教。

周春生

2007年8月31日

附 录

马基雅维里的主要著作

注：以下日期指著作写作年份。

1. 政治和军事分析

1499：《论比萨国务十人委员会》；

1502：《论瓦第齐亚纳的暴民叛乱》；

1502：《瓦伦蒂诺公爵杀害维特洛佐等所用方法之概述》；

1506：《论佛罗伦萨国家军队的纪律》；

1508：《关于德意志的报告》；

1509：《第二个十年年代记》；

1510：《法国国情记》；

1513—1518：《李维史论》；

1513—1514：《君主论》；

1518—1520：《兵法七论》；

1520:《论佛罗伦萨政府改革》；

1520:《卢卡国事概览》；

1525:《断片史料分析》；

1526:《关于设置佛罗伦萨城防五人委员会的规定》。

2. 历史

1520:《卡斯特鲁奇奥·卡斯特拉卡尼评传》；

1521—1525:《佛罗伦萨史》（八卷本）。

3. 诗歌、剧作和其他文学作品

1504:《第一个十年年代记》（三行体诗）；

1513:《安德里亚》（喜剧）；

1513或1514:《曼陀罗花》（五幕韵文体喜剧，有散文体序幕）；

1517:《金驴》（三行体诗）；

1517:《贝尔费格》（短篇故事）；

1524:《克丽奇娅》（韵文体喜剧）。

马基雅维里的生平和时代

大约1440年：活字印刷术发明。1471年，佛罗伦萨有了第一部印刷品。

1452：列奥那多·达·芬奇诞生于佛罗伦萨。

1469年5月3日：尼科洛·马基雅维里诞生于佛罗伦萨，为贝尔纳多·马基雅维里和托罗米娅·迪·斯蒂芳诺·内利所生。

1469—1492年：大洛伦佐·德·美狄奇是佛罗伦萨的统治者。

1492年：哥伦布发现新世界。

1494年：法王查理八世入侵北意大利。

1494—1498年：萨沃纳洛拉在佛罗伦萨实行神权政治。

1496年：马基雅维里母亲去世。

1498年：马基雅维里成为佛罗伦萨第二国务秘书。

1499年：马基雅维里出使佛利并与凯瑟琳·斯福查谈判。

1500年：马基雅维里父亲去世。

1500年：首次出使法国宫廷，会晤法王路易十二和卢恩红衣主教乔治·德·昂布瓦。

1502年：马基雅维里与玛丽爱塔·柯尔西妮结婚，首次会见恺撒·波吉亚。

1502年夏：马基雅维里第一个孩子普里美拉娜出生。

1502年夏：皮耶罗·索德里尼出任"终身正义旗手"。

1503年1月：马基雅维里返回佛罗伦萨。

1503年8月：教皇亚历山大六世去世。

1503年10—12月：马基雅维里在罗马见证了恺撒·波吉亚失势和尤利乌斯二世升任教皇。

1504年：第二次出使法国。

1506年：200年来，马基雅维里首次在佛罗伦萨建立了公民兵。

1507年：恺撒·波吉亚去世。

1508年：马基雅维里出使麦克西米连一世宫廷。

1509年：教皇尤利乌斯二世组建坎布拉同盟攻击威尼斯。

1510年：第三次出使法国。

1511年：教皇尤利乌斯二世组建神圣同盟与法国作战。

1512年：法国被逐出意大利。美狄奇家族在西班牙军队的支持下重掌佛罗伦萨权力。皮耶罗·索德里尼被废黜，马基雅维里被解雇，引退到圣·安德里亚的乡村别墅。

1513年2月：马基雅维里受到美狄奇政权的拷打、拘禁，3月12日乔万尼·德·美狄奇当选为教皇列奥十世后被释放。

1513—1514：写作《君主论》。

1515年：法国弗兰西斯一世加冕为王。

1513—1518年：马基雅维里写作《李维史论》。

1518年夏：《曼陀罗花》首次在佛罗伦萨演出。

1519年：列奥那多·达·芬奇去世。

1520年7月：马基雅维里受托撰写《佛罗伦萨史》。

1521年：《兵法七论》出版。

1521年：法国与西班牙在意大利领土上爆发第一次战争。西班牙王查理五世打败法国，夺得米兰。

1521年：教皇列奥十世去世，阿德里安六世继任。

1523年：教皇阿德里安六世去世，克莱门特七世（朱里奥·德·美狄奇）继任。

1524年：法王弗兰西斯一世重新夺得米兰。

1524年：马基雅维里与演员芭芭拉·萨卢塔第·拉法卡尼相遇，并陷入爱情。

1525年1月：《克丽奇娅》首次公演。

1525年：马基雅维里被美狄奇家族再度起用，重返政治舞台。从1525年4月至1527年5月，他担任佛罗伦萨军事顾问。

1527年5月：罗马遭查理五世军队洗劫，马基雅维里见证了灾难。

1527年5至7月：马基雅维里受到佛罗伦萨新的共和国政府的猜忌，被新的统治者解职。

1527年6月21日：马基雅维里在圣·安德里亚去世。

参考文献

Introduction: A Man Misunderstood

1 Niccolò Machiavelli, *Discourses on Titus Livy*, ed. Bernard Crick, Penguin, 1970, Book 3.

Chapter 1: Love, Not Money

1 Niccolò Machiavelli to Francesco Guicciardini, 19 May 1521, *Machiavelli and His Friends: Their Personal Correspondence*, trans. and ed. James B. Atkinson and David Sices, Northern Illinois University Press, De Kalb, Illinois, 1996, p.341.
2 Niccolò Machiavelli to Francesco Guicciardini, 17 May 1521, ibid., p.336.
3 Francesco Guicciardini to Niccolò Machiavelli, 18 May 1521, ibid., p.338.
4 Niccolò Machiavelli to Francesco Vettori, 18 March 1513, ibid., p.223.
5 The baptismal archives of Santa Maria del Fiore, *Libri dei Battesimi*, state that Niccolò Piero Michele, son of Messer Bernardo Machiavelli, was born at 4 p.m. on 3 May and christened on the 4th.
6 Archivo di Stato, Florence, Gonfalone Nicchio, 1480, f.128.
7 *Libro di Ricordi di Bernardo Machiavelli*, ed. Cesare Olschki, Le Monnier, Florence, 1954. The original is now housed in the Biblioteca Riccardiana, Florence.
8 Catherine Atkinson, *Debts, Dowries and Donkeys: The Diary of Niccolò Machiavelli's Father, Messer Bernardo, in Quattrocentro Florence*, Peter Lang, Berlin, 2002, p.69.
9 Giovan Battista Nelli, *Discorsi di Architettura del Senatore*, Florence, 1753, p.8.

Chapter 2: Machiavelli's Europe

1 Nicolai Rubenstein, 'Cradle of the Renaissance', in *The Age of the Renaissance*, ed. Denys Hay, McGraw Hill, New York, 1994, p.12.
2 Translation of the German text of the *Oratio*, in 'Die Kultur des Humanismus', Reden et al., Mout, Munich, 1998, p.46.
3 Pico dell Mirandola, 'Oration on the Dignity of Man', cited in Roger Masters, *Fortune Is a River: Leonardo da Vinci and Niccolò Machiavelli's*

Magnificent Dream to Change the Course of Florentine History, Plume, New York, 1999, p.19.

4 Niccolò Machiavelli, *Florentine Histories*, ed. Laura Banfield and Harvey Mansfield, Princeton University Press, 1990, Chapter VII, p.6.

5 Ibid., Chapter VIII, p.36.

6 Niccolò Machiavelli, *Discourses on Titus Livy*, ed. Bernard Crick, Penguin, 1970, p.413.

7 *Florentine Histories*, Chapter VIII, p.9.

8 'Cradle of the Renaissance', p.18.

Chapter 3: In at the Deep End

1 Niccolò Machiavelli to Ricciardo Becchi, Florence, 9 March 1498, *Machiavelli and His Friends: Their Personal Correspondence*, trans. and ed. James B. Atkinson and David Sices, Northern Illinois University Press, De Kalb, Illinois, 1996, p.8.

2 Niccolò Machiavelli, *The Prince*, Chapter VI, p.52.

3 Mario Martelli, 'Preistoria (medicea) di Machiavelli', *Studi di filologia italiana*, vol. 29, 1971, pp.377–405.

4 Niccolò Machiavelli to unknown figure, 1 December 1497, *Machiavelli and His Friends: Their Personal Correspondence*, p.7.

5 Pasquale Villari, *The Life and Times of Niccolo Machiavelli*, Scholarly Publications, Houston, Texas, 1972, p.34.

6 Niccolò Machiavelli, *Le Opere*, 6 vols., 1873–7, Vol. II, ed. P. Fanfani and G. Milanesi, Florence, 1873, p.127.

7 See Roberto Ridolfi, *The Life of Niccolò Machiavelli*, trans. Cecil Grayson, Routledge and Kegan Paul, London, 1954, p.29.

8 Letter from Niccolò Machiavelli to an anonymous Chancery Secretary in Lucca, Florence, early October 1499, in Niccolò Machiavelli, *Tutte le opere storiche e letterarie*, ed. Guido Mazzoni and Mario Casella, G. Barbera, Florence, 1929, p.787ff.

9 Ibid.

10 Quoted in Maurizio Viroli, *Niccolò's Smile*, Farrar, Straus and Giroux, New York, 2000, p.42.

11 Niccolò Machiavelli, *The Prince*, Chapter XII.

12 *Le Opere*, Vol. I, ed. P. Fanfani and L. Passerini, p.LX.

13 Ibid., Vol. III, ed. L. Passerini and G. Milanesi, p.91ff.

14 Ibid., p.201.

Chapter 4: Running with the Devil

1 Niccolò Machiavelli, *The Prince*, Chapter III.

2 Ibid.

3 Agostino Vespucci to Niccolò Machiavelli, 14 March 1506, *Machiavelli and His Friends: Their Personal Correspondence*, trans. and ed. James B. Atkinson

and David Sices, Northern Illinois University Press, De Kalb, Illinois, 1996, p.121.

4　Agostino Vespucci to Niccolò Machiavelli, 25 August 1501, ibid., p.40.

5　Luca Ugolini to Niccolò Machiavelli, Florence, 11 November 1503, *Machiavelli and His Friends: Their Personal Correspondence*, p.87.

6　Johannes Burckhard, *Liber Notarum ab anno MCCCCLXXXIII usque ad annum MDVI*, Collezione Rer. Ital. Script., Città di Catello.

7　*The New Advent Encyclopaedia of Catholic History* website: http://www.newavent.org/cathen/01289a.htm

8　Niccolò Machiavelli, *The Prince*, Chapter XVIII.

9　Agostino Vespucci to Niccolò Machiavelli, Rome, 16 July 1501, *Machiavelli and His Friends: Their Personal Correspondence*, p.38.

10　For example, letter of 25 August 1501 from Vespucci to Machiavelli. Quoted in above, p.41.

11　*Liber Notarum ab anno MCCCCLXXXIII usque ad annum MDVI.*

12　Quoted in Giuseppe Portigliotti, *The Borgias*, trans. Bernard Miall, George Allen and Unwin Ltd, London, 1928, p.192.

13　Quoted in Roger Masters, *Fortune Is a River: Leonardo da Vinci and Niccolò Machiavelli's Magnificent Dream to Change the Course of Florentine History*, Plume, New York, 1999, p.76.

14　Niccolò Machiavelli, *Le Opere*, 6 vols., 1873–7, Vol. IV, ed. L. Passerini and G. Milanesi, Cenniniani, Florence, 1874, p.4ff.

15　Letter signed by Soderini but written in Machiavelli's hand and dated 26 June 1502. Niccolò Machiavelli, *Le Opere*, Vol. IV, pp.8–15.

16　Quoted in *Letters of Francesco Guicciardini*, 10 vols., ed. Counts Piero and Luigi Guicciardini, Florence, 1857–67, Vol. II, p.43.

17　Niccolò Machiavelli, *Legazioni e Commissarie*, 3 vols., ed. Sergio Bertelli, Feltrinelli, Milan, 1964, Vol. I, p.345.

18　Agostino Vespucci to Niccolò Machiavelli, 14 October 1502, *Machiavelli and His Friends: Their Personal Correspondence*, p.48.

19　Biagio Buonaccorsi to Niccolò Machiavelli, Florence, 26 November 1502, *Machiavelli and His Friends: Their Personal Correspondence*, p.73.

20　Biagio Buonaccorsi to Niccolò Machiavelli, Florence, 21 December 1502, ibid., p.78.

21　Biagio Buonaccorsi to Niccolò Machiavelli, Florence, 22 December 1502, ibid., p.79.

22　Niccolò Machiavelli to the Signoria, 1 and 3 November 1502, 'Legazioni al Duca Valentino', Niccolò Machiavelli, *Chief Works*, trans. Allan Gilbert, Duke University Press, Durham, North Carolina, 1965.

23　Ibid., p.77.

24　Piero Soderini to Niccolò Machiavelli, 22 December 1502, *Lettere familiari*, p.96.

25　Niccolò Machiavelli to the Ten of War, 26 December 1502, Niccolò Machiavelli, *Le Opere*, Vol. IV, p.241ff.

26 Niccolò Machiavelli, *The Prince*, Chapter VII.
27 Ibid., p.253ff. Letter from Niccolò Machiavelli to the Ten of War, 31 December 1502.
28 Niccolò Machiavelli to the Ten of War, 30 October 1503, *Le Opere*, Vol. IV, p.312.
29 Niccolò Machiavelli, *The Prince*, Chapter VII.
30 Ibid., 4 November 1503, p.326ff.
31 Ibid., 30 November 1503, p.424ff.
32 Quoted in Portigliotti, *The Borgias*, p.206.
33 Niccolò Machiavelli to the Ten of War, 28 November 1503, *Le Opere*, Vol. IV, p.437ff.
34 Ibid., 26 November 1503, p.436.
35 Dispatch from Julius II dated 1 December 1503, quoted in Portigliotti, *The Borgias*, p.208.

Chapter 5: Machiavelli's *Cause Célèbre*

1 Francesco Guicciardini, 'Storie Fiorentine', ed. R. Palmarocchi, in *Scrittori d'Italia, Opere di Francesco Guicciardini*, Bari, Laterza, 1931, Vol. VI, p.251.
2 *Machiavelli and His Friends: Their Personal Correspondence*, trans. and ed. James B. Atkinson and David Sices, Northern Illinois University Press, De Kalb, Illinois, 1996, p.58 *et passim*.
3 Piero Soderini to Niccolò Machiavelli, 14 November 1502, ibid., pp.68–9.
4 Niccolò Machiavelli, *The Prince*, Chapter IX.
5 Niccolò Machiavelli, *Le Opere*, Vol. 1, ed. Corrado Vivanti, Einaudi-Gallimard, Turin, 1997, p.15.
6 Ibid., p.16.
7 Ibid., p.15.
8 Francesco Soderini to Niccolò Machiavelli, 29 May 1504, Niccolò Machiavelli, *Lettere familiari*, ed. Edoardo Alvisi, Sansoni, Florence, 1883, p.115.
9 Francesco Soderini to Niccolò Machiavelli, 29 May 1504, *Machiavelli and His Friends: Their Personal Correspondence*, p.101.
10 Quoted by Francesco Guicciardini, *Storie Fiorentine dal 1378 al 1509*, ed. Roberto Palmarocchi, Laterza, Bari, 1933, p.897.
11 Biagio Buonaccorsi, *Summario*, trans. Francesca Roselli, quoted in Roger Masters, *Machiavelli, Leonardo and the Science of Power*, University of Notre Dame Press, Notre Dame, Indiana, 1998.
12 Ercole Bentivoglio to Niccolò Machiavelli, 25 February 1506, *Machiavelli and His Friends: Their Personal Correspondence*, p.119.
13 Francesco Guicciardini, *Storia d'Italia*, ed. Emanuella Scarano, Unione Tipografico-Editrice Torinese, Turin, 1981, Book VI, p.11.
14 Francesco Soderini to Niccolò Machiavelli, 26 October 1504, *Machiavelli and His Friends: Their Personal Correspondence*, pp.106–7.

15 Niccolò Machiavelli, *Discourses on Titus Livy*, ed. Bernard Crick, Penguin, 1970, Book I, p.53.

16 Leonardo da Vinci, *Codex Atlanticus*, Ambrosiana Library, Milan, 45r.

17 Ibid, 284r.

18 Niccolò Machiavelli, *Le Opere*, 6 vols., 1873–7, Vol. V, ed. L. Passerini and G. Milanesi, Cenniniani, Florence, 1876, p.142ff.

19 Letter from Leonardo Bartolini to Niccolò Machiavelli, 21 February 1506, *Machiavelli and His Friends: Their Personal Correspondence*, p.118.

20 Francesco Soderini to Niccolò Machiavelli, 4 March 1506, ibid., p.120.

21 Luca Landucci, *A Florentine Diary from 1450–1516 (Continued by an Anonymous Writer Till 1542)* with notes by Iodoco del Badia, trans. Alice de Rosen Jervis, J.M. Dent, London, 1927, p.218.

Chapter 6: Travels with a Papal Warlord

1 Instructions from the Signoria to Machiavelli, 25 August 1506, in Niccolò Machiavelli, *Le Opere*, 6 vols., 1873–7, Vol. V, ed. L. Passerini and G. Milanesi, Cenniniani, Florence, 1876, p.154ff.

2 Niccolò Machiavelli to the Ten of War, 28 August, ibid.

3 Niccolò Machiavelli to the Ten of War, 13 September 1506, *Le Opere*, Vol. V, p.184ff.

4 Niccolò Machiavelli, *Discourses on Titus Livy*, ed. Bernard Crick, Penguin, 1970, Book I, p.27.

5 Niccolò Machiavelli to the Ten of War, 3 October 1506, Niccolò Machiavelli, *Le Opere*, Vol. V, p.210ff.

6 Niccolò Machiavelli, *The Prince*, Chapter XI.

7 Niccolò Machiavelli to Giovan Battista Soderini, 28 September 1506, *Machiavelli and His Friends: Their Personal Correspondence*, trans. and ed. James B. Atkinson and David Sices, Northern Illinois University Press, De Kalb, Illinois, 1996, p.134.

8 Niccolò Machiavelli, *Discourses*, Book I, p.27.

9 Niccolò Machiavelli to the Ten of War, 5 October 1506, Niccolò Machiavelli, *Le Opere*, Vol. V, p.215ff.

10 Biagio Buonaccorsi to Niccolò Machiavelli, 1 September 1506, *Machiavelli and His Friends: Their Personal Correspondence*, p.127.

11 Biagio Buonaccorsi to Niccolò Machiavelli, 6 October 1506, ibid., p.141. 6 October 1506.

12 Alamanno Salviati to Niccolò Machiavelli, 13 November 1502, Pasquale Villari, *Niccolò Machiavelli e i suoi tempi illustrati con nuovi documenti*, 3 vols., Le Monnier, Florence, 1877–82, Vol. II, p.608n.

13 Niccolò Machiavelli to Luigi Guicciardini, 8 December 1509, Niccolò Machiavelli, *Le Opere*, Vol. 3, ed. Franco Gaeta, Unione Tipografico-Editrice Torinese, Turin, 1984. It is quite likely that this story was a complete fiction, or at least a great exaggeration, a playful story for his friends.

14 Niccolò Machiavelli to Francesco Vettori, 4 February 1514, *Machiavelli and His Friends: Their Personal Correspondence*, p.278.
15 Niccolò Machiavelli, *Mandragola*, opening song.
16 Giovan Battista Soderini to Niccolò Machiavelli, 26 September 1506, *Machiavelli and His Friends: Their Personal Correspondence*, p.137.
17 Biagio Buonaccorsi to Niccolò Machiavelli, 6 October 1506, ibid., p.140.
18 Francesco Soderini to Niccolò Machiavelli, 15 December 1506, Niccolò Machiavelli, *Le Opere*, Vol. V, p.161ff.

Chapter 7: The Rough with the Smooth

1 Niccolò Machiavelli, *The Prince*, Chapter XXIII.
2 Francesco Guicciardini, *The History of Florence*, trans. Mario Domandi, Torchbooks, Harper, New York, 1970, p.271.
3 Alessandro Nasi to Niccolò Machiavelli, 30 July 1507, Niccolò Machiavelli, *Lettere familiari*, ed. Edoardo Alvisi, Sansoni, Florence, 1883, p.169.
4 Niccolò Machiavelli, *The Prince*, Chapter X.
5 Letter of 23 February 1508, Machiavelli, *Le Opere*, 6 vols., 1873–7, Vol. V, ed. L. Passerini and G. Milanesi, Cenniniani, Florence, 1876, p.289ff.
6 Niccolò Machiavelli, *Legazioni e Commissarie*, 3 vols., ed. Sergio Bertelli, Feltrinelli, Milan, 1964, Vol. I, pp.400–1.
7 The Ten to Niccolò Machiavelli, 15 February 1509, *Le Opere*, Vol. V, p.347ff.
8 Alamanno Salviati to Niccolò Machiavelli, 29 April 1506, ibid., p.409.
9 Agostino Vespucci to Niccolò Machiavelli, 8 June 1509, *Machiavelli and His Friends: Their Personal Correspondence*, trans. and ed. James B. Atkinson and David Sices, Northern Illinois University Press, De Kalb, Illinois, 1996, p.180.
10 Filippo Casavecchia to Niccolò Machiavelli, 17 June 1509, ibid., p.181.
11 For more on this see Robert Black, 'Machiavelli, Servant of the Florentine Republic', in *Machiavelli and Republicanism*, ed. Gisela Bock, Quentin Skinner and Maurizio Viroli, Cambridge University Press, 1990, p.98.
12 Alamanno Salviati to Niccolò Machiavelli, 4 October 1509, *Machiavelli and His Friends: Their Personal Correspondence*, p.186.
13 Niccolò Machiavelli, *The Prince*, Chapter II.
14 'Report on the State of Germany', 17 June 1508, in *Le Opere*, Vol. V, pp.313–22.
15 Biagio Buonaccorsi to Niccolò Machiavelli, 28 December 1509, *Machiavelli and His Friends: Their Personal Correspondence*, pp.192–3.

Chapter 8: Trapped

1 Niccolò Machiavelli to the Ten of War, 18 August 1510, Machiavelli, *Le Opere*, 6 vols., 1873–7, Vol. VI, ed. L. Passerini and G. Milanesi, Cenniniani, Florence, 1877, p.69.
2 Francesco Guicciardini, *The History of Florence*, trans. Mario Domandi, Torchbooks, Harper, New York, 1970, p.54.

3 Niccolò Machiavelli, *The Prince*, Chapter XXV.

4 Francesco Vettori to Niccolò Machiavelli, 3 August 1510, *Machiavelli and His Friends: Their Personal Correspondence*, trans. and ed. James B. Atkinson and David Sices, Northern Illinois University Press, De Kalb, Illinois, 1996, p.199.

5 Niccolò Machiavelli, *Legazioni e Commissarie*, 3 vols., ed. Sergio Bertelli, Feltrinelli, Milan, 1964, Vol. III, p.1228.

6 The Ten to Niccolò Machiavelli, 2 September 1510, *Le Opere*, Vol. VI, p.107.

7 Niccolò Machiavelli, *Legazioni e Commissarie*, Vol. III, pp.1227–8.

8 Ibid., p.1258.

9 Francesco Guicciardini, *Storia d'Italia*, ed. Emanuella Scarano, Unione Tipografico-Editrice Torinese, Turin, 1981, Book X, p.14.

10 Luca Landucci, *A Florentine Diary from 1450–1516 (Continued by an Anonymous Writer Till 1542)* with notes by Iodoco del Badia, trans. Alice de Rosen Jervis, J.M. Dent, London, 1927, p.249.

11 Niccolò Machiavelli to an unknown noblewoman, after 16 September 1512, *Machiavelli and His Friends: Their Personal Correspondence*, pp.214–16. This appears in a letter from Machiavelli to an unknown noblewoman. The identity of the recipient has long puzzled historians and there is no clear evidence to say who the noblewoman might have been. The most likely recipient is Isabelle d'Este of Mantua, sister-in-law of the former Duke of Milan, Ludovico Sforza.

12 Niccolò Machiavelli, *Lettere familiari*, ed. Edoardo Alvisi, Sansoni, Florence, 1883, p.212.

13 Niccolò Machiavelli to an unknown noblewoman, after 16 September 1512, *Machiavelli and His Friends: Their Personal Correspondence*, pp.214–16.

14 Niccolò Machiavelli, *Discourses on Titus Livy*, ed. Bernard Crick, Penguin, 1970, Book II, p.27.

15 Ibid., Book III, p.3.

16 Niccolò Machiavelli to an unknown noblewoman, after 16 September 1512, *Machiavelli and His Friends: Their Personal Correspondence*, pp.214–16.

17 Niccolò Machiavelli to Giovanni de' Medici, 29 September 1512, *Machiavelli and His Friends: Their Personal Correspondence*, Letter D, p.424.

18 Niccolò Machiavelli, *Le Opere*, Vol. I, p.XXXIIIff.

19 Quoted in Pasquale Villari, *Niccolò Machiavelli e i suoi tempi illustrati con nuovi documenti*, 3 vols., Le Monnier, Florence, 1877–82, Vol. I, p.648.

20 Niccolò Machiavelli, *Tutte le opere storiche e letterarie*, ed. Guido Mazzoni and Mario Casella, G. Barbera, Florence, 1929, pp.871–2.

21 Ibid., p.872.

22 Niccolò Machiavelli to Francesco Vettori, 18 March 1513, *Machiavelli and His Friends: Their Personal Correspondence*, p.222.

Chapter 9: Exile

1 Niccolò Machiavelli to Francesco Vettori, 18 March 1513, *Machiavelli and His Friends: Their Personal Correspondence*, trans. and ed. James B. Atkinson

and David Sices, Northern Illinois University Press, De Kalb, Illinois, 1996, p.223.

2 Niccolò Machiavelli to Francesco Vettori, 30 March 1513, ibid., p.224.

3 Niccolò Machiavelli to Francesco Vettori, 10 December 1513. Niccolò Machiavelli, *Tutte le opere storiche e letterarie*, ed. Guido Mazzoni and Mario Casella, G. Barbera, Florence, 1929, p.884ff.

4 Niccolò Machiavelli to Francesco Vettori, Niccolò Machiavelli, *Lettere familiari*, ed. Edoardo Alvisi, Sansoni, Florence, 1883, p.241.

5 Niccolò Machiavelli to Giovanni Vernacci, 4 August 1513, *Machiavelli and His Friends: Their Personal Correspondence*, p.244.

6 Francesco Vettori to Niccolò Machiavelli, 18 January 1514, Niccolò Machiavelli, *Lettere familiari*, p.323.

7 Niccolò Machiavelli to Francesco Vettori, 10 December 1513. Niccolò Machiavelli, *Tutte le opere storiche e letterarie*, p.884ff.

8 Dante, *Paradise*, Canto XVII, pp.55–60.

9 Niccolò Machiavelli to Francesco Vettori, 19 December 1513, Niccolò Machiavelli, *Lettere familiari*, p.311.

10 Niccolò Machiavelli, *The Prince*, Chapter VI.

11 Niccolò Machiavelli to Francesco Vettori, 10 June 1514, *Machiavelli and His Friends: Their Personal Correspondence*, p.290.

12 Francesco Vettori to Niccolò Machiavelli, 30 December 1514, Niccolò Machiavelli, *Lettere familiari*, p.387.

13 Roberto Ridolfi, *The Life of Niccolò Machiavelli*, trans. Cecil Grayson, Routledge and Kegan Paul, London, 1954, p.162.

14 Niccolò Machiavelli to Francesco Vettori, 3 August 1514, *Machiavelli and His Friends: Their Personal Correspondence*, p.292.

15 Ibid.

16 Niccolò Machiavelli to Giovanni Vernacci, 15 February 1516, *Machiavelli and His Friends: Their Personal Correspondence*, p.314.

17 Niccolò Machiavelli to Giovanni Vernacci, 10 September 1516, ibid., p.396.

18 Niccolò Machiavelli to Giovanni Vernacci, 8 June 1517, ibid., p.398.

19 Niccolò Machiavelli, *The Prince*, Chapter VI.

Chapter 10: The Prince

1 Letter from Niccolò Machiavelli to the Magnificent Lorenzo de' Medici, Preface to *The Prince*.

2 Niccolò Machiavelli, *The Prince*, Chapter VII.

3 Ibid.

4 Ibid., Chapter XXVI.

5 Ibid., Chapter VII.

6 Ibid., Chapter III.

7 Ibid., Chapter XV.

8 Ibid., Chapter XIV.

9　Niccolò Machiavelli, *Discourses on Titus Livy*, ed. Bernard Crick, Penguin, 1970, Book I, Preface; p.97.

10　Ibid.

11　Ibid., Chapter XVII.

12　Ibid., Book III, p.38.

13　Ibid., Chapter XVII.

14　Ibid.

15　Ibid., Chapter XXII.

16　Ibid., Chapter XVIII.

17　Ibid., Chapter VIII.

18　Niccolò Machiavelli, *The Prince*, Chapter XV.

19　Isaiah Berlin, 'The Originality of Machiavelli', in *Against the Current*, ed. H. Hardy, Clarendon Press, Oxford, 1981, pp.29–75.

20　Niccolò Machiavelli, *Discourses*, Book II, p.55.

21　Niccolò Machiavelli, *The Prince*, Chapter III.

22　Ibid., Chapter XXV.

23　Ibid.

24　Ibid., Chapter XVIII.

25　Ibid.

26　Ibid., Chapter XII.

27　Ibid.

28　Niccolò Machiavelli to Francesco Vettori, 16 April 1527, *Machiavelli and His Friends: Their Personal Correspondence*, trans. and ed. James B. Atkinson and David Sices, Northern Illinois University Press, De Kalb, Illinois, 1996, p.416.

Chapter 11: Rehabilitation

1　Niccolò Machiavelli, *The Golden Ass*, Chapter I, line 103; Chapter 3, line 76.

2　Quoted in Professor F.W. Kent, 'Gardens, villas and social life in Renaissance Florence', 1994, www.arts.monash.edu.au/visarts/diva/kent.html

3　Niccolò Machiavelli, *Discourses on Titus Livy*, ed. Bernard Crick, Penguin, 1970, Book II, Preface.

4　Ibid., Book I, Chapter 10.

5　Pasquale Villari, *Niccolò Machiavelli e i suoi tempi illustrati con nuovi documenti*, 3 vols., Le Monnier, Florence, 1877–82, Vol. II, p.313.

6　Niccolò Machiavelli, *Mandragola*, Prologue.

7　Filippo Strozzi to Lorenzo Strozzi, 17 March 1520, in Oreste Tommasini, *La vita e gli scritti di Niccolò Machiavelli*, 2 vols., Loescher, Rome, 1883 (Vol. 1), 1911 (Vol. 2), Vol. 2, p.1081.

8　Niccolò Machiavelli to Francesco del Nero, 10 September 1520, *Machiavelli and His Friends: Their Personal Correspondence*, trans. and ed. James B. Atkinson and David Sices, Northern Illinois University Press, De Kalb, Illinois, 1996, p.329.

Chapter 12: The Final Years

1 Cardinal Salviati to Niccolò Machiavelli, 6 September 1521, *Machiavelli and His Friends: Their Personal Correspondence*, trans. and ed. James B. Atkinson and David Sices, Northern Illinois University Press, De Kalb, Illinois, 1996, p.342.
2 Niccolò Machiavelli to Francesco Guicciardini, 17 May 1521, ibid., p.336.
3 Niccolò Machiavelli to Guicciardini, 30 August 1524, ibid., p.351.
4 Niccolò Machiavelli to Francesco Vettori, 10 June 1514, ibid., p.290.
5 Filippo de' Nerli to Francesco del Nero, Niccolò Machiavelli, *Le Opere*, Vol. 3, ed. Franco Gaeta, Unione Tipografico-Editrice Torinese, Turin, 1984, p.541.
6 *Opere politichie e letterarie*, Giannotti (ed.), Le Monnier, Florence, 1850, Vol. 1, p.228.
7 Niccolò Machiavelli to Francesco Guicciardini, 16 October 1525, *Machiavelli and His Friends: Their Personal Correspondence*, p.368.
8 Francesco Guicciardini to Niccolò Machiavelli, 7 August 1525, ibid., p.360.
9 Francesco Vettori to Niccolò Machiavelli, 8 March 1525, Niccolò Machiavelli, *Lettere familiari*, ed. Edoardo Alvisi, Sansoni, Florence, 1883, p.437.
10 *Archivio Storico Italiano*, Florence, 'Carte Strozziane, 1st ser.', pp.105–8.
11 Desjardin, *Négociations diplomatiques*, Vol. II, p.840.
12 Niccolò Machiavelli to Francesco Guicciardini, 15 March 1526, *Machiavelli and His Friends: Their Personal Correspondence*, p.381.
13 Francesco Guicciardini to Niccolò Machiavelli, Niccolò Machiavelli, *Lettere familiari*, p.468.
14 Francesco Guicciardini to Roberto Acciaiuoli, 18 July 1526, Niccolò Machiavelli, *Le Opere*, Vol. 3, Turin, 1984, p.593.
15 Roberto Acciaiuoli to Francesco Guicciardini, 7 August 1526, ibid.
16 Niccolò Machiavelli to Bartolomeo Cavalcanti, 6 October 1526, *Machiavelli and His Friends: Their Personal Correspondence*, p.403.
17 Francesco Guicciardini, *The History of Italy*, trans. and ed. Sidney Alexander, Macmillan Publishing, New York, 1969, p.174.
18 Niccolò Machiavelli to Guido Machiavelli, 2 April 1527, Niccolò Machiavelli, *Le Opere*, Vol. 3, Turin, 1984, p.624.
19 Guido Machiavelli to Niccolò Machiavelli, 17 April 1527, *Machiavelli and His Friends: Their Personal Correspondence*, p.416.
20 Ibid.
21 Quoted in *The Cambridge Modern History*, ed. A.W. Ward, G.W. Prothero, and Stanley Leathes, Cambridge University Press, 1904–12, Vol. II, p.55.
22 Luigi Guicciardini, *The Sack of Rome*, trans. and ed. James H. McGregor, Italica Press, New York, 2003, p.87.
23 Quoted in Roberto Ridolfi, *The Life of Niccolò Machiavelli*, trans. Cecil Grayson, Routledge and Kegan Paul, London, 1954, p.248.

Chapter 13: Machiavelli's Legacy

1 Piero Machiavelli to Francesco Nelli, 22 June 1527, *Machiavelli and His Friends: Their Personal Correspondence*, trans. and ed. James B. Atkinson and David Sices, Northern Illinois University Press, De Kalb, Illinois, 1996, p.425.

2 This was first postulated by Oreste Tommasini, in Vol. 1 of *La vita e gli scritti di Niccolò Machiavelli* (*The Life and Writings of Niccolò Machiavelli*), Loescher, Rome, 1883.

3 *Savonarola Lettere*, ed. Roberto Ridolfi, Olschki, Florence, 1933, p.XXII.

4 L. Arthur Burd, Introduction to *The Prince* by Niccolò Machiavelli, Clarendon Press, Oxford, 1891.

5 *The Private Correspondence of Niccolò Machiavelli*, trans. and ed. Orestes Ferrara et al., Johns Hopkins Press, Baltimore, Maryland, 1987, p.120.

6 Gino Capponi, *Storia della repubblica di Firenze*, 2nd edn., G. Barbera, Florence, 1876, Vol. III, p.191.

7 E. Pistelli, *Profili e caratteri*, Sansoni, Florence, 1921, p.67.

8 Niccolò Machiavelli, *The Prince*, Chapter VIII.

9 William Shakespeare, *Richard II*, 5.1.55–65.

0 Niccolò Machiavelli, *The Prince*, Chapter XV.

1 William Shakespeare, *Henry VI*, Part III, 3.2.188–95.

2 Francis Bacon, 'De Dignitate et Augmentis Scientiarum', in *Francis Bacon: A Selection*, ed. Sidney Warhaft, Macmillan, 1965, p.413.

3 Hamilton was quoting from David Hume, 'On the Independence of Parliament', Gerard Stourzh, *Alexander Hamilton and the Idea of Republican Government*, Stanford University Press, Stanford, California, 1970, p.77.

4 Anthony Parel, *The Machiavellian Cosmos*, Yale University Press, New Haven, Connecticut, 1992, p.213.

参考书目

Atkinson, Catherine, *Debts, Dowries and Donkeys: The Diary of Niccolò Machiavelli's Father, Messer Bernardo, in Quattrocentro Florence*, Peter Lang, Berlin, 2002

Atkinson, James B., and Sices, David (trans. and eds.), *Machiavelli and His Friends: Their Personal Correspondence*, Northern Illinois University Press, De Kalb, Illinois, 1996

Bock, Gisela, Skinner, Quentin, and Viroli, Maurizio (eds.), *Machiavelli and Republicanism*, Cambridge University Press, 1990

Bull, George, *Michelangelo: A Biography*, Penguin, London, 1995

Capponi, Gino, *Storia della repubblica di Firenze*, 2nd edn., G. Barbera, Florence, 1876

Cardini, Franco, *Europe 1492*, Facts on File, New York, 1989

Chamberlin, E.R., *The World of the Italian Renaissance*, Book Club Associates, London, 1982

Cronin, Vincent, *The Florentine Renaissance*, Pimlico, London, 1967

Curry, Patrick and Zarate, Oscar, *Introducing Machiavelli*, Icon Books, London, 1997

Da Grazia, Sebastian, *Machiavelli in Hell*, Princeton University Press, Princeton, New Jersey, 1989

Ferrara, Orestes et al. (trans. and eds.), *The Private Correspondence of Niccolò Machiavelli*, Johns Hopkins Press, Baltimore, Maryland, 1987

Gilbert, Allan (ed.), *Machiavelli: the Chief*, Duke University Press, Durham, North Carolina, 1965

Gilmore, Myron P. (ed.), *Studies in Machiavelli*, Sansoni, Florence, 1972

Guicciardini, Counts Piero and Luigi (eds.), *Letters of Francesco Guicciardini*, 10 vols., Florence, 1857–67

Guicciardini, Luigi, *The Sack of Rome*, trans. and ed. James H. McGregor, Italica Press, 2003

Hale, J.R., *The Literary Works of Machiavelli*, Oxford University Press, London, 1961

Hart, Michael, *The 100*, Simon and Schuster, New York, 1993

Jensen, De Lamar, *Renaissance Europe: Age of Recovery and Reconciliation*, D.C. Heath and Co, Toronto, 1992

Landucci, Luca, *A Florentine Diary from 1450–1516 (Continued by an Anonymous Writer Till 1542)* with notes by Iodoco del Badia, trans. Alice de Rosen Jervis, J.M. Dent, London, 1927, p.218

Levey, Michael, *Florence: A Portrait*, Pimlico, London, 1997

Machiavelli, Niccolò, *Chief Works*, trans. Allan Gilbert, Duke University Press, Durham, North Carolina, 1965

Machiavelli, Niccolò, *Discourses on Titus Livy*, ed. Bernard Crick, Penguin, 1970

Machiavelli, Niccolò, *Le Opere*, 6 vols. (Vol. I ed. P. Fanfani and L. Passerini; Vols. II–VI ed. L. Passerini and G. Milanesi), Cenniniani, Florence, 1873–7

—— *Florentine Histories*, ed. Laura Banfield and Harvey Mansfield, Princeton University Press, Princeton, New Jersey, 1990

—— *Legazioni e Commissarie*, 3 vols., ed. Sergio Bertelli, Feltrinelli, Milan, 1964

—— *Lettere familiari*, ed. Edoardo Alvisi, Sansoni, Florence, 1883

—— *Le Opere*, Vol. 3, ed. Franco Gaeta, Unione Tipografico-Editrice Torinese, Turin, 1984

—— *Tutte le opere storiche e letterarie*, ed. Guido Mazzoni and Mario Casella, G. Barbera, Florence, 1929

Martines, Lauro, *April Blood: Florence and the Plot Against the Medici*, Jonathan Cape, London, 2003

Masters, Roger, *Fortune is a River: Leonardo da Vinci and Niccolò Machiavelli's Magnificent Dream to Change the Course of Florentine History*, Plume, New York, 1999

Masters, Roger, *Machiavelli, Leonardo and the Science of Power*, University of Notre Dame Press, Notre Dame, Indiana, 1998

Masters, Roger, *Machiavelli's Sexuality* (a paper kindly sent to me by Professor Masters of Dartmouth College, New Hampshire, USA)

Micheletti, Emma, *The Medici of Florence*, Becocci Editore, Florence, 1998

Norwich, John Julius, *A History of Venice*, Penguin, London, 1982

Parel, Anthony, *The Machiavellian Cosmos*, Yale University Press, New Haven, Connecticut, 1992

Portigliotti, Giuseppe, *The Borgias*, trans. Bernard Miall, George Allen and Unwin, London, 1928

Ridolfi, Roberto, *The Life of Niccolò Machiavelli*, trans. Cecil Grayson, Routledge and Kegan Paul, London, 1954

Rubenstein, Nicolai, *The Age of the Renaissance*, ed. Denys Hay, McGraw Hill, New York, 1994

Stourzh, Gerard, *Alexander Hamilton and the Idea of Republican Government*, Stanford University Press, Stanford, California, 1970

Tommasini, Oreste, *La vita e gli scritti di Niccolò Machiavelli*, 2 vols., Loescher, Rome, 1883 (Vol. 1), 1911 (Vol. 2)

Villari, Pasquale, *The Life and Times of Niccolo Machiavelli*, Scholarly Publications, Houston, Texas, 1972

Vasari, Giorgio, *Lives of the Most Famous Artists*, 10 vols., trans. Gaston du C. de Vere, Macmillan and the Medici Society, London, 1912–14

Viroli, Maurizio, *Niccolò's Smile*, Farrar, Straus and Giroux, New York, 2000

Ward, A.W., Prothero, G.W., and Leathes, Stanley (eds.), *The Cambridge Modern History*, Cambridge University Press, 1904–12

Warhaft, Sidney (ed.), *Francis Bacon: A Selection*, Macmillan, 1965

White, Michael, *Leonardo: The First Scientist*, Time Warner Books, London, 2000

—— *The Pope and the Heretic: The True Story of Courage and Murder at the Hands of the Inquisition*, Time Warner Books, London, 2002

索引